本书受辽宁省社科联省校合作项目
"先秦子书结构艺术对比研究"资助

《吕氏春秋》文学研究

管宗昌 著

中国社会科学出版社

图书在版编目（CIP）数据

《吕氏春秋》文学研究／管宗昌著．—北京：中国社会
科学出版社，2016.1
ISBN 978 - 7 - 5161 - 7158 - 5

Ⅰ.①吕…　Ⅱ.①管…　Ⅲ.①杂家②《吕氏春秋》—
文学研究　Ⅳ.①B229.25②I206.2

中国版本图书馆 CIP 数据核字（2015）第 283378 号

出 版 人　赵剑英
责任编辑　罗　莉
特约编辑　孙少华
责任校对　李　林
责任印制　戴　宽

出　　　版　中国社会科学出版社
社　　　址　北京鼓楼西大街甲 158 号
邮　　　编　100720
网　　　址　http://www.csspw.cn
发 行 部　010 - 84083685
门 市 部　010 - 84029450
经　　　销　新华书店及其他书店

印　　　刷　北京君升印刷有限公司
装　　　订　廊坊市广阳区广增装订厂
版　　　次　2016 年 1 月第 1 版
印　　　次　2016 年 1 月第 1 次印刷

开　　　本　710×1000　1/16
印　　　张　18
字　　　数　306 千字
定　　　价　69.00 元

序

李炳海

管宗昌博士研究《吕氏春秋》的学术专著即将出版。这部著作是在其博士论文基础上修改润色而成，如果从最初选题、设计算起，已经历时七年。这部著作的撰写，对于中国古代文学的研究可以提供许多有益的启示。

一

管宗昌博士在把《吕氏春秋》确定为论文选题之前，主要的研究对象是《列子》，并且列为教育部人文社会科学规划项目。对先秦诸子进行探究，是本书作者长期稳定的研究方向，《列子》《吕氏春秋》的研究具有连贯性。照理说来，他可以顺势而下，把《列子》研究所积累的经验、所采用的方法延续下来，投入《吕氏春秋》的文学研究。然而，事情远非如此简单，他的《吕氏春秋》研究从开始设计提纲，就面临着严峻的挑战。这是由研究对象的特殊性所决定的。清人刘熙载的《艺概·文概》写道："周、秦间诸子之文，虽纯驳不同，皆有个自家在内。后世为文者，于彼于此，左顾右盼，以求当众人之意，宜亦诸子所深耻与！"刘氏之论揭示出先秦诸子著作在样态上的多样性，即各有各的面貌，各有各的特征，而不相雷同。即以《列子》和《吕氏春秋》这两部著作为例，它们的文本形态就存在明显的差异。《列子》全书八篇，各篇的文字量均比较大，可称为长篇巨制。如果按照近代以来的文学观念对它进行研究，从形象、情节、环境、典型等方面加以审视，固然会留下许多遗憾，出现一系列未能尽如人意之处，但毕竟还有可操作性，在一定程度上可以付诸实践。《吕氏春秋》则不同，全书共一百多篇，按照东汉高诱所作的统计，总共十七万三千零五十四字，每篇字数很少。如果以单篇作品作为考察单元，从中寻找形象、情节、环境、典型等方面所谓的文学因素，很难揭示出作品的价值。这些因素即使存在于某些作品之中，那也只不过是散金碎玉、不成规模。而近代以来的《吕氏春秋》文学研究，基本是在西方文学理论框架下进行的，从中能够找出的文学因素，局限于以寓言故事为譬喻，增强了文章的形象性这个单一向度，无法再进行深入的开掘。面对这种研究状况，管宗昌博士把《吕氏春秋》作为论文选题，首先设计的是如何调整视角、改变思维方式，从这部子学著作本身的实际情况出发，按照中国传统的文章学理路进行全面考量。可以这样说，管宗昌博士在《吕氏春秋》研究的开始阶段，就成功地实现了学术的转型，即由西方文学理论框架转向中国古代传统的文章学。对于他本人的学术生涯而言，这是一次靓丽的转身。

人文社会科学工作者研究方法的获得，一方面要借鉴于前人，另一方面，要通过具体操作实践进行摸索和掌握，而后者尤为重要。如果能够确立长期稳定的研究方向，无疑会形成个人的学术风格，习惯于采用自己熟悉的方法。但是，随着研究对象的改变，原来采用的方法就未必完全能够适应。世界上没有放之四海而皆准的真理，也没有普遍适用于所有领域的研究方法。因此，能否随着研究对象的改变而相应地调整所采用的方法，是研究工作成败的关键。管宗昌博士清醒地意识到这个问题，并且实现了研究理路的调整，这是他的这部学术著作能够有所创获的重要原因。

二

《吕氏春秋》研究从现代意义上的文学本位，转到古代文章学的视域，管宗昌博士这部著作，确实能够紧扣古代文章学的要害和枢纽设计纲目，实现学术上的重要突破。一个明显的标志就是对《吕氏春秋》一书结构所作的研究。结构是文章的骨架，古代文章学对此高度重视。《文心雕龙》的《章句》《镕裁》《附会》，从微观、中观和宏观层面论述文章的结构调遣，是全书的核心内容之一。直到明清的八股文，人们关注的焦点也往往在于它的起承转合，也就是文章的结构。近代以来，由于借鉴西方文学理论过多，中国古代文章学研究相对薄弱，对文章结构所作的探讨也往往被忽视。直到 20 世纪末，这种状况才有所改变，先秦诸子的文章结构开始陆续进入学人专门研究的选题系列，并且推出一些论著。就此而论，管宗昌博士这部著作把文章结构作为重要的内容加以论述，并放置在第一章，是站在当代学术前沿审时度势，起点较高、顺应学术发展的潮流。

《吕氏春秋》全书的结构颇为特殊，分为十二纪、八览、六论三个板块。对此，以往的学术论著、文学史教材已经有所关注。如赵明教授等主编的《两汉大文学史》写道：

> 《吕氏春秋》在结构上具有鲜明的特色，其中的"十二纪"在全书中占有突出的地位，依照"法天地"的基本思想来安排天子一年的活动，同时表现了自然社会和谐的思想。

所作的概括是准确的，后面对这个板块内部贯穿的春生、夏长、秋收、冬藏线索，所做的揭示亦颇为精到。袁行霈先生主编的《中国文学史·秦汉文学》卷对《吕氏春秋》亦有类似描述：

> 全书条分理顺，篇章划分十分整齐，从结构上就把它组合成了一个所谓"法天地"的完整体系。这自然也就把各家不同学说巧妙地纳入自己的理论框架之中。编者在兼收并蓄中颇具匠心，其中所表现的文章学观念已经超出了先秦诸子。

这段话也是从文章学角度论述《吕氏春秋》的结构，并且覆盖全书的内容。

以上这两部文学史著作和教材，初版的时间依次是 1998 年、1999 年，也就是说，在管宗昌博士把《吕氏春秋》作为论文选题之前，学术界对《吕氏春秋》的结构就已经有所论述，并且得到广泛的认可。在这种形势下，能否对以往的研究成果有所超越，成为《吕氏春秋》结构研究必须经历的考验。综观管宗昌博士这部著作，在《吕氏春秋》结构研究方面确实较之以往有所突破。赵明教授等主编的《两汉大文学史》，对《吕氏春秋》结构所作的论述，主要是针对"十二纪"，其他两个板块则很少涉及。袁行霈先生主编的《中国文学史·秦汉文学》卷，虽然是针对《吕氏春秋》全书立论，但是并没有深入到各个板块进行具体论述。管宗昌博士这部著作对《吕氏春秋》结构所作的探讨，在广度和深度上较之以往的研究成果均有所超越，这从该章的三个标题就可以得到验证：十二纪的结构、八览的内部结构、八览的总体结构。这三节涉及《吕氏春秋》两个板块，另一个板块"六论"没有涉及，在管宗昌博士看来，六论没有十分明显的结构体系性。事实是否如此，还有待于进一步验证。不过从总体上对《吕氏春秋》的结构进行观照，能够做到这个程度，已是难能可贵。这部著作的第二、三章，分别论述《吕氏春秋》的叙事和议论，在具体书写过程中，同样关注所涉及文章的结构，并且不乏精彩的分析和论断。把结构研究覆盖《吕氏春秋》全书，成为贯穿这部即将出版的学术专著的一条重要线索，这是撰写者研究转型成功的标志之一。

三

这部学术专著列有附录：《吕氏春秋》篇幅字数统计与评述。附录列在全书正文之后，这是行文体例。其实管宗昌博士的《吕氏春秋》研究，最先投入的操作就是对全书各篇字数所作的统计。后来，博士论文的开题报告，他的这种做法得到与会各位老师的一致肯定。也就是说，各篇文章字数的统计，成为他《吕氏春秋》研究的开端和基础，这就涉及定量研究与定性研究的关系。从古代到近代，中国古代文学研究所重视的是定性，而不是定量。虽然偶尔也可以见到定量统计，但在整个研究中所占的比例很小，没有形成传统。定量统计大量运用于人文社会科学领域，始于西方，而在近代历史学中变得成熟，出现了学派。改革开放以来，中国古代文学研究领域不少学人自觉地运用量化统计的方法，取得了一系列创造性成果。《吕氏春秋》研究采用量化统计的方式发端，可谓切中肯綮。统计成果表明，全书百余篇文章，各篇的字数大体均衡，只有少数篇目例外，这种统计结果与原来的猜测大体符合。在当今的电脑网络时代，对于像《吕氏春秋》这类常见著作进行文章字数统计，并非难事，而是很容易操作，问题的关键在于是否有这种自觉意识，以及对量化统计的结果如何处理。管宗昌博士具有量化统计的自觉性，并且对统计结果的处理也颇为得当。《吕氏春秋》出自众人之手，这是无可争议的历史事实。至于参加撰写的人员如何进行操作，书中没有明确的交待。通过统计可知，各篇文章的撰写，不但有思想内容方面的规定，而且有字数的限制。全书百余篇文章，各篇字数大体一致，采用的基本是整齐划一的标准。这样一来，就不能简单地把《吕氏春秋》视为单篇论文的结集，而要把它看作是精心策划、严密组织的文化系统工程的产物。当下盛行的集体编书的操作方式，可以从《吕氏春秋》那里找到源头，它是先秦时期集体编书体制已经成熟的标志。既然如此，对于《吕氏春秋》中的文章，就不能像对待其他先秦诸子著作那样处理，而必须区别对待。《吕氏春秋》的文章是按照固定程序批量生产，是手工作坊的加工方式，难免沾染工匠气。有鉴于此，对它所作的研究就很难用文学的形象、情节、情感、境界等方面加以框定。否则，不是隔靴搔痒，就是削足适履，脱离文章的实际。管宗昌博士的这部著作，一方面对量化统计的运用比较自觉，另一方面，对量化结果的处理也颇为得当。这部著作除了对《吕氏春秋》各篇文章的字数做了统计，在有些章节间同样采用量化的方式展开论述，现实定量分析，然后进行定性，得出的结论颇有说服力。对全书各篇文章字数所作的统计，也发现个别例外情况。例如，《有始览》和《本味》篇的字数明显多于全书各篇的平均数，对于出现这种情况的原因，这部著作进行了深入的探讨。由此可见，量化统计不但揭示出《吕氏春秋》全书的结构特点，而且发现了《有始览》《本味》等篇在全书中的特殊地位。

从《本味》篇的实际情况考察，它之所以在全书篇幅最长，可能与吕不韦的人生和政治寄托有直接关系。这篇文章主要讲述伊尹与商汤君臣遇合的故事，寄托的是圣主贤臣相遇的人生理想。商汤去世之后，伊尹又辅佐太甲，被称为父师。而吕不韦当时居相国之位，号称仲父，这与伊尹在商朝的地位极其相似。《本味》篇以至味说成汤，反复强调所谓的至味，"为天子然后可具"，"非先为天子，不可得而具"。这是对商汤以天子之位相引诱，鼓励他成就帝王大业。当时秦国已经灭掉东周王朝，秦王对天子之位的企盼已经到了急不可待的地步，并且稳操胜券。《本味》篇既是吕不韦人生理想的寄托，又是他政治理想的表达，是对秦王一统天下的期待。出于上述两方面原因，所以，它的篇幅最长，在全书中处于鹤立鸡群的地位。

由对《吕氏春秋》各篇文章字数的统计，引出《本味》篇所表达的人生理想和政治理想。其实，这种量化统计也为《吕氏春秋》在思想流派方面的归属提供了可靠的参照。《吕氏春秋》究竟属于杂家，还是应该列入新道家，这是学术界争论已久的话题，至今无法达成共识。综观以往对这个问题所作的探讨、争论，基本是以《吕氏春秋》的思想内容为依托，见不到从形式、结构方面寻找证据的做法。对《吕氏春秋》各篇文章字数所作的统计表明，这部子书从总体设计到具体篇目的撰写，都有方圆规矩可循，甚至在字数上都有基本一致的标准，其中渗透的是对规则、秩序、度数的崇尚，可以说是法度森严。这正是先秦法家的行文特色，《韩非子》多数篇目就是如此，两部成书时段大体相同的子书，在这方面可以相互印证。量化统计得出的结果是抽象的数字，但是，对统计结果的考察处理，却可以发现与文章思想内容密切相关的学术议题，由此看来，定量研究确实不容忽视，有它特殊的功用。

四

《吕氏春秋》全书"法天地"的结构体系，业已引起学术界的高度关注。但是，对于十二纪、八览、六论三个板块所用的数字，学界所作的探讨仍有继续深入的余地。十二纪是以每年十二个月为序依次展开，划分出春、夏、秋、冬四个季节。古代先民对季节及月份的划分是以观察日月星辰的运行为根据，十二纪相对应的是天。先秦时期所说的八风、八音等，相对应的是大地的八方，《周易·说卦》就把八卦与地之八方相配，八览相对应的是地。按照这种逻辑进行推导，六论相对应的应该就是人间之事。《周易·说卦》把天地人成为三才，认为《周易》每卦六爻四取法天地人三才又乘以二的产物。由此看来，《吕氏春秋》的三个板块也是取法天地人三才，与《说卦》所表达的理念是一致的。

对《吕氏春秋》三个板块所涉数字象征意义作上述认定，似乎可以成立，但是问题并没有最终解决。十二与天相对，八与地相对，可以从当时的天文历法、人们的空间观念中找到依据。可是，把六与人间事象建立起对应关系，它的依据何在呢？这要从《吕氏春秋》中寻找内证。《有始览·应同》篇有如下一段文字：

> 及文王之时，天先见火，赤鸟衔丹书集于周社，文王曰："火气胜。"火气胜，故其色尚赤。代火者必将水，天且先见水气胜，水气胜，故其色尚黑，其色则水。

陈奇猷先生《吕氏春秋成书的年代与书名的确立》一文，对《有始览·应同》篇上述文字所作的分析如下：

> 周以火德王，秦以水德胜，周道灭亡，秦以水德代之，东周甫亡，继之即为秦火德的统治，所以纪年要从水德代火之年即秦代周的癸丑年算起。

陈先生给出的结论是可信的。《吕氏春秋》编写期间，秦已灭周。秦自认为属水德，而在五行说体系中，与火相对应的数字是六，《吕氏春秋·十二纪》中的冬季三个月，均是把六与水神玄冥相配。《吕氏春秋》的六论，六所对应的人间之事，是以秦为本位，以秦代表天地人三极中属于人的一极。由此看来，断定《吕氏春秋》全书结构是"法天地"固然不错，但是，用天地人三极鼎力加以概括，似乎更加确切。这种结构模式对《淮南子》《史记》均有影响。

五

《吕氏春秋》是先秦诸子著作的殿军，其中所用的许多文献资料，在此前的一些诸子著作中也可以见到。管宗昌博士的这部学术专著注意到这种情况，并且采用依类相次、按时段进行比对的处理方式，从中可以看出他在文献的掌握运用方面扎实的基本功。

先秦诸子著作中反复出现的同类文献，追究它的最初生成存在很大难度，多数无法加以确定。由此而来，同类文献的比对，就很难按照时间顺序确定彼此之间的传承、借鉴。最近几年，青年学者徐建委博士通过对《说苑》等先秦两汉文献的深入研究，对这个时段反复出现的文献提出"公共资源"说，即有些文献是当时学人共同拥有的资源，大家都可以利用。这种说法颇有道理，符合那个时段的实际情况。按照这种理路去审视先秦诸子作品中反复运用的文献资料，具有很强的可操作性，而且可以避免许多繁琐的考证。把反复出现的文献资料作为既定的公共资源予以认可，在此基础上考察不同学派、著作对它采用的处理方式，很容易发现彼此之间的同和异。当然，这种横向对比也不妨引入时间维度，从中揭示同一文献在不同时段被运用过程中所呈现的特点。从实际情况考察，对于具有公共资源性质的文献进行追本溯源，多数案例很难得到确切的结论。在这种情况下，与其推断某类文献运用的历史沿袭，不如把它作为公共资源加以处理。这种操作方式对先秦两阶段的文献研究，显得尤为重要。

六

管宗昌博士在硕士期间师从许志刚教授，在治学方法、文献处理方面奠定了坚实的基础。博士生期间，我有幸成为他的导师。围绕《吕氏春秋》研究，我们有过许多沟通和切磋。限于本人当时的学识，还有些问题在当时未能得到解决。在他毕业数年之后，对这些疑难问题重新加以思索，似乎还有话可说，因此，拉拉杂杂写下以上随感，作为对以往指导欠缺的弥补。姑妄言之，亦请学界同仁姑妄听之。

管宗昌博士执着于学术，并且已经形成比较稳定的研究方向。研究对象先是《列子》，然后是《吕氏春秋》，目前又转向《淮南子》，开始形成自己的研究格局。当今时代获得博士学位的人已经很多，但是，毕生在学术上能够真正超越自己博士论文水平的人并不是很多。期待管宗昌博士能够实现人生的自我超越，推出更加精深的学术力作。

目　　录

图表索引

绪　　论

第一节　《吕氏春秋》研究的历史及现状

《吕氏春秋》成书于战国末期，在汉代曾一度受到青睐。司马迁在《报任安书》中说："不韦迁蜀，世传《吕览》"，将之与《周易》《春秋》《离骚》《诗经》等一同看作圣贤发愤之作；《史记》专列《吕不韦列传》对"吕览"也有专言记述。至东汉高诱为之训解，作《吕氏春秋注》17余万言，其《序》极称《吕氏春秋》"大出诸子之右"。但是汉代以降，《吕氏春秋》却屡遭贬斥，没有受到应有的重视。究其原因不外两点：①一是吕不韦人品低下，因人废书；二是《吕氏春秋》隶属杂家，由于过于驳杂，没有较为确定和统一的理论主张，因而不受重视。

直到清代才兴起了以朴学为主要特色的《吕氏春秋》研究，毕沅《吕氏春秋新校正》是其代表，另外如梁玉绳《吕子校补》和《吕子校续补》、陈昌齐《吕氏春秋正误》、吕调阳《吕氏春秋释地》、孙锵鸣《吕氏春秋高注补正》、吴汝纶《吕氏春秋点勘》等，也是《吕氏春秋》校勘的重要著作。总体看来，20世纪以前的《吕氏春秋》研究其主要形式是校勘和注疏。而对其义理、结构等的开掘和解读只是偶有出现，并未形成规模。如《四库全书总目提要》和徐时栋对其结构的解读、孙星衍对著书年代的推断等，或有见解但不成系统。

对《吕氏春秋》研究的全面展开是从20世纪开始的。

（一）20世纪前半叶（1950年以前）

20世纪前半叶是《吕氏春秋》研究的朴学承继阶段和全面研究的起

---

①　丁原明：《论〈吕氏春秋〉及其历史作用》，《文史哲》1982年第4期。

步阶段。

由于 20 世纪以前《吕氏春秋》研究主要是校勘和注疏，朴学特色浓厚，20 世纪前三十年的研究并没有马上褪尽这一特色，属于承继阶段。如刘咸炘《吕氏春秋发微》、孙蜀丞《〈吕氏春秋〉举正》、宋慈袌《〈吕氏春秋〉补正》、刘文典《〈吕氏春秋〉斠补》等仍然侧重于注疏和校勘。

值得注意的是，这前三十年中开掘和解读之作渐多。如：刘咸炘《吕氏春秋发微》、梁启超《尸子广泽篇、吕氏春秋不二篇合释》、刘复《吕氏春秋·古乐篇昔黄节解》等，这些著作多专注《吕氏春秋》的部分而非全书，在校勘的基础上多有生发。涉及的问题包括：《吕》与诸子关系及思想归属、《吕》中乐器的构造等。在一定程度上启发了其后对《吕》思想的研究和对其文本价值的开掘。

20 世纪前半叶的后二十年呈现出全面研究的起步景象。表现在：

第一，传统的注疏、校勘方式仍然存在。

这 20 年中仍带有前三十年朴学承继的特征，有三部重要的校释作品值得注意：许维遹《吕氏春秋集释》（1935 年），蒋维乔、杨宽、沈延国、赵善诒四人合著《〈吕氏春秋〉汇校》和王利器《吕氏春秋比义》。其中王利器《吕氏春秋比义》未得传世，但是后来影响较大的《吕氏春秋注疏》是作者在此作基础上整理而成，于 1966 年完稿。许维遹《吕氏春秋集释》影响较大，是毕沅《吕氏春秋新校正》之后注疏校勘的代表作品，显示了作者扎实的考据功底，为之后的校释、注疏以及全面研究的展开提供了良好条件。

另外，如谭戒甫《吕子辑校补正》也是这一时段的校勘作品。

第二，对吕不韦及《吕氏春秋》基本问题的考证。

这一时段考证的特色仍然十分浓厚。涉及吕不韦身世遭遇，特别是《吕氏春秋》的成书年代、三部分成书与排列次序等基本问题的研究逐渐增多。如：钱穆《吕不韦著书考》，王利器《"不韦迁蜀世传吕览"说》《"吕不韦"释名》，缪钺《〈吕氏春秋〉撰著考》，李泰棻《吕不韦及〈吕氏春秋〉考》等，分别探讨了吕不韦的身世遭遇、《吕氏春秋》的编撰等基本问题。

应该说，这些研究内容多属于文献考据的范畴，而传统的《吕氏春秋》研究中也时有出现，如清代孙星衍对其成书年代的推断等。这些研究内容涉及的是《吕氏春秋》的基本问题，是《吕氏春秋》研究的传统课题，也是永远的课题。值得注意的是，这一时段的这些研究开始突破原来零星、字句式的考据方式，开始运用系统的思维方式对这些基本问题进行考察。对之后的同类研究启发不小。

第三，对《吕氏春秋》思想内容从各个角度的全面开掘初步形成。

立足于《吕氏春秋》文本，从不同的角度对其中蕴含的思想内容进行开掘，成为这一时段的重要表现。陆续出现了十几篇文章从哲学、政治、教育、音乐、农学等方面开掘其思想价值。如：杜国庠《论〈吕氏春秋〉》主要探讨《吕氏春秋》蕴含的哲学思想与政治思想，朱显庄《〈吕氏春秋〉所表现之政治思想》是从政治角度着手，黄大受《〈吕氏春秋〉政治思想论》则以专著形式出现，雁云《〈吕氏春秋〉之教育论》是挖掘其中的教育思想，阮康成《〈吕氏春秋〉之教育思想》亦是如此，吕振羽《〈吕氏春秋〉中的音乐理论》探讨其中的音乐思想，孙谦六《〈吕氏春秋〉之农学》则是其中农学的专题研究。

这种思想开掘在前三十年的研究中是很少见的。这些研究启发了对《吕氏春秋》的全面开掘，同时，这一研究方式也成为后来《吕氏春秋》研究的重要手段，影响深远，直至今日仍是如此。

第四，对《吕氏春秋》全书思想主旨与学派归属的探讨。

《汉书·艺文志》将《吕氏春秋》归为"杂家"，而何为"杂"，是无思想主导的杂糅各家？是以某家思想为主？亦或自成一家？对此问题的探讨涉及对《吕氏春秋》思想体系的全面把握，前代曾零星提到，但感想性较强、缺乏系统的研究和论述。此一时段胡适《读〈吕氏春秋〉》影响较大，其思维明显受到西学影响，认定《吕氏春秋》并非无思想主旨的杂糅各家，而是有自己的主旨，有三大纲领统领全书：贵生之道、安宁之道、听言之道。对之后的研究较有启发。

另外，吕振羽《由〈吕氏春秋〉到〈淮南子〉》突出了其在思想史上的地位和作用，同时也对之后的比较研究产生了启发。郭沫若《吕不韦与秦代政治》则第一次给吕不韦翻案，承认其在历史上的地位和作用，同时也给予《吕氏春秋》的思想价值以充分的肯定。

（二）新中国成立后到70年代末（1980年以前）

新中国成立后到70年代末是《吕氏春秋》全面研究的继续推进阶段。

这一时期承上一时段的全面研究继续推进，文献考证、注疏、校勘类研究明显减少。夏纬英《吕氏春秋·上农等四篇校释》、刘如瑛《〈吕氏春秋〉校释补》、吉联抗《〈吕氏春秋〉音乐文字译注》等都是对其中部分文字的校勘、译注，只有吴则虞《〈吕氏春秋〉译注》属全著注疏，但也不具代表性。

同时，对吕不韦及《吕氏春秋》基本问题的考证也相对较为沉寂。刘坦《〈吕览〉"涒滩"与〈服赋〉"单阏"〈淮南〉"丙子"之通考》考证《吕氏春秋》的成书年代，徐复观《〈吕氏春秋〉及其对汉代学术与政治的影响》其中有一部分涉及"十二纪"与《夏小正》与邹衍学派关系的考证，陈奇猷《〈吕氏春秋〉成书的年代和书名的确立》也侧重考证，以解决其书的年代与书名等基本问题。

而与文献考证的萧条相比，大陆地区的《吕氏春秋》研究则在对《吕氏春秋》思想内容从各个角度的全面开掘方面相对进展较多，成为这一时期《吕氏春秋》研究的重点。贺凌虚《〈吕氏春秋〉的政治理论》，万国鼎《〈吕氏春秋〉中的农学》《〈吕氏春秋〉的性质及其在农学史上的价值》，刘元彦《〈吕氏春秋〉论义兵》，周文英《〈吕氏春秋〉中的逻辑思想》，王范之《从〈吕氏春秋〉中看中国古代哲学思想中的唯物主义观点》，在承前的基础上又有新的视角：逻辑学的、唯物主义哲学的等。

徐复观《〈吕氏春秋〉及其对汉代学术与政治的影响》有其对汉代政治、思想的影响，是对其思想史价值的探讨。

应该说，大陆地区这一阶段的《吕氏春秋》研究突破并不多。反倒是台湾地区学者的几项研究值得引起注意。陈郁夫《〈吕氏春秋〉撢微》从微观着手，立足字句深入分析了《吕氏春秋》的行文特点、行文脉络，为深入把握《吕氏春秋》提供了可行的同时也是更加有据的方法。朱守亮《〈吕氏春秋〉中的孔子》，专意探讨《吕氏春秋》对孔子形象的塑造，从而为全面开掘《吕氏春秋》提供了思路。

大陆地区徐复观《〈吕氏春秋〉及其对汉代学术与政治的影响》，其第六部分为"《十二纪·纪首》中的政令与思想的分配"，从"春生夏长秋收冬藏"角度探讨了十二纪各篇的结构安排。

总体看，新中国成立后到70年代末的三十年内，传统的校勘、注疏方式明显减少，而对《吕氏春秋》思想内容从各个角度的全面开掘方面进展较多。但是这对于《吕氏春秋》研究方法、研究角度并没有根本的突破。相比之下，台湾学者的研究方法启发较大，他们立足文本、从微观着手探讨《吕氏春秋》的特征。而对人物形象的探讨，则涉及了《吕氏春秋》意象、事象研究。二者从研究方法和研究内容上都更贴近文学研究，启发意义不小。徐复观先生以"春生夏长秋收冬藏"对十二纪结构的探讨，是对《四库全书总目提要》和徐时栋①的进一步发展，成为后来探讨《吕氏春秋》结构，特别是"十二纪"结构的基本的，甚至是唯一的视角。

（三）20 世纪 80 年代至今

20 世纪 80 年代至今，近三十年是《吕氏春秋》全面研究的繁盛阶段。

改革开放以来，特别是 80 年代以来，《吕氏春秋》研究达到前所未有的繁荣。在《吕氏春秋》研究史上单就论文看，近三十年的论文成果就占了一半强②。继续《吕氏春秋》研究，全面掌握前人研究成果十分重要，把握研究动态和前沿，总结反思研究历史、辨析得失，从而做出研究决策更为重要。要做出研究决策，对近三十年的研究进行总结反思则尤为必要。下面重点对近三十年的《吕氏春秋》研究内容、研究方法、特征、得失等一系列问题作一深入探索和反思。

从研究的内容看，近三十年之《吕氏春秋》研究主要涉及如下领域：

第一，在注疏、校释、文献整理方面又有新的发展。

近三十年出现了一系列译注、整理著作，除去一些普及型的浅近著作外，大致有如下著作影响较大：陈奇猷《吕氏春秋校释》（学林出版社 1984 年初版），陈奇猷《吕氏春秋新校释》（上海古籍出版社 2002 年版），王利器《吕氏春秋注疏》（巴蜀书社 2002 年版），张双棣《吕氏春秋译注》（北京大学出版社 2000 年版），管敏义《吕氏春秋译注》（宁夏

---

① 徐时栋《烟屿楼读书志》云："《吕览》以十二纪冠本书，故亦僭称《春秋》，每一月下间以杂论四篇，若无伦绪，然《孟春纪》下首以《本生》篇，以春之义生，故说养生之道。《孟夏纪》首以劝学，以夏之义长，成人长则当学，故论为学之要。《孟秋纪》下首以《用兵》，以秋之义肃杀，故说兵战之事。《孟冬纪》下首以《节丧》，以冬之义闭藏，故讲丧葬之法。余篇则或相连贯，或不相衔接，而其首篇故有意也。"较早运用"春生夏长秋收冬藏"的理念解释《吕氏春秋》十二纪的结构。

② 据陈宏敬《吕氏春秋研究综述》："据初步统计，从 20 世纪初叶到目前为止，发表论文近 200 篇。"（载《中华文化论坛》2001 年第 2 期）而作者掌握的近三十年的研究论文就有 120 篇，则基本可以确定近三十年《吕氏春秋》研究的论文成果占了 20 世纪初以来的一半强。

人民出版社 1988 年版），王范之《吕氏春秋选注》（中华书局 1981 年版）
等影响较大，其中陈奇猷先生积半生心血的《吕氏春秋校释》和二十年
后增补完善的《吕氏春秋新校释》，以及王利器先生的《吕氏春秋注疏》
都堪称力作，代表了新时代《吕氏春秋》注疏校勘的全新高度和最新成
果。其在文字学、语义学、校勘学上的深厚功力为著作增色不少，特别是
陈著考镜源流、多方比照、具现代意识，显得更为科学、准确、易懂，且
具启发性。

值得一提的是，此时期出现了大量《吕氏春秋》工具书，为《吕氏
春秋》研究提供了方便。张双棣等的《〈吕氏春秋〉辞典》和台湾刘殿
爵、陈方正的《〈吕氏春秋〉逐字索引》是其代表。

《吕氏春秋》的错简、重文问题在李家骧的《吕氏春秋通论》、田凤
台《吕氏春秋探微》和王范之的《吕氏春秋研究》中均有不同程度的考
订，为进一步研究打下了基础。

第二，对《吕氏春秋》思想内容从各个角度的开掘仍然是研究主流。

这一研究内容，从 20 世纪前半叶开始逐渐占据《吕氏春秋》研究的
主流，近三十年这种研究的角度进一步扩大，涉及：《吕氏春秋》的封建
统一学说、宇宙观、音乐思想、音乐美学思想、文艺起源论、政治思想、
养生治国一理思想、史学思想、修身理论、历史观、养生思想、安民思
想、社会治理观、差异心理思想、生理卫生思想、自然哲学、文治教化思
想、美育思想、用贤思想、人才观、君道思想、君王论、君民关系论、功
利思想、言意观等若干方面。由于文章众多兹不一一胪列。据粗略统计，
近三十年论文中，此类论文占 40% 左右，比重甚大。

另外，此时期出现的研究专著如：田凤台《吕氏春秋探微》（1986
年），王范之《〈吕氏春秋〉研究》（1993 年），李家骧《吕氏春秋通论》
（1995 年），张富祥《王政全书——〈吕氏春秋〉与中国文化》（2001
年），黄伟龙《〈吕氏春秋〉研究》（2003 年博士毕业论文），李颖科《吕
不韦与〈吕氏春秋〉》（2007 年），王启才《〈吕氏春秋〉研究》（2007
年）等作品均无一例外将这一研究内容纳入著作，并占很大分量。如：
李家骧《吕氏春秋通论》下编"分论"，全由这类内容组成，包括哲学思
想、政治思想、军事思想、农业思想、教育思想、美学思想、文艺思想、
政论思想等。王启才《〈吕氏春秋〉研究》其第四章"重要观点举隅"，
包括《吕氏春秋》的传播论、生态观、饮食文化观、丧葬观、论孝、论

士人等。王宗非《〈吕氏春秋〉法律思想研究》，则全从法律视角开掘《吕氏春秋》的思想。

第三，仍有对《吕氏春秋》思想主旨和学派归属的探讨。

丁原明《论〈吕氏春秋〉及其历史作用》认为《吕氏春秋》有统一的指导思想，是"杂家"而不是"杂凑"；王德裕《〈吕氏春秋〉述评》也认为该书并不杂；方诗铭、刘修明《论〈吕氏春秋〉——兼论杂家的出现》认为杂家独属一家，而很难说其倾向于哪一家；而修建军《博采众长独倾儒》正如其题，认为《吕氏春秋》以儒家思想为主，其《〈吕氏春秋〉与道家析论》一如既往地认为《吕氏春秋》并非道家主导而是以儒家主导；金春峰《论〈吕氏春秋〉的儒家思想倾向》观点近于修氏；栗劲《论〈吕氏春秋〉的法家思想倾向》，认为《吕氏春秋》以法家思想为主导。

以上几篇文章主要出现在 80 年代和 90 年代。近三十年，对这一问题的探讨并不多，而近年对此问题的探讨又明显减少。除少数人外，观点渐趋于一致，一般都认为《吕氏春秋》是"杂家"而不是杂凑。如：张富祥《王政全书——〈吕氏春秋〉与中国文化》认为《吕氏春秋》"'杂'中有不杂，决非一般的泛杂记录之书，非后世类书之作所能比况。它事实上是一部展示吕氏学派政治思想、文化史观的论文集"，[①] 侯文莉《从天人观念看〈吕氏春秋〉的杂家之谓》（《社会科学研究》2001 年第 2 期）于此也较具代表性。

第四，《吕氏春秋》与各学派的思想渊源关系和比较研究。

由于《吕氏春秋》内容较为驳杂，历来就有学者就不同篇目，与先秦相关学派的思想关系进行考察。《汉书·艺文志》便认为包括《吕氏春秋》在内的"杂家"为"兼儒墨，合名法"。近三十年《吕氏春秋》研究于此也时有见解，孙以楷、刘慕方《〈吕氏春秋〉——先秦诸子的集大成》（《学术界》1992 年第 6 期）从思想史的角度梳理了《吕氏春秋》对先秦诸子思想的改造，修建军《〈吕氏春秋〉与墨学》及《〈吕氏春秋〉与阴阳家》梳理《吕氏春秋》对墨学、阴阳家的改造和发展，进而评判了其在《吕氏春秋》中的地位。李家骧《〈吕氏春秋〉与先秦百家的思想渊源关系》（2005 年）较为系统地甄辨了《吕氏春秋》对各家的改造和

---

① 张富祥：《王政全书——〈吕氏春秋〉与中国文化》，河南大学出版社 2001 年版，第 16 页。

吸收。

而专著类研究成果在这一领域着力更多。李家骧《吕氏春秋通论》专列章目"《吕氏春秋》的思想渊源",系统梳理了《吕氏春秋》与儒墨道等10家的渊源关系;田凤台《吕氏春秋探微》专列章目"《吕氏春秋》之思想渊源",也对《吕氏春秋》与包括儒道小说等在内的10家进行了思想渊源考察;王范之《吕氏春秋研究》第二篇"学派",通过文字对照等方法,讨论了不同篇章和相应诸子学派的对应关系;陈奇猷《吕氏春秋校释》和《吕氏春秋新校释》注释每篇,亦是先辨明学派;李颖科《吕不韦与〈吕氏春秋〉》专列节目"《吕氏春秋》与诸子之学",但可惜论述过于粗疏;王启才《〈吕氏春秋〉研究》专列"《吕氏春秋》对其他典籍的继承或影响",考察了《吕氏春秋》与《周易》《老子》等之间的承继影响关系。

第五,《吕氏春秋》的影响和比较研究。

之前的研究对于《吕氏春秋》的影响开掘并不多,在20世纪六七十年代,徐复观曾探讨过《吕氏春秋》对汉代政治思想的影响。《吕氏春秋》和《淮南子》的比较研究较多,牟钟鉴专著《〈吕氏春秋〉与〈淮南子〉思想研究》(齐鲁书社1987年版)对两者的思想有过专门的对比研究。修建军的论文《〈吕氏春秋〉与中国文化》探讨了《吕氏春秋》在中国文化发展过程中的枢纽作用。以上研究都属于思想史、文化史背景下的纵向考察。

而对《吕氏春秋》影响的探究还涉及其在编辑史、文体学上的历史地位。《吕氏春秋》属于集体编撰,其对后世集体著书影响较大,李家骧《吕氏春秋通论》专列节目"后世集体著书的先声鼻祖",王启才《〈吕氏春秋〉研究》专列节目"《吕氏春秋》在编辑史上的贡献与地位"。

本阶段《吕氏春秋》与《史记》关系的探讨渐趋兴起。洁芒的论文《〈吕氏春秋〉与〈史记〉关联探微》从体式与体系、叙述与描写、情节与结构、方法与技巧四个方面探讨了《吕氏春秋》对《史记》的影响,王启才论文《〈吕氏春秋〉与〈史记〉》也认为两者在学派归属、思想倾向、结构体系、情节技法、语言运用等方面存在诸多相近可比之处。

第六,对《吕氏春秋》基本问题的考证。

这种研究包括吕不韦的籍贯、生平和遭遇,《吕氏春秋》成书年代、得名、次序,"十二纪"的来源等基本问题。这是《吕氏春秋》研究的传统课题，近三十年的研究中时有出现。论文类成果较少这类探讨，只有少数几篇，如刘慕方《论〈吕氏春秋〉的成书》重新考证《吕氏春秋》的成书时间和成书次序问题，赵年莤《〈吕氏春秋〉成书年代之我见》专意考证其成书年代。此类研究更多出现在专著类成果中（专著一般会因顾及研究的系统性而涉及此类内容），田凤台《吕氏春秋探微》（1986 年），李家骧《吕氏春秋通论》（1995 年），黄伟龙《〈吕氏春秋〉研究》（2003 年博士毕业论文），李颖科《吕不韦与〈吕氏春秋〉》（2007 年）等都做过较为系统的梳理考证，力求做到总结立论。

而经过这些考证研究，近年对于《吕氏春秋》的成书年代基本达到一致：公元前 239 年（秦八年，而不是六年）。李家骧认为一次性成于公元前 241 年。

而对于得名、三部分次序的考证仍未达到一致。

第七，对《吕氏春秋》结构体系的探究。

这一内容也是《吕氏春秋》研究的传统课题，《四库全书总目》初步认定十二纪中夏纪言乐、秋季言兵"似乎有义"，之后对于十二纪结构体系的探索就一直没有间断。经过徐复观等人的进一步推研，近三十年的研究趋向是：几乎已经把所有的篇目（十二纪中除去纪首的 48 篇）都通过主观的联系甚至附会，纳入了"春生夏长秋收冬藏"的体系。只有黄伟龙的博士论文《〈吕氏春秋〉研究》认为十二纪各纪有着相对集中统一的论题，如春纪是由"君主本体论"和"君主功效论"统摄。

而至于"览"的结构、"论"的结构，以及"纪览论"之间的结构关系，论调则有所不同。代表性成果为：吕艺论文《〈吕氏春秋〉的结构体系》认为《吕氏春秋》以天、地、人统摄三部分（纪言天、览言人、论言地），而"览"由"貌、言、视、听、思"五事统辖。黄伟龙则认为"纪"有着相对集中统一的论题，"览"也如此，时空观、君主观、历史观、认识观四者统摄了八览。而"论"则是前两部分的材料剩余。但可以看出，其基本思路仍是"主题一致"，即这些研究均从作品的主旨、主题切入，认为览、论等都是以思想主题一致的原则进行编排的。

第八，立足文本的梳理、解读和生发。

这种研究更多体现在专著中，如：田凤台《吕氏春秋探微》第六章"《吕氏春秋》之综合研析"的统计之功不可不提，"辨篇旨和章法"将所有篇目的篇旨和章法进行了意义列举和统计，以此对每单元各篇目间的关联进行解读，并将全书的章法归纳为"议论＋举例""全部议论"等八种。"吕氏春秋引书考"系统统计了本书引书和引人物语言情况。"吕氏春秋引人考"系统统计了本书所涉人物情况。王范之《〈吕氏春秋〉研究》在此方面亦是功不可没，对《吕氏春秋》的引书情况进行了系统统计和对照。

这种立足文本的统计梳理虽有一定的解读，但是，多数研究仍然过多局限于统计，以统计为基础的生发和开掘显然还远远不够。

第二节　《吕氏春秋》文学研究的意义

纵观近三十年的《吕氏春秋》研究史，可以看出《吕氏春秋》研究的领域之广。但同时，研究的不平衡性表现得也很明显，那就是思想研究明显强于其他。

可以看出，在以上研究领域中，"对《吕氏春秋》思想内容从各个角度的开掘"相比之下占了绝对优势，"《吕氏春秋》思想主旨和学派归属的探讨"和"与各学派的思想渊源关系和比较研究"也属思想研究，"《吕氏春秋》的影响和比较研究"中有一部分属于思想研究。这样，思想研究成果实际已经占了此阶段研究的近80%。

而"对《吕氏春秋》基本问题的考证""对《吕氏春秋》结构体系的探究"，均属《吕氏春秋》研究的传统课题，而此时期也远未达到如思想研究般的繁盛，只能说继续了这一研究课题而在结论上有一定推进。

从文学研究的角度审视《吕氏春秋》的研究，则当前《吕氏春秋》研究存在的问题包括：

第一，思想研究明显过强且思路单一。

思想研究也是文学研究的重要范畴，但是过多的纠缠于思想的解读和梳理，由于研究方法较为单一、思维方式较为固定，故难以有深入的突破。如对人才观、君主观、历史观、自然观等考察，都是将《吕氏春秋》中关涉相关思想的内容进行总结梳理，思路较为单一，缺乏新意。

第二，文学研究的视野不宽。

思想研究中，相关文学起源、音乐思想的内容较为特殊，既是《吕氏春秋》某一方面思想的研究，同时又属于文学研究。近三十年这一研究取得了丰硕的成果。

对于《吕氏春秋》结构的研究属于传统课题，而此阶段的研究继续了此课题，并且有了一定推进。

有的专著虽也涉及文学研究，如：王启才《〈吕氏春秋〉研究》专辟章目"《吕氏春秋》的文学价值"，从"奇艳的文采，可贵的形象""宏伟的气魄，充畅的气势""分明的感情，显豁的褒贬"三个方面探讨了《吕氏春秋》的文学成就。对称引孔子的研究涉及文学意象和事象研究。"《吕氏春秋》和《史记》的对比"探索了《吕氏春秋》在文体、编辑、文学艺术等方面的特征和影响。李颖科《吕不韦与〈吕氏春秋〉》有节目"《吕氏春秋》与战国文学"，但显然不是全著重点，从分量看仅占3%左右，且远远没有深入和展开。

总体看，近三十年专意于文学研究的成果表现并不突出、文学研究的意识并不明确。也就是说，文学研究的视野仍需要进一步拓宽。

第三，研究心态和研究方法值得反思。

《吕氏春秋》研究在方法上仍有不如人意之处。如：最为典型的是对十二纪结构体系的建构，研究的趋势是将48篇文章完全纳入某一理念之下。如，"春生"统摄下，《本生》《贵生》自然是"生"，而《论人》《圆道》之类也通过意义关联与"生"应和。问题在于这种关联过于主观、幽隐和曲折，有时甚至有附会之嫌，缺乏从文本内部对于联系线索的找寻，缺乏文献根据。

在此问题上，反倒是前贤们更注重甄别，而没有试图勉强全部统摄入内。《四库全书总目提要》云："惟夏令多言乐，秋令多言兵，似乎有义，其余则绝不可晓。"徐时栋虽认为首篇和于"春生夏长秋收冬藏"，但是"余篇则或相连贯，或不相衔接"，美国人华兹生（Burton Watson）认为"但是除了叙述十二个月份那些篇以外，全书的内容似与这个精心构成的结构无关。"等等。是前贤认识不足，还是今人过于牵强？抑或是还有更深的联系线索有待开掘？在研究态度和方法上还需要进一步总结和反思。

但无论如何，近三十年的研究存在崇尚心理过强的问题却是事实。所谓崇尚心理过强，是指一味认定本书价值重大、成就非凡，在此前提下进行一系列研究，而缺乏必要的缜密辨析。这一心态影响到思想研究也会导致方法过于单一，对于《吕氏春秋》缺乏一定的怀疑和缜密考辨，忽略其中的矛盾、概念不清、各篇有出入等一系列问题，而一味以接受甚至崇拜的心态进行梳理。这一心态影响到文学研究，导致一味肯定其价值和成就，而忽略其中思路跳跃、主旨不一、寓言故事不能为主旨服务等文本现象及问题。这一问题在论文成果中比在专著成果中体现得更为明显。

当下的《吕氏春秋》研究存在如上问题，这是需要及时解决的。针对这些问题，改变研究思路，开拓研究途径，丰富研究内容，显然是十分必要和有意义的。而在诸多的研究内容中，文学研究的缺陷显得更加突出，思路单一、视野不宽、研究方法欠当等问题已经成为《吕氏春秋》文学研究的重要瓶颈。这样也就凸显出本文选题《吕氏春秋》文学研究的意义。具体说来，本书的意义表现在：

第一，更加全面地展现《吕氏春秋》的结构特征、艺术手段、编撰特点及文学价值。

第二，《吕氏春秋》的文学研究既是对《吕氏春秋》的研究，同时更是对于研究方法的改进。当今，思路单一、视野不宽、研究方法欠当等问题已经成为《吕氏春秋》文学研究的重要瓶颈。此选题能够拓展《吕氏春秋》的研究思路，剖析更为生动真实的《吕氏春秋》。

第三，在《吕氏春秋》研究中存在的诸多问题，在其他诸子书的研究中也较具普遍性。此选题除可以拓展《吕氏春秋》研究理路外，还可以对其他诸子书的研究提供良好的借鉴，有利于子书文学研究思路的开拓。

第四，"杂家"研究一直是诸子百家研究的弱项，《吕氏春秋》的文学研究会为"杂家"研究提供新视角和新成果。

第三节　《吕氏春秋》文学研究的基本思路和方法

要实现《吕氏春秋》研究的新突破，需要针对《吕氏春秋》研究的学术症结作出如下调整和尝试：

第一，研究内容上尽量避免单一的思想研究。

思想研究是近三十年的重要研究内容，也取得了丰硕的成果。但是，鉴于此种研究思路过于单一，要实现研究突破有必要避开单一的思想研究，注重《吕氏春秋》多方面价值特别是文学价值的开掘。

第二，拓宽文学研究的视野，注重全方位的解读与考察。

鉴于近三十年的研究过多从思想总结出发，要拓宽文学研究的视野，首先要打破这一传统思路。思想总结是必要的，但是不能成为新研究的出发点,《吕氏春秋》的结构研究应该充分考虑到思想主旨之外的诸多要素。诸如篇章的题材、标题,甚至篇章的篇幅、作品中涉及的人物、故事中涉及的物件等,都有可能在作品的编排过程中具有结构意义。尽量对之进行全方位的考察,也正将是更为深入和有价值的研究成果。

第三,转变研究理念,调整研究心态和方法。

研究的目的性过强,以致掩盖文本和事实,是近三十年研究的重要症结。要实现学术突破需要转变理念,需要立足于文本。首先还原一个本真的文本,承认原作的丰富性和生动性,在对原作的丰富性和生动性的解读中发掘其中的价值。以《吕氏春秋》的结构研究为例,要实现学术突破,所秉持的学术理念应该是:充分承认《吕氏春秋》的本来面貌,包括其中的不一致、不衔接等客观状况,在此基础上挖掘《吕氏春秋》在结构编排上的全新价值。

打破对于《吕氏春秋》的崇尚心理,以客观求实的态度面对研究对象,是进行《吕氏春秋》研究的必要前提。只有这样,才能改变研究的理念性和目的性过强的弊病;也只有真正地承认《吕氏春秋》的丰富性甚至是其中的问题,才有可能在此基础上进一步深入探讨,得到全新的成果。

如,《吕氏春秋》中许多篇章存在故事的主题思想和篇章的主旨不一致的现象。承认这文本事实才能够发现,《吕氏春秋》八览实际上不只存在一条思想主旨的线索,故事的情节和题材也是编撰者对作品进行编撰时重要的考量对象,作品中所收录历史故事的题材也具有结构意义。主旨和题材两者有时此消彼长,有时共同出现,有时相互吻合,而有时则相互悬隔。以此为思路则可以对其结构进行全新的解读。

第四,深入开掘《吕氏春秋》的文学史价值。

对《吕氏春秋》的文学研究需要时刻以文学史为背景,需要定位和凸显《吕氏春秋》在各个方面的文学史价值。除此之外,还需要将《吕氏春秋》的相应部分放入文学史进行关照,除了普通篇目之外,其中还有不少篇目文学价值很高、需待专论。如《本味》篇、《有始》篇、《任地》篇、《辨土》篇、《审时》篇等,这些篇章在文学史上都有一定的价值和意义。剖析这些篇目的文学史价值,也就是在一定程度上还原了《吕氏春秋》的丰富性与文学成就,定义了其文学史地位。

第一章 《吕氏春秋》的结构

《吕氏春秋》结构组织上的规整性和系统性在诸多先秦子书中首屈一指，对《吕氏春秋》结构的研究自然亦是《吕氏春秋》研究的传统课题。从《〈吕氏春秋〉总目提要》至今，这一内容一直是《吕氏春秋》研究的重要内容。在偌长的结构研究史中，不乏突出的研究成果，但亦存在不少问题；同时，这一领域也远没有发掘完毕，仍有广阔的研究余地需待进一步开掘。

本章首先对《吕氏春秋》结构研究加以回顾和总结，找出当下结构研究的成就与不足，之后分节对十二纪和八览的结构加以分析。至于六论，由于结构特征并不明确，暂时阙如。

第一节 《吕氏春秋》结构研究的现状与反思

《吕氏春秋》结构庞杂、头绪繁多，历来对之的解读也颇多。对于《吕氏春秋》结构体系的研究是《吕氏春秋》研究的传统课题，也是不可回避的永远的课题。

一 《吕氏春秋》结构研究史

首先发现《吕氏春秋》有一定结构特点的是《〈吕氏春秋〉总目提要》，其中讲道：

> 《汉书·艺文志》载《吕氏春秋》二十六篇。今本凡十二纪、八览、六论。纪所统子目六十一，览所统子目六十三，论所统子目三十六，实一百六十篇。汉志盖举其纲也。其十二纪即《礼记》之《月令》，顾以十二月割为十二篇，每篇之后各间他文四篇，惟夏令多言

乐，秋令多言兵，似乎有义，其余则绝不可晓。先儒无说，莫之详矣。又每纪皆附四篇，而季冬纪独五篇。末一篇标识年月，题曰"序意"，为十二纪之总论。殆所谓纪者犹内篇，而览与论者为外篇杂篇欤？唐刘知几作《史通》内外篇，而自序一篇亦在内篇之末、外篇之前，盖其例也。①

《提要》认为：

第一，十二纪沿承《礼记·月令》，将十二月分割为十二篇。

第二，夏令多言乐，秋令多言兵，似乎有结构意义，而对其他篇章单元则采取较为谨慎的态度。本书还没有从"春生夏长秋收冬藏"的理念进行开掘，而是发现其中某些单元相似相近的篇章很多，而且很集中，从而推断其中或有深意。至于深意具体是什么，《提要》也没有做出判断。

第三，将纪、览、论三者的关系界定为内、外、杂篇。

这之后，对于《吕氏春秋》结构的研究愈见增多。徐时栋（1814—1873）《烟屿楼读书志》云：

> 《吕览》以十二纪冠本书，故亦僭称《春秋》，每一月下间以杂论四篇，若无伦绪，然《孟春纪》下首以《本生》篇，以春之义生，故说养生之道。《孟夏纪》首以《劝学》，以夏之义长，成人长则当学，故论为学之要。《孟秋纪》下首以《用兵》，以秋之义肃杀，故说兵战之事。《孟冬纪》下首以《节丧》，以冬之义闭藏，故讲丧葬之法。余篇则或相连贯，或不相衔接，而其首篇故有意也。②

徐时栋第一次明确提出，《吕氏春秋》十二纪的结构理念是"春生夏长秋收冬藏"。但是还需注意的是，他并没有将每纪下的所有篇章全部纳入这个理念之下。徐氏只取孟春、孟夏、孟秋、孟冬四月，而且认为明确体现生长收藏理念的是如上四月之下的首篇。也就是说，他认为是四季首月的首篇较为明确地体现出"春生夏长秋收冬藏"的理念，至于其余的篇章则并无明确的规律可循。

---

① （清）永瑢等：《四库全书总目》上册，中华书局1965年版，第1008—1009页。
② 《续修四库全书》第1162册，上海古籍出版社2002年版，第582页。

民国二十四年（1935）孙人和为许维遹《吕氏春秋集释》所作的《吕氏春秋集释序》记载道：

> 十二纪初为一部，盖以秦势强大，行将一统，故不韦延集宾客，各据所闻，撰月令，阐圆道，证人事，载天地阴阳四时日月星辰五行之属。名曰春秋，欲以定天下，施政教，故以序意殿其后焉。八览、六论自可别行。观其览首有始，论原开春，旨趣相同，何容重复？实以智略之士，各有所辑，编者混而一之，遂沿用春秋之名。太史公序纪于末，又曰"不韦迁蜀，世传《吕览》"。序于末者，意甚尊之，非谓其次第必如此也。称"吕览"者，则行文之便矣。不韦著书之旨，当在十二纪。则览、论置前殿末并无不可，不得拘滞于马迁之文也。①

孙氏认为十二纪和八览、六论是别行的，吕不韦著书主旨在于十二纪。至于览、论在前在后并无不可，没有必要进行争论。对于《吕氏春秋》的结构，他认为十二纪以月令开端，其基本理念是阐述天道（圆道），参政人事，最终的现实目的则是定天下、施政教。但是，未对十二纪全部篇章的结构作出判断。览以《有始》开篇、论以《开春》开篇都有开端之意。但是二者意图重复，原因在于智略之士各有所辑，而最终是由编者进行了统一处理。

直到余嘉锡《四库提要辨正》对《四库提要》进行发挥，进一步确立了后世研究的基本思路。他认为十二纪以首篇言天地之道，而以其下四篇言人事……共同体现"春生夏长秋收冬藏"之义。② 不仅在《四库提要》只论夏秋的基础上发现了"春令言生，冬令言死"的主题，弥补了《四库提要》之缺，而且指出，十二纪的四个季节部类的结构规律是"因四时之序而配以人事"，其设置思想则基于"春生夏长秋收冬藏"的"古者天人之学"（《四库提要辨正》卷十四）。需要注意的是，余嘉锡先生仍然是以四季为部类，并没有具体到每月。

---

① 许维遹：《吕氏春秋集释·孙序》，中国书店 1985 年版。
② 详见陈奇猷《吕氏春秋新校释·吕氏春秋考证资料辑要》，上海古籍出版社 2002 年版，第 1858—1865 页。

自此之后,"春生夏长秋收冬藏"成为研究十二纪的基本思路,后人不乏在此基础上进一步引申者。

潘富恩在《中国学术名著提要》(哲学卷)中谈道:

> 每纪的纪首(即第一篇)为该月的月令,记述该月的季节、气数、天象、物候、农事、政令,并与相应的五行、五方、五音、五色、五祀及天干等相配合,形成非常整齐的结构。春天主生,夏天主长,秋天主收,冬天主藏,《吕氏春秋》按四季的不同特点,将四组论文(组各四篇)分别归于四季之下。……(二)夏纪(孟夏纪、仲夏纪、季夏纪)。夏天万物繁盛,是成长壮大的季节,联系到树人,故《孟夏纪》有《劝学》等四篇。夏季燕啾虫鸣,联系到音乐对人的教化作用,故《仲夏季》四篇和《季夏纪》四篇都谈音乐之道。……①

潘富恩认为:贯穿十二纪的理念是"春生夏长秋收冬藏",他尽量通过"联系"和引申的方法将各篇统一于生长收藏的理念中。但很显然,这种"联系"并没有以文本和文献的事实为依据,属于主观的牵扯关联,显得较为牵强。

李家骧《吕氏春秋通论》则更是突破了四季部类,具体化到十二月,使每月下的篇章和本月纪首关联,共同统一于生长收藏的理念之下:

> 《吕书》认为各季皆有所主,是春生夏长秋收冬藏,故将各种有关内容的文章那个放在各季之下。春季主万物生育,联系到养生,故《春纪》多养生立身之论。……夏季万物茂长,故《夏纪》多成人教养之论。孟夏为夏之初本,故《孟夏纪》收录属于树人之本的论教育这集中群篇的《劝学》《尊师》《诬徒》《用众》,从师与生、教学方法、学习环境等方面来论礼教。仲夏风和日丽,莺歌燕舞,与此相应,故《仲夏纪》收乐教方面的论音乐(上古乐、舞相联)的丛篇《大乐》《侈乐》《适乐》《古乐》,多谈音乐的和谐适度。季夏乃夏之深。故季夏收深入一部论乐律、音乐起源、创作欣赏音乐的社会环

---

① 潘富恩:《中国学术名著提要》,复旦大学出版社 1992 年版,第 129—130 页。

境的集论《音律》《音初》《制乐》《明理》。①

这种解释方法可谓"完满"，但是很明显也陷入了牵强附会之嫌，主观联系特征十分明显。

牵强确已成为此时十二纪结构研究的重要弊病，徐复观先生就有过这样的感慨。他在《〈吕氏春秋〉及其对汉代学术与政治的影响》一文的第六部分"《十二纪·纪首》中的政令与思想的分配"中说：

> 《周书》卷六《周月》第五十一："万物春生夏长，秋收冬藏，天地之正，四时之极，不易之道。"生、长、收、藏，是由阴阳展现而为四时的性格、作用。吕不韦的门客们，除了顺着上述性格、作用，以安排各种生活与政令外，更把与生活、政治有关的思想，作一大综合，也按照生、长、收、藏的四种性格、作用，分别安排到四时十二月中间去，每月安排四篇，以表示各种思想，也是顺应着阴阳之气的。但他们所建立的形式太整齐了，也太机械了，这便使他们不能不遇到更大的困难——即过于牵强和过于重复的困难。但我们不应抹煞他们这番苦心的。②

徐复观认为这种形式太过整齐和机械，因而不可避免地会出现牵强和重复的问题。徐先生清楚地认识到以四时性格进行贯穿时的牵强和机械。同时，他还对作者的主观目的和文本情况进行了有意区分，也即十二纪中的所有篇目，或许是当时的作者按照四时性格进行有意编排的，但是文本的实际情况却显凌乱。若一定要以四时性格进行贯穿，则会出现牵强和重复等问题。他比较充分地认识到后人对十二纪结构进行解读时难免会出现的牵强等困难。

当然，徐先生也没有很好地解决这一问题。他在进行具体操作、对十二纪的结构进行解读时，还是首先认定当时的作者是按照四时性格进行的编排，编排中有的篇目是用引申的方式纳入其中的。也即徐先生认为，文本中对于四时性格来说显得牵强的篇目是当时的作者造成的。所以，具体

---

① 李家骧：《吕氏春秋通论》，岳麓书社1995年版，第53—54页。
② 徐复观：《两汉思想史》第2卷，华东师范大学出版社2001年版，第21页。

论述中他仍然是用引申的方法将之统一到了生长收藏的理念下：

> 春的作用是生，春季言思想的十二篇，皆在政治、社会、人生上发挥生或由生所引申之义。夏的作用是长，夏季言思想的十二篇，皆在政治、社会、人生上发挥长或由长所引申之义。秋的作用是收，秋季言思想的十二篇，皆在政治、社会、人生上发挥收或由收所引申之义。冬的作用是藏，冬季言思想的十二篇，皆在政治、社会、人生上发挥藏或由藏所引申之义。①

值得注意的是，徐复观虽然没能很好地解决牵强附会的问题，但是他还是思路清晰地提示了十二纪的理论层次。他认为，春生夏长秋收冬藏并不是唯一的、贯穿十二纪所有篇目的理念，在这一理念之上还有更高的哲学理念：天地阴阳，这一更高的哲学理念是在纪首中体现出来的。至于生长收藏的四时性格，是这一更高的哲学理念的表现，古人用关联和附会的方法将各篇置于相应的生长收藏的单元中。

王范之《吕氏春秋研究》对于牵强附会的问题认识更为深切：

> 十二纪是全书的大旨所在，是全书一个重要部分……由于本书辑合百家，是在于一个法天地的理论基础上，而十二纪是象征圆道的天，因而在本书的第一部分是使用十二纪作为组合材料的纲领。所谓纲领也不过仅是一种形式，只不过以这样一种形式来统一贯合。说"统一"说"贯合"，或者甚而至于说"综合"都不是不可以的。但所谓的"统一""贯合""综合"，也不过仅是出于上面所讲的这样一个意义罢了。因为百家之说依然是百家之说，并不由于运用了这一形式之"统一""贯合"……而后百家都变了原形。
>
> 我们看，隶属在《孟春纪》《仲春纪》《季春纪》下的材料，大半都是选择了一些讲养生的学说，因为春天是万物发生的时期，所以把养生的列在《春纪·月令》里。②

---

① 徐复观：《两汉思想史》第 2 卷，华东师范大学出版社 2001 年版，第 21 页。
② 王范之：《吕氏春秋研究》，内蒙古大学出版社 1993 年版，第 5 页。

他认为十二纪在前，八览次之，六论在后。从上下文看，王氏所说的"十二纪是象征圆道的天"实指十二纪纪首象征圆道的天，十二纪首象征天道，体现理念。

他清醒地认识到，十二纪首和其下的篇目之间的关联并非如一些学者所言的那样紧密，十二纪首体现天道、作为纲领只具有形式意义。王范之先生面对如此众多的牵强的，又看似完满的弥缝、"贯合"的论点，显然十分无奈。他无法彻底否定这样的做法，但是又确感到这种做法缺乏说服力。

虽然他在具体解读十二纪的时候也承认，在一定程度上和一定范围内，是"春生夏长秋收冬藏"的理念贯穿其中，但是王先生的做法显然已经不再作牵强生发。他充分承认十二纪首的形式意义和它体现的理念，而对其下的篇目则只作试探性地申说。

王范之对于八览结构的解释是：《有始》篇对八览起统摄作用，各单元的编排是按主题一致的原则。"做人务本的道（《孝行览》各篇），治国的道（《慎大览》各篇），如何人事分辨事物（《先识览》各篇），执虚静循名责实（《审分览》各篇），反对淫辞诡辩（《审应览》各篇），如何用民（《离俗览》各篇），如何为君（《恃君览》各篇）。"

对六论结构的解释是：各篇不连贯，属于集合的杂说。

所以，综合看来，避免牵强附会、尽量寻找更为妥帖的解读，已经是一些学者的努力方向。吕艺是在这一方面进行探索的代表人物，他有文章《论〈吕氏春秋〉的结构体系》发表于《北京大学学报》（哲学社会科学版）1990 年第五期，对此进行专文论述：

> 十二纪首篇"言人事"，以"无逆天数，必顺其时"为准则
> （《仲秋纪·仲秋》），而其余四十八篇，则严格依照"春生夏长秋收
> 冬藏"之义来构建，二者并不等同。所以十二纪首篇所言之事，有
> 些与"春生夏长秋收冬藏"并没有什么干系。……其实，十二纪两
> 个结构体系的构建思想，并非绝对矛盾，之所以并不等同，只是因为
> 包容面大小不一，前者大于后者，可以包容后者。因此，只能以
> "无逆天数，必顺其时"——亦即顺应天道概言"春生夏长秋收冬

藏"的思想本质，反之则有以小括大，以偏概全之虞。①

吕艺认为，十二纪纪首和其余篇目之间并非直接贯合的关系，而是两个理论体系，一大一小，纪首的理论体系统辖其余篇目的理论体系。纪首的理论体系是"无逆天数，必顺其时"，而其余篇目的理论体系是"春生夏长秋收冬藏"，后者是前者理论的体现。

吕氏也没有试图将十二纪六十篇弥合为一个体系，而是认识到纪首体系与其余篇目体系的区别，只不过又从理论的统辖关系上将两个体系关联起来。从最高、最基本的理论体系看，十二纪体现的是"上揆之天"的内容；从下层的理论体系看，则体现春生夏长秋收冬藏的理念。

至于八览，吕艺承认每一部分都有一个相对突出的论题，从这一思路出发，他又进一步与《尚书·洪范》所言的"五事"，即"貌、言、视、听、思"进行关联，认为八览按照"五事"进行了主题设置。八览以"有始览"作为总纲，其余以"五事"的主题进行编排，是从"中审之人"的角度进行的阐述。

吕艺认为，六论结构的严整性明显不比前两部分。各单元主题不够集中和突出，篇章之间的关联性不强。但是是从"下验之地"的角度进行阐述，即便有的篇章和"地"的关系不强，但是因为和其他篇章有其他意义上的关联，所以也编排在一起。

黄伟龙的博士论文——《〈吕氏春秋〉研究》也有意在这一方面做出新的探索。他认为，十二纪四季有着相对集中统一的论题，如春纪是由"君主本体论"和"君主功效论"统摄，没有利用生长收藏的理念。每单元有相对集中的论题，是黄伟龙论文的基本思路，在此思路下，他认为时空观、君主观、历史观、认识观统摄了八览。而论则是材料剩余，体系性不强。

二 《吕氏春秋》结构研究反思

通观研究史可以看出，《吕氏春秋》结构体系的研究涉及四个基本问题：《吕氏春秋》三部分结构如何、十二纪体系如何、览体系如何、论体

---

① 吕艺：《论〈吕氏春秋〉的结构体系》，《北京大学学报》（哲学社会科学版）1990 年第5 期。

系如何。四个问题中最为复杂，同时也是面临问题最多的是十二纪结构研究。

迄今为止，对十二纪结构的研究有三种基本态度和方法：一是，一味弥缝贯合，把十二纪解释为以某理念统摄的整体。这种研究不在少数，成果已经颇多。时至今日，所有篇目都已经被纳入某个理论之下，潘富恩、李家骧等的观点都属此类。二是，否认体系的存在，持这种态度的为数不多。美国人华兹生（Burton Watson）认为"但是除了叙述十二个月份那些篇以外，全书的内容似与这个精心构成的结构无关。"他只承认纪首是个精心安排的结构体系，但是至于纪首和其他篇章的关系，他持谨慎怀疑态度。三是，认识到上述第一种研究方法面临的问题，于是试图寻找更为合理的解释。王范之、徐复观、吕艺、黄伟龙等即是如此。

第一种研究方法固然可以称为成果蔚然，但是过于简单化、过于牵强附会的特点也十分明显。不管从哪个角度讲，现今的研究都显然不宜再重复这种方法。第二种研究方法则过于武断。只承认纪首的结构特征，而对于其他篇目则认为无结构体系可言，显然有失偏颇。只需看一下"夏纪"中集中的音乐主题，就知道古人必有某种编排理念。所以，就研究现状看，积极寻找更为合理的解释，尽量贴切地反映文本的实际情况，是必然的研究趋势。

应该承认，第三类研究者为我们提供了一些有益的研究经验。但是就目前看，仍然存在着诸多问题，表现在：

第一，过分倚重各篇的内容和主旨，而对其他方面和文本形式等则较为轻视。通观研究史可以看出，研究者们在以生长收藏的理念解读十二纪的结构时，大都是从各篇的主旨立说。其首先对各篇的主旨进行归纳，进而将这些主旨关联起来，统摄到一定的理念之下。而对于形式等方面的意义则相对轻视。诸如篇章的题材、标题，甚至篇章的篇幅、作品中涉及的人物、故事中涉及的物件等，都有可能在作品的编排过程中具有意义。仅凭篇章主旨解读结构的研究思路显然还不够开阔。

第二，研究的视角较为单一，过多注重寻绎某种结构《吕氏春秋》的理念，而轻视对于篇目的编排方式的解读。重视总体结构研究，忽视文本结构研究。究其原因在于研究的理念性太强，太过苛求以某种理念，尽量整齐地将各篇进行体系化的统一。这样极易导致理念在先，以某理念框定结构，过多运用主观联系和附会，从而忽视对于文本的深入分析和解读。

第三，除此之外，过分相信单篇作品的整体性和严整性也是重要原因。仔细研读《吕氏春秋》不难发现，其中大部分篇章有集中的主题和论证层次，而也有相当一部分篇章并非如此。这些篇章或者主题并不突出，或者主题比较混乱难解、并不明了，或者故事所含的寓意与主题并不能很好地吻合，或者对于故事寓意的阐释并不和主题一致，等等。这说明《吕氏春秋》的很多篇章并不是完全按着主题进行的统一创作，而一定还有着其他的创作方式和编排原则。

至于八览结构的研究。历来研究者多认为八览是"主题一致"，也即每单元均是因各篇主题相同或相近而编排在一个单元中，王范之、黄伟龙等人均是如此。吕艺认为每一单元都有相对突出的共同主题，虽然他又进一步与"五事"（"貌、言、视、听、思"）进行关联，但是这仍然未跳出"主题一致"的思路；同时，他认为：八览以"有始览"作为总纲，其余以"五事"的主题进行编排，是从"中审之人"的角度进行的阐述。这倒是在八览结构层次性上比其他研究者细致、清晰。

总体上看，八览的结构研究的思路更为狭窄，仅仅局限于"单元主题一致"的思路，需要进一步拓宽和细致化。综合看来，不论十二纪还是八览的结构，如果单纯以篇章为单位进行单元的主题总结，就很难冲破当前的研究局限。新的研究需要打破陈规，突破"主题一致"思路的局限，打破理念在先的模式，深入作品内部寻绎文本和文献的结构线索，以期得到新的发现。

至于六论，研究者普遍认为其结构体系性并不明显，或认为其材料剩余，或认为其集合杂说，这种判断基本属实。历来研究者对于《开春论》因居于首篇而具有统领作用的判断也是合理的。而除此之外，其他各论则较为杂乱，其结构特征明显不比纪和览。鉴于此，本书对六论结构的探讨将付诸阙如。

第二节　十二纪的结构

十二纪的结构研究需要继承优秀的研究成果，也需要创新开拓。综观研究史，历来对十二纪总体结构的解读中，关于四季的结构特点——"春生夏长秋收冬藏"的理念基本符合事实，是应该继承的。但再将每一季节下的 12 篇作品都笼统、牵强地纳入这一理念之下，显然已不合适，需要以"纪"为单位，对每一纪的结构做出更为详尽具体的阐释。立足文本挖掘深层的、实在的关联与结构线索是十分必要的。

下面以三春纪与三秋纪为例，对十二纪的结构特点作一具体阐发。

一 三春纪及其所属作品的篇章结构

《孟春纪》《仲春纪》《季春纪》是《吕氏春秋》十二纪的前三纪，每纪五篇作品，总计六十篇。这三编的谋篇布局对于整个十二纪具有引领作用，考察这三编的篇章结构，可为进一步分析十二纪其他各编找到一些基本路数。

《三春纪》及其所属作品的篇章结构，可划分为三个层次。第一个层次是各编首篇与后边四篇作品之间的结构方式，第二个层次是除各编首篇之外其余四篇之间的结构方式，第三个层次是每篇作品内部的结构方式。

在以上三个层次的结构关系中，第一个层次的结构关系最为重要，即各编首篇与其余四篇之间的结构方式。各编首篇依次为《孟春纪》《仲春纪》《季春纪》，它们是各编的总纲，而它们后面各自拥有的四篇作品则是首篇的目。各编首篇与后面四篇作品呈现的是纲与目的关系，这种关系主要体现在两个方面：第一，各编首篇提出某种理念，其余四篇采用多种方式对这种理念加以诠释、印证。第二，各编首篇出示该时段的政令，其余四篇则选择相关政令进行演绎，将与政令相关的物类事象组织到作品之中。鉴于这种情况，揭示各编首篇与其余四篇作品的纲与目的关系，把纲举目张的结构模式进行历史还原，成为探讨的重点。

《三春纪》及所属作品篇章结构的第二、三两个层次情况比较复杂。各编首篇之外其余四篇之间的关联有多种多样的结构方式，至于各编后四篇作品的内部结构，更是纷繁复杂。对于这两个层次结构方式的探讨，只能择其重要的或是容易引起争议误解的问题，而不能也不需要面面俱到。所选择的对象，主要考量解决这个问题所具有的学术价值。

（一）《孟春纪》及其所属作品的篇章结构

《孟春纪》所属的作品依次是《本生》《重己》《贵公》《去私》。前两篇与《孟春纪》的关联十分密切，后两篇则与《孟春纪》的关联不是很直接，甚至有些疏离。就前两篇与《孟春纪》的关联而言，又各自有所侧重，不尽相同。

《孟春纪》所出示的政令，其中很重要的一个内容是养生，即对生命的保护，使其不受伤害，其中写道：

> 是月也……牺牲无用牝，禁止伐木，无覆巢，无杀孩虫胎夭飞鸟，无麝无卵。

这里列举一系列禁令，其目的在于保护自然界的飞禽走兽正常繁育，保护森林树木，使其正常生长，属于生态保护措施，惠及自然界的众多生物。《孟春纪》的上述禁令，体现出的是对于生命的关爱。初春是一年的开始，是万物萌生的季节，以上禁令体现的是人对自然规律的遵循，把保护生命作为这个阶段的重要任务。

《本生》篇紧随《孟春纪》之后，篇名所包含的始生之义，与初春时节的功能相契合。开篇写道："始生之者，天也。养成之者，人也。"这是把养护生命作为人类的职责而明确地提出来，然后论述养性与物的关系："物也者，所以养性也，非所以性养也。"意谓要以物养性，而不能以性养物，这是"全性之道"。《本生》篇集中揭示的是社会上普遍存在的本末倒置的现象，即不是以物养性，而是以物伤性，其中写道：

> 世之贵富者，其于声色滋味也多惑者，日夜求，幸而得之则遁焉。遁焉，性恶得不伤？
>
> 万人操弓，共射一招，招无不中；万物章章，以害一生，生无不伤……

这段话语主要针对富贵者而言，指出他们受外物的诱惑，嗜欲充盈，溺于物而不能自反，结果造成外物对生命的伤害。对于具体伤害的方式，作者用形象的比喻加以说明，足见受伤害之深。文中还写道：

> 出则以车，入则以辇，务以自佚，命之曰招蹶之机；肥肉厚酒，务以自强，命之曰烂肠之食；靡曼皓齿，郑、卫之音，务以自乐，命之曰伐性之斧。

这段话也是针对富贵者而言，把他们不珍惜生命的各种表现揭露得很深刻。《本生》篇集中论述对生命的养护，其中有正面论述，但更精彩的是对害生行为的揭露和批判。该篇论述集中在性与物的关系上，明显是对《孟春纪》有关养生政令的回应。

排在《本生》篇后边的是《重己》篇，这篇作品也以养生为宗旨，但是，论述的切入点与《本生》篇稍有差异，文中写道：

> 凡生之长也，顺之也；使生不顺者，欲也；故圣人必先适欲。
>
> 室大则多阴，台高则多阳，多阴则蹶，多阳则痿，此阴阳不适之患也。是故先王不处大室，不为高台，味不众珍，衣不燀热。燀热则理塞，理塞则气不达；味众珍则胃充，胃充则中大鞔；中大鞔而气不达，以此长生可得乎？

文中提出的养生宗旨是适欲，也即使欲望得到适宜的满足。值得注意的是，作者反复运用阴阳、冷热等概念进行论述，带有明显的哲学思辨色彩。《孟春纪》称："是月也，天气下降，地气上腾，天地和同，草木繁动。"天气、地气，分别指阴阳二气。孟春是阴阳二气交汇的季节，阴阳和同，万物得以萌生。而那些居巨室高台、穿厚衣、享众珍的富贵者，他们的衣食起居，或是多阴少阳，或是多阳少阴，总是处于阴阳失调的状态，不可避免地要出现各种疾病。他们这种阴阳失调的生活状态，与孟春阴阳合同的气候相悖，违背自然规律。就运用阴阳观念阐释养生哲学而言，《本生》篇也是对《孟春纪》的回应。

《孟春纪》的《本生》《重己》以爱护生命为主题，体现了生的理念。可是，《孟春纪》排在后边的《贵公》《去私》两篇作品，从标题上看，与养生理念没有直接关联，与《本生》《重己》两个题目所昭示的意义也相去甚远。那么，为什么会出现这种状况？前面两篇与后面两篇的关系如何？这是探讨该编结构不容回避的问题。

《本生》《重己》两篇作品，无论审视其篇题，还是考察作品的内容，都是以个体为本位，从珍视个体生命的角度拟定标题、进行立论。这样一来，就很容易造成一种误导，似乎珍惜生命就是只知道爱护自己，而可以不顾群体利益。如果真的如此，那就和杨朱学派的理论没有什么区别，从而囿于一派的主张。可是，《吕氏春秋》是调和各家学说，而不是单独标立某一派的理念。为了矫正《本生》《重己》篇过于明显的以个体为本位的偏向，于是，编撰者设定《贵公》《去私》两篇作品，以作为对前面的反拨。《贵公》《去私》都是强调以群体为本位，与《本生》《重己》的以个体为本位正好相反。这四篇作品是每两篇为一组，以相反的价值本位观进行互补，从而实现在价值本位和取向方面的平衡。

《孟春纪》是以养生理念为统辖，《本生》《重己》两篇作品对这种理念体现得很鲜明，成为养生理念的文字载体。那么，《贵公》《去私》两篇作品是否与养生理念有关联呢？这要深入作品内部进行考察。

《贵公》篇开头写道："昔先圣王之治天下也，必先公，公则天下平矣。"这是全篇的中心论点，然后引用《尚书·洪范》的相关论述，以及周公对伯禽的劝诫之语、老子相关话语加以证明。以上三段引录都很简要，没有充分展开。这篇作品用一半的篇幅叙述管仲病重期间对齐桓公的嘱托，然后进行议论：

> 桓公行公去私恶，用管子而为五伯长；行私阿所爱，用竖刀而虫出于户。

这里列举齐桓公行公和行私所产生的截然相反的结果，用以说明行公的重要、行私的危害。齐桓公最后是被他所信任的小人困在室内、活活饿死，死后无人收殓，以至于尸虫出户。这个事实表明，行私不但危害国家，同时也危害自己的生命。由此看来，《贵公》用大量文字讲述齐桓公最终的人生悲剧，与《孟春纪》的养生理念又有一定的关联，二者并非完全疏离、毫不相关。

《去私》篇开头写道："天无私覆也，地无私载也，日月无私烛也，四时无私行也，行其德而万物得遂长焉。"这是全篇的中心论点，以天地日月四时的存在和运行方式来说明去私的必要性、合理性。可是，点明中心论点后出现的却是如下一段话：

> 黄帝言曰："声禁重，色禁重，衣禁重，香禁重，味禁重，室禁重。"

这段假托出自黄帝之口的话语确实与去私有关联，人在私欲的驱动下往往追求声色犬马之乐，追求耳目口腹之欲得到最大限度的满足。可是，这段话语又与《本生》《重己》篇的论述极其相似，在观念上一脉相通。就此而论，《去私》篇所引述的黄帝之言，和《孟春纪》的养生理念极其默契。

《去私》篇后半部分讲述的是如下故事：

> 墨者有钜子腹䭐，居秦，其子杀人。秦惠王曰："先生之年长矣，非有它子也，寡人已令吏弗诛矣，先生之以此听寡人也。"腹䭐对曰："墨者之法曰：'杀人者死，伤人者刑'，此所以禁杀伤人也。夫禁杀伤人者，天下之大义也。王虽为之赐，而令吏弗诛，腹䭐不可不行墨者之法。"不许惠王，而遂杀之。

这位墨家钜子大义灭亲，确实是秉心至公。这个故事又与人的生命密切相连，讲述的是人命关天的大事，并且提出"禁杀伤人"的墨家之法，体现的是对生命的关爱。与《孟春纪》秉持的养生理念亦有关联。不过，这个故事讲述的主要不是人之生，而是人之死，其中揭示出这样一个道理：要想有效地保护人的生命，就必须对杀人者处之以死。这个故事的主题是秉公执法，所昭示的却是贵生与处死之间的辩证关系。虽然这种启示溢出本篇的主题之外，却与《孟春纪》的养生理念相关。

通过以上分析可以看到，《孟春纪》中后面两篇作品，其篇名和主题均是以群体为本位，是对前面《本生》《重己》个体本位的反拨，使得该编四篇作品在价值本位和取向上实现平衡。从篇题上看，《贵公》《去私》与统辖《孟春纪》的养生理念似乎没有直接关联。可是，两篇作品的具体内容又与对生命的关爱相通。由此可以得出结论，《孟春纪》收录的四篇作品，前两篇与该编起统辖作用的养生理念融为一体，后两篇则与这种理念保持着若即若离的关系。如果把这四篇作品比作一个联盟，那么，《本生》《重己》是联盟的核心，《贵公》《去私》则是其外围和附属。

（二）《仲春纪》及其所属作品的结构

《仲春纪》同样以养生作为统辖全编的理念，除篇首《仲春纪》之外，后面由四篇作品组成，依次是《贵生》《情欲》《当染》《功名》。这四篇作品作为一个有机的整体，各篇之间的关联呈现出不同的结构模式。

首篇《贵生》开始就提出中心论点："耳目鼻口不得擅行，必有所制。譬之若官职，不得擅为，必有所制。此贵生之术也。"这里对于什么是贵生作出明确的界定，指的是对耳目鼻口等感官欲望的节制。作品还引述子华子之言，把人的生存状态分成以下几类：

> 子华子曰："全生为上，亏生次之，死次之，迫生为下。"故所谓尊生者，全生之谓。所谓全生者，六欲皆得其宜也。

子华子把人的生存状态由高到低分为四等，全生居于最高层次。而所谓的全生指的就是贵生。《贵生》篇主旨明确，论述精辟，确实紧紧围绕养生理念。

《贵生》篇认为对于人的感官欲望必须有所节制，使其适宜，秉承的是《仲春纪》的理念："是月也，日夜分。……日夜分，则同度量，均衡石，角斗桶，正权概"。仲春是统一各种度量衡标准的季节，使其规范化。对于人来说，各种感官有所节制，使其各得其宜，同对度量衡加以规范具有相同的性质。《贵生》篇是秉承《仲春纪》的理念把它运用于养生领域。

《仲春纪》所属的第二篇是《情欲》，作品开头提出对情欲的节制，与《贵生》篇的开篇之论相似，二者相承续。《情欲》篇还写道："由贵生动，则得其情矣；不由贵生动，则失其情矣。"这是接过前篇的话题继续进行论述，两篇作品前后相承的脉络更加清晰。

把《情欲》作为篇名，集中论述的是对情欲的节制。开篇就提出："天生人而使有贪有欲，欲有情，情有节。圣人修节以止欲，故不过行其情也。"全篇反复围绕这个观点，从正反两方面展开论述。为什么在养生理念统辖下的《仲春纪》所属篇目，对于人的情欲给予如此大的关注，这从《仲春纪》的下述文字可以找到答案：

> 是月也，日夜分，雷乃发声，始电。蛰虫咸动，开户始出。先雷三日，奋铎以令于兆民曰："雷且发声，有不戒其容止者，生子不备，必有凶灾。"

仲春是雷声始发季节，雷具有很强的威慑力，先民对它抱有畏惧感。因此，春雷始发之前，提醒人们要谨慎言行，防止出现灾难。再加上仲春是生命复苏伸展的阶段，所以，人在此期间对于情欲的节制也就势在必行。《情欲》篇的题目及内容，都与《仲春纪》的上述政令直接相关。

《仲春纪》所属第三篇作品是《当染》。该篇主要内容取自《墨子·所染》，文献的来源很明确。单从篇题看，似乎与《仲春纪》的养生理念没有什么直接关联。《墨子·所染》所论述的主要是交人须谨慎的问题，也和爱惜保护生命没有直接挂钩，只是偶尔提及而已。但是，如果对《情欲》和《当染》两篇作品进行解析，会发现它们之间的关联。

《贵生》及《情欲》都强调对情欲的节制，主要是从自我调节方面进行论述，重点强调人的自律。到了《情欲》篇的结尾部分，论述的是楚庄王与孙叔敖之间的关系：

> 荆庄王好周游田猎，驰骋弋射，欢乐无遗，尽傅其境内之劳与诸侯之忧于孙叔敖。孙叔敖日夜不息，不得以便生为故，故使庄王功迹著乎竹帛，传乎后世。

这里已经开始转换话题，由强调个人的自律转到君臣的遇合，从而为过渡到下篇的《当染》作了铺垫。《当染》篇主要列举历史事实，用以说明国君用人的当与不当，也就是所染的当与不当。作品中间部分有如下论述：

> 凡为君非为君而因荣也，非为君而因安也，以为行理也。行理生于当染。故古之善为君者，劳于论人，而佚于官事，得其经也。不能为君者，伤形费神，愁心劳耳目，国愈危，身愈辱，不知要故也。

这里所说的理，指的是为臣之道。《情欲》篇提到楚庄王和孙叔敖，《当染》篇又称"荆庄王染于孙叔敖、沈尹蒸"，作为所染得当的范例加以肯定。楚庄王因为选人得当，有孙叔敖这样的贤臣辅佐，所以，他可以周游田猎、欢乐无遗，而楚国大治。文中的"劳于论人而佚于官事"，指的就是在选人上下功夫，而治理国家则处于轻松状态，不必劳神费力。这篇作品所关注的焦点还是贵生，与前面两篇的宗旨一脉相承，不过论述的角度有所转换。《贵生》《情欲》主要强调人的自我约束，而《当染》篇则关注外部因素对君主生存状态所起的作用；同时，《当染》主要不是强调君主对情欲的约束，而是指出君主个人欲望得到满足的条件，指出它的合理性，在具体指向上与前两篇相异。至于《当染》篇结尾部分还把士人列入讨论的范围，那是顺势提及，同时也是为了保证本篇有足够的字数，以便与其他篇目的篇幅相协调。

《仲春纪》附属的第四篇作品是《功名》，它的题目似乎也游离于养生理念之外，而作品的具体内容却仍然围绕这个中心，并且与《当染》篇存在密切的联系。

《功名》篇开头写道："由其道，功名之不可得逃，犹表之与影，若呼之与响。"这几句话开宗明义，指出功名的获得要由其道。不过这篇作品并不是泛论各类人的功名，而是把目标锁定在君主身上。那么，君主获取功名之道在哪里呢？对此，本文作出这样的回答："善为君者，蛮夷反舌殊俗异习皆服之，德厚也。"这是从总体上加以概括，把德厚说成获得功名的关键。接着，又从两个方面对这个结论作出进一步论述：

> 水泉深则鱼鳖归之，树本盛则飞鸟归之，庶草茂则禽兽归之，人主贤则豪桀归之。

这几个排比句式讲述的道理很清楚，飞禽走兽聚集到宜居之处，因为那里能满足自己生存的需要。同样，君主要想获得功名，使豪杰聚集到自己周围，也必须满足他们的需要。对于豪杰来说，他们所需要的就是君主举贤授能、善待自己。这是从君主与社会精英的关系立论。

《功名》篇还写道：

> 大寒既至，民煖是利；大热在上，民清是走。是故民无常处，见利之聚，无之去。欲为天子，民之所走，不可不察。

这是从君主与普通百姓的关系方面立论，指出百姓的趋利性。只要满足他们的利益追求，就能产生凝聚力，从而成为圣君、获得功名。

《功名》篇的以上论述，是从君臣、君民关系切入，强调对臣属百姓欲望的满足，使他们得到实际利益，也就是关爱他们的生命，创造出适于他们生存的环境。《当染》篇暗示君主的欲望应当通过选择贤臣的方式而得到满足，使得生命处于适宜状态。《功名》篇则是强调臣民的欲望应该得到满足，使他们的生命得其所处。这两篇作品切入的角度不同，彼此构成互补结构。

《当染》和《功名》篇都涉及人的欲望的适当满足，即所谓的养，这样正是《仲春纪》所列的施政措施之一："是月也，安萌芽，养幼少，存诸孤。"这里提到的抚养对象已经不限于幼年者，而是扩展到更大的范围。尽管如此，《仲春纪》有关抚养方面的政令，是这两篇作品反复论述养护生命的契机和根源。

综上所述，《仲春纪》所附属的四篇作品经过精心的构思和安排，形成富有张力的内部结构。一方面，四篇作品前后相续、一脉相承，都围绕着养生理念叙事议论；另一方面，又形成两个层次的互补结构。第一个层次的互补结构，体现在前两篇和后两篇之间：前两篇强调对情欲的节制，后两篇提出对于人的欲望的满足；前两篇着眼于人的自身，后两篇关注自身以外的人群。第二个层次的互补是在第三、四两篇之间，第三篇论述的焦点是君主，而第四篇则把重心放在臣民。总之，《仲春纪》所属四篇作品构成完整严密的体系和合理的结构，基本见不到游离于主要线索之外的叙事和议论。

（三）《季春纪》及其所属作品的篇章结构

《季春纪》及所属四篇作品，同样用养生理念贯穿各篇，其中《季春纪》是纲，其余四篇作品是目。《季春纪》提出核心的生命理念及相关的活动安排，其余各篇加以论证和发挥。

《季春纪》写道："是月也，生气方盛，阳气发泄，生者毕出，萌者尽达，不可以内。"这是该篇所持的生命理念，把阳春三月看作阳气发泄的季节，是生命力日益旺盛时期。与此相应，人们要顺应自然之气的变化，使它顺畅地流播散布，以使万物各得其所。

《季春纪》后的四篇作品在论及对于人的生命的养护时，贯穿的都是流通以生的理念。《尽数》篇写道：

> 流水不腐，户枢不蝼，动也。形气亦然，形不动则精不流，精不流则气郁。郁处头则为肿为风，处耳则为挶为聋，处目则为䁾为盲，处鼻则为鼽为窒，处腹则为张为疛，处足则为痿为蹷。

作者所持的是气本原论，把精气看作生命的来源和动力。精气的基本属性是流动，正是靠流动才使生命充满活力。如果精气沉滞淤积，就会使人出现疾病。精气在人体滞留不动的部位，就是发病的器官所在之处。这段论述所秉持的理念与《季春纪》所说的"生气方盛""不可以内"如出一辙，只是论述得更加充分。

《先己》篇排在《尽数》之后，是《季春纪》所属的第二篇作品，开头部分写道：

> 凡事之本，必先治身，啬其大宝。用其新，弃其陈，腠理遂通。精气日新，邪气尽去，及其天年。此之谓真人。

这段论述承接《尽数》篇有关形动精流为生命之本的理念、前后相承，强调的是精气的流通，以吐故纳新的方式保持生命的活力。

《论人》是《季春纪》所属的第三篇，开头提出"太上反诸己"的命题，然后加以解说：

> 何谓反诸己也？适耳目，节嗜欲，释智谋，去巧故，而游意乎无穷之次，事心乎自然之涂，若此则无以害其天矣。无以害其天则知精，知精则知神，知神之谓得一。……意气宣通，无所束缚，不可收也。

这段论述所持的是道家观念，把反诸己归结为顺应自然。其最终效果则是精气流通、不受束缚，所得出的结论又回归到前面三篇作品所反复强调的问题上。

《圆道》是《季春纪》所属最后一篇，开头写道：

> 天道圆，地道方，圣王法之，所以立天下。何以说天道之圆也？精气一上一下，圜周复杂，无所稽留，故曰天道圆。何以说地道之方也？万物殊类殊形，皆有分职，不能相为，故曰地道方。

这里的天道圆、地道方的命题，是从古人天圆地方、天动地静的观念推衍出来的。所谓天道圆，指的是精气周流无滞、处在不断的运动之中。天道统辖地道，精气的流动被视为宇宙能量之所在，也是生命之源。《圆道》篇还有如下论述：

人之窍九，一有所居则八虚，八虚甚久则身毙。故唯而听，唯止；听而视，听止。以言说一，一不欲留，留运为败，圜道也。

这是把"天道圆"的理念用以解说人的生命，强调九窍的畅通，而不能有任何器官出现堵塞。无论视觉还是听觉，都要任其自然，以保证精气的流通。其中的"一有所居"，居，指的就是滞留、堵塞。文中所说的"唯而听，唯止；听而视，听止"，陈奇猷先生这样解释："听人言后，欲知其言之虚实，因不再听其言，乃进而观其行。以目视为视，但亦训考察。此皆说明一窍用而他窍虚。"后来，陈先生又补充道："'此皆说明一窍用而他窍虚'改作'听人言时，唯诺已过去。视对方之表情（观其行）时，听已过去。皆是说明"不留"之意'。"① 从实际情况考察，这段话是借鉴《庄子·人间世》的如下论述："若一志，无听之以耳而听之以心，无听之以心而听之以气。听止于耳，心止于符。气也者，虚而待物也者。"② 其中所说的"听止于耳"，谓耳止于听，即耳朵不主动地去听，只是被动地作为接受声音的通道。《圆道》篇所说的"唯而听，唯止"，唯，指顺从。意谓顺从地听，顺从地停止，是耳朵顺应自然之义。"听而视，听止"，听，谓听从、顺从，意谓顺从地审视、顺从地听止，讲的还是顺从自然。人的听觉、视觉都顺从自然，精气就可以在人体流通无阻，这就是人的生命所体现的圆道。

从以上梳理可以看出，把精气的流动视为生命的正常状态，是生命力的源泉，这是《季春纪》五篇作品一以贯之的主要线索。篇首《季春纪》从天道自然的角度提出，季春是阳气发泄、萌者尽达的阶段，必须保持气流的畅通，而不能堵塞抑制。后面四篇作品从生命哲学的角度进行论述，与人的养生紧密联系在一起。《季春纪》对于后面四篇作品的统辖作用十分明显，该编在这个问题上呈现的是纲举目张的结构形态。

《尽数》篇还提到养护生命的诸多禁忌，其中写道：

何谓去害？大甘、大酸、大苦、大辛、大咸，五者充形则生害

---

① 陈奇猷：《吕氏春秋新校释》，上海古籍出版社2002年版，第181页。
② 郭庆藩：《庄子集释》，中华书局1978年版，第147页。

矣。大喜、大怒、大忧、大恐、大哀，五者接神则生害矣。大寒、大
热、大燥、大湿、大风、大霖、大雾，七者动精则生害矣。……

　　凡食，无强厚，味无以烈味、重酒，是以谓之疾首。食能以时，
身必无灾。凡食之道，无饥无饱，是之谓五藏之葆。

以上论述涉及人体养生的许多方面，其中提到人所接触的味道、气
候、食物、饮料，以及人的各种情感变化。总之，作者反复强调的就是不
能过分，而要适中。无论是外界的因素，还是人自身的表现，超过限度都
对人的生命有害。因此，要避免和去掉过分的东西。《尽数》篇的上述主
张，是本于《季春纪》的政令而衍生出来的。时值季春，工师要监理各
类工匠，提醒他们"无或作为淫巧，以荡上心"，不能把器具造得超过既
定规格、过分诡怪巧异，从而摇荡主上之心。季春时节，"国人傩，九门
磔禳，以毕春气"。傩是驱鬼仪式，禳是祛灾之祭，都是要把危害生命的
对象除掉。就此而论，《尽数》篇所说的"去害"，和《季春纪》所说的
傩礼禳祭可谓异曲同工，两者的指向是一致的。

季春是阳气发泄、句者毕达的时段，与此相应，《季春纪》所列出的
政务活动也以疏通为主：

　　天子布德行惠，命有司，发仓窌，赐贫穷，振乏绝，开府库，出
币帛，周天下，勉诸侯，聘名士，礼贤者。
　　是月也，命司空曰："时雨将降，下水上腾，循行国邑，周视原
野，修利隄防，导达沟渎，开通道路，无有障塞。"

无论是天子的布德行惠，还是天子命令司空所做的事情，都具有疏通
的功能。天子布德行惠是疏通朝廷与百姓、士人的关系，司空巡视则是疏
通水渠和道路。总之，疏导而使之畅通无阻是季春时节的要务。

《先己》篇的中心论点是："凡事之本，必先治身。"这是开篇即明确
提出的主张。作品后半部分列举一系列历史事实来阐明这个道理，结尾假
托孔子之口说道："不出于门户而天下治者，其惟知反于己身者乎！"这
里说的天下治指的是政令通达、四方宾服，合乎《季春纪》提出的疏通
为第一要务的理念。

《圆道》篇则从君臣关系方面来论述施政的顺畅："令出于主口，官

职受而行之，日夜不休，宣通下究，瀸于民心，遂于四方，还周复归，至于主所，圜道也。"这里描述出政令畅通的流转渠道：君出臣受，施于百姓、播于四方，这是自上而下的通畅。然后再自下而上，将政令施行的良好效果反馈到君主那里。这是往复性的畅通无阻，中间没有任何障碍，和《季春纪》力主疏通的理念紧密相扣。

《论人》篇集中讨论对于人才的任用，前面提出美政理想："豪士时之，远方来宾，不可塞也。"四面八方的人才纷纷归附朝廷，中间没有拥堵障碍。后面提出八观六验、六戚四隐的考察人的方法，和前面提到的各类人才涌向朝廷相呼应。纳贤任能、扬举侧陋也是政治上的一种疏通方式，因此，《季春纪》把"聘名士、礼贤者"作为该时段重要的施政措施，《论人》篇对此作了回应。

其实，八观六验、六戚四隐作为考察人才的方式，它所体现的也是洞达、通透的理念。即通过上述方式的检验，使被考察者把自身的本然状态毫无隐瞒地显示出来，合乎"萌者尽达"的理念。

从上面事例不难看出，《先己》《论人》《圆道》篇有关治国理政方面的内容，都围绕疏导通达这个中心，通过大量具体事例和多方面论述回应《季春纪》提出的施政纲领。《季春纪》及后面所属的四篇作品，在理念上前后贯通，都以相同的理念作为统辖，强调人的生命精气和国家政令的周流无滞、畅通无阻。同时，这几篇作品的文脉也前后相连，构成一个有机的整体。《季春纪》接近结尾处提出的是："国人傩，九门磔禳，以毕春气。"紧接着出现的篇目是《尽数》，与"以毕春气"之语相承接。大傩磔禳都是祛灾之举，与此相应，《尽数》篇谈养生首先提到的是"去害"，与《季春纪》的祛灾之举首尾相接。《先己》篇结尾称："不出于门户而天下治者，其惟知反于己身者乎！"紧接着，《论人》篇开头提出"太上反诸己"。这两篇作品也形成首尾相接的顶针形式。

再从《季春纪》后面四篇作品的设置来看，也体现出编者的匠心。《尽数》居前，主要论述怎样疏导精气养护生命，带有综论性质。《圆道》居于最后，主要论述如何政令畅通，也带有综论的性质。中间两篇是《先己》和《论人》，标题设置带有互补性，兼顾己与人。

二 三秋纪及其所属作品的篇章结构*

三秋纪包括《孟秋纪》《仲秋纪》和《季秋纪》，每纪五篇，共计十五篇。现将各单元的结构分析如下：

（一）《孟秋纪》及其所属作品的篇章结构

《孟秋纪》所属的作品依次是《荡兵》《振乱》《禁塞》《怀宠》。

《孟秋纪》所出示的节候和政令，其中很重要的特点就是强调本时节的肃杀之气，以及在政令上的重兵事。

> 立秋之日，天子亲率三公九卿诸侯大夫以迎秋于西郊。还，乃赏军率武人于朝。天子乃命将帅，选士厉兵，简练桀俊专任有功，以征不义，诘诛暴慢，以明好恶，巡彼远方。②

这里列举的政令与本时节的肃杀之气相适应，着重在犒赏军武、征兵历练、讨伐不义。可以看出，重兵是这个时节政令的重要内容。

《孟秋纪》所属的四篇作品在内容上都与这一政令有关。

《荡兵》开篇便提出论点："古圣王有义兵而无有偃兵"，但是通观全篇可以看出，本篇着力所论述的并不是"义兵"，而是将绝大部分笔墨放在了对"兵"之来源与"兵"产生与存在合理性的论述上。从篇名看，本篇有的版本作"用兵"，王利器先生认为本篇"用兵所以'荡涤众故'，即所以明兵之不可偃也"③，他认为"荡"有荡涤众故的含义，有一定道理。但相比之下，陈奇猷先生的说法虽不尽准确，但有较为合理之处，他说："荡兵者犹言兵之萌起，正是此篇之内容"，他认为"荡"意为萌起；同时他还认为："'用兵'非此篇之义"④。通观全文可以看出，本篇确实着力论述"兵"之发生与存在的合理性，而不是用兵。所以，《荡兵》意为"兵之萌起"有一定道理，"用兵"的说法显然并不完全符合本篇的实际情况。陈奇猷先生的解释道出了《荡兵》篇的主要内容，不过，释

---

* 本部分主要内容已发表。见《吕氏春秋纲举目张、众星拱月——三秋纪及其所属作品的篇章结构》，《大连民族学院学报》2013 年第 4 期。

② 陈奇猷：《吕氏春秋新校释》，上海古籍出版社 2002 年版，第 380 页。

③ 王利器：《吕氏春秋注疏》，巴蜀书社 2002 年版，第 703 页。

④ 陈奇猷：《吕氏春秋新校释》，上海古籍出版社 2002 年版，第 389 页。

"荡"为"萌起",用在标题上仍显扞格。从实际情况考量,这里的"荡"亦可释为"通",荡兵就是通兵,亦即明了兵事,论述兵之存在的合理性。"荡"释为"通",这可以从先秦文献中找到例证。《周礼·地官·稻人》:"以沟荡水",① 杜子春释为"以沟行水",即以沟通水。《荡兵》篇针对"偃兵"之论提出自己的看法,为的是使人通于兵,即认识和理解兵的重要性。综合看来,《荡兵》篇名既有"兵之萌起"之意,同时也有"明了兵事"的含义,两种含义同在。

《荡兵》开篇就讲道:"兵之所自来者上矣",作者解释道:"与始有民俱。凡兵也者,威也;威也者,力也。民之有威力,性也。性者所受于天也,非人之所能为也。武者不能革,而工者不能移。"② 显然,作者将兵之萌起归结为"性"与"天",既然来源于天,"兵"自然是不可禁止的,是任何力量都无法改变的。随后作品又讲道:"兵所自来者久矣",列举远古时期包括炎、黄、共工氏、蚩尤等在内的诸多战事用以证明兵事的由来已久。作品的后半部分还提到:"兵之所自来者远矣",其中将"兵"的概念加以扩大和泛化,将与"对抗、对立"相关的诸多事项均称之为"兵":

> 察兵之微:在心而未发,兵也;疾视,兵也;作色,兵也;傲言,兵也;援推,兵也;连反,兵也;侈斗,兵也;三军攻战,兵也。此八者皆兵也,微巨之争也。③

这些大大小小的对立、对抗均被看作"兵"的不同表现形式,这样就在概念上扩大了"兵"的范畴,使"兵"成为更为普遍存在的客观事实,为"兵"的产生与存在提供更为坚实和广泛的事实证据。

这样,《荡兵》篇就通过三个层次,分别从天与性、上古历史和社会现实三个角度论证了"兵"产生与存在的必然性和合理性。

《荡兵》篇被安排在《孟秋纪》所属的第一篇,根本原因在于本篇重点是在论"兵之萌起",是关于"兵事"的萌生和初始。这符合万事万物

---

① 贾公彦:《周礼注疏》,《十三经注疏》,中华书局1982年影印本,第746页。
② 陈奇猷:《吕氏春秋新校释》,上海古籍出版社2002年版,第388页。
③ 同上书,第389页。

由萌生到壮大的发展过程，也符合秋季肃杀之气由弱而强、由小而大的发展次序，作为专论"兵之萌起"的《荡兵》自然也应当置于本编的第一篇。

《振乱》是《孟秋纪》所属的第二篇，本篇力主"义兵"之说，而对当时流行的"非攻伐而取救守"的做法表示反对。本篇在展开论述中，始终突出的是有道与无道、有义与无义之间的分殊和对比。文中多次以有道与无道、有义与无义之间的对比，用以突出有道和有义的必要性。诸如：

> 凡为天下之民长也，虑莫如长有道而息无道，赏有义而罚不义。今之世，学者多非乎攻伐。非攻伐而取救守，取救守则乡之所谓长有道而息无道、赏有义而罚不义之术不行矣。
>
> ……
>
> 夫攻伐之事，未有不攻无道而罚不义也。攻无道而伐不义，则福莫大焉，黔首利莫厚焉。禁之者，是息有道而伐有义也，是穷汤、武之事而遂桀、纣之过也。①

这些段落都突出了有道、有义同无道、无义之间的针锋相对、水火不容，其中一方得以滋长，另一方势必会受到抑制。在这种强烈而鲜明的对比中，作者支持的是有道和有义，支持的是"义兵"。

其实，关于"义兵"的论述在上篇《荡兵》中已有体现，其中关于"义兵"的学说出现在篇章末尾：

> 兵诚义，以诛暴君而振苦民，民之说也，若孝子之见慈亲也，若饥者之见美食也；民之号呼而走之，若强弩之射于深溪也，若积大水而失其壅隄也。中主犹若不能有其民，而况于暴君乎？②

这段论述主张兵当以"义"为先，兵如果做到了义，则民众将归之如流。《振乱》篇开篇就讲"当今之世浊甚矣"，提醒兴兵者当以"义"

---

① 陈奇猷：《吕氏春秋新校释》，上海古籍出版社 2002 年版，第 399 页。
② 同上书，第 389 页。

为先，与《荡兵》篇首尾相接、一脉相承。

《禁塞》篇名意为"禁止和阻塞"，禁塞二字为同义重复。王利器先生说："即谓救守之说出，如不禁塞，则不肖者益幸，而贤者益疑矣。"① 关于这一点，陈奇猷和王利器二位先生的考证结论一致，都十分合理。《禁塞》篇开篇就提出中心论点："夫救守之心，未有不守无道而救不义也。守无道而救不义，则祸莫大焉，为天下之民害莫深矣。"② 很明显，本篇重在驳斥救守之说，"禁塞"之义正是禁止、遏制救守之说。

《禁塞》篇认为救守应当禁行，但是作者对所谓的禁塞救守进行了一番辨析，对其反对救守的根本原因进行剖露：

> 今不别其义与不义，而疾取救守，不义莫大焉，害天下之民者莫甚焉。故取攻伐者不可，非攻伐不可，取救守不可，非救守不可。取惟义兵为可。兵苟义，攻伐亦可，救守亦可；兵不义，攻伐不可，救守不可。③

这里所说的救守之说是针对宋钘、尹文学派而言。这个学派"禁攻寝兵，救世之战"，成玄英疏："寝，息也。防禁攻伐，意在调和，不许战斗。"④ 宋钘、尹文学派的这个主张见于《庄子·天下》篇，这两个人都是齐国稷下学宫的成员。《吕氏春秋·禁塞》篇所说的救守，其中的救，指的是制止。《论语·八佾》："季氏旅于泰山，子谓冉有曰：'女弗能救与？'"⑤ 这里的救，指的就是制止。守，指的就是防守。防守，是一种被动性的行为，救守，指的是以言语禁攻寝兵，有其特定内涵。

可见，作者也并非一味反对救守，只是认为不辨其义与否，而疾取救守将危害甚大。"义"才是判断救守或攻伐是否合理的根本标准，若兵能做到"义"，则诸说皆可；反之，则诸说均不可行。可见，义兵之说仍是本篇的重要论点，这与《荡兵》《振乱》一致。

《怀宠》篇，陈奇猷先生解释其篇名为："本篇言义兵吊民伐罪，民

---

① 王利器：《吕氏春秋注疏》，巴蜀书社 2002 年版，第 731 页。
② 陈奇猷：《吕氏春秋新校释》，上海古籍出版社 2002 年版，第 406 页。
③ 同上书，第 406 页。
④ 郭庆藩：《庄子集释》，中华书局 1978 年版，第 1082 页。
⑤ 杨伯峻：《论语译注》，中华书局 2000 年版，第 24 页。

怀其恩，故曰怀宠。"①这种解释是合理的，本篇仍旧延续前三篇的基本线索："义兵"。然而本篇对何为"义兵"行为描述得较为具体：

> 故克其国不及其民，独诛所诛而已矣。举其秀士而封侯之，选其贤良而尊显之，求其孤寡而振恤之，见其长老而敬礼之。皆益其禄，加其级。论其罪人而救出之。分府库之金，散仓廪之粟，以镇抚其众，不私其财；问其丛社大祠，民之所不欲废者而复兴之，曲加其祀礼。是以贤者荣其名，而长老说其礼，民怀其德。②

其中将赈困扶难、赏赐举封、听取民意、尊长重礼作为义兵取胜的重要作为，是对义兵之"义"内涵的具体阐释。

可以看出，《孟秋纪》所属的四篇作品有一条十分清晰的线索："义兵"，首篇《荡兵》虽重点在论"兵"之兴起与合理性，但篇末已有对于"义兵"的明确论述，直接开启《振乱》篇的论述基调；《禁塞》篇驳斥救守之说，但仍认为"义"为判断救守或攻伐是否合理的根本依据；《怀宠》除主张"义兵"之说外，还对其"义"的内涵进行了具体阐释。所以，《孟秋纪》所属四篇的线索是十分明显的，它们的主张一致、关联密切。

《孟秋纪》以"义兵"理念贯穿后面的四篇作品，从而与首篇提出的主张相呼应："专任有功，以征不义。诘诛暴慢，以明好恶，巡彼远方。"开篇就明确提出用兵的宗旨是征讨不义、彰明善恶，后面四篇作品则是从不同角度切入，反复申明以义为本的用兵理念。

（二）《仲秋纪》及其所属作品的篇章结构

《仲秋纪》所属的作品依次是《论威》《简选》《决胜》《爱士》。

《仲秋纪》所出示的政令，其中有一个很重要的内容是："命有司，申严百刑，斩杀必当。"③这里所说的斩杀既包括对罪犯用刑，又包括兴兵征伐。在作者看来，仲秋是适于刑杀的季节，在此阶段应该耀武扬威，以与仲秋的节令特征相符。所设的《论威》《简选》《决胜》就是耀武扬

① 陈奇猷：《吕氏春秋新校释》，上海古籍出版社2002年版，第418页。
② 同上。
③ 同上书，第427页。

威的举措。《仲秋纪》称该时节"杀气浸盛",后面几篇作品体现的都是
"杀气"。

《论威》篇紧次于《仲秋纪》之后,其篇名毕沅认为当为"谕威",
之后刘咸炘、杨树达、王利器、陈奇猷等学者均表示赞同。毕沅及之后诸
学者的看法是正确的,"論"与"諭"两字形近,十分容易导致传写讹
误;另外,本篇着重论述的正是如何谕其威于敌,篇中也多次出现谕威之
义,如:"故善谕威者,于其未发也,于其未通也⋯⋯""故古之至兵,
才民未合,而威已谕矣⋯⋯"等,都是谕威之义。所以,本篇当为《谕
威》。

《谕威》篇开篇提出:

> 义也者,万事之纪也,君臣上下亲疏之所由起也,治乱安危过胜
> 之所在也。过胜之,勿求于他,必反于己。①

开篇所讲的"义"为万事之纲纪,不仅是君臣上下伦理规范产生的
原因,还是关系到治乱安危的根本。本段中的"过胜",王利器先生认为
"此以过胜相反为义,则过胜犹言败胜也。"② 陈奇猷先生认为末句"'过
胜之'下当有'道'字,否则文意不完。'过胜之道,勿求于他,必反于
己',谓胜敌之道⋯⋯"③ 认为其中"过""胜"二字为同意重复,意为
胜利。相比之下,王利器先生的解释更近合理,因为从上下句关系看,
"君臣上下亲疏之所由起也"与"治乱安危过胜之所在也"属对仗而言,
上下句的主语成分均由词义相反的两字构成,"君臣""安危""治乱"
等均是相反为义,则"过胜"也必然是"败胜"之义。至于末句,陈奇
猷认为"过胜之"当为"过胜之道"则是有道理的。所以,《谕威》开
篇便提出:"胜负之道,在于反诸己,而勿求于他。"

《谕威》开篇所讲的"反于己",意为通过自身的修养以及力量的积
蓄达到成功,奠定了本篇重内在、重积蓄、重自我的基调,而这也正是本
篇的"谕威"之义。"谕"即使别人了解、明白,"谕威"就是通过某种

---

① 陈奇猷:《吕氏春秋新校释》,上海古籍出版社 2002 年版,第 435 页。

② 王利器:《吕氏春秋注疏》,巴蜀书社 2002 年版,第 782 页。

③ 陈奇猷:《吕氏春秋新校释》,上海古籍出版社 2002 年版,第 438 页。

方式使威力与威势得以彰显。至于如何做到威力与威势的彰显，本篇主张在内在修养与自我力量的积蓄上下功夫，从而达到彰显威势的目的。

本篇从三个方面具体阐述了如何做到谕威：

首先，强调"重令"的重要意义，其中说"古之至兵，民之重令者也。"① 陈奇猷先生解释为："古之至善之兵，乃民之尊重命令者"②，是正确的。在论述重令的重要意义后，作者总结道："故曰其令强者其敌弱，其令信者其敌诎。先胜之于此，则必胜之于彼矣。"③ 一方面重申重令的意义，另一方面则强调"此"与"彼"的分别，强调通过加强命令和自我修炼，自然达到使敌人屈弱的目的。

其次，强调威当谕于未发、未通之时。

> 敌慑民生，此义兵之所以隆也。故古之至兵，才民未合，而威已谕矣，敌已服矣，岂必用枹鼓干戈哉？故善谕威者，于其未发也，于其未通也，宵宵乎冥冥，莫知其情，此之谓至威之诚。④

其中认为兵威重在震慑，而不在两阵对圆，通过至威之诚使对方谕见威势才是义兵上选。着力于谕威而不重于发兵，正是本篇重内在积聚而轻外在散发之义。

再次，兵当重急疾捷先。

本篇所为的急疾捷先之道，并非普通意义上的兵贵神速、出其不意之类的战术。而是一种"一诸武"的精神：

> 虽有江河之险则凌之，虽有大山之塞则陷之，并气专精，心无有虑，目无有视，耳无有闻，一诸武而已矣。⑤

可见，消除杂虑、心无旁骛、专一于武正是所谓的急疾捷先。随之列举的诸多历史事例也正说明，专一精诚对敌人产生的巨大威慑力和杀伤

---

① 陈奇猷：《吕氏春秋新校释》，上海古籍出版社 2002 年版，第 435 页。
② 同上书，第 438 页。
③ 同上书，第 435 页。
④ 同上书，第 435—436 页。
⑤ 同上书，第 436 页。

力：“冉叔誓必死于田侯，而齐国皆懹；豫让必死于襄子，而赵氏皆恐；成荆致死于韩主，而周人皆畏”①。显然，怀有必死之心、专一于武便会导致敌方的惊恐、畏惧，以至颓败，这是比两阵对圆更为迅捷、更为根本的胜利之道，当然这也是典型的谕威之义。这里强调的仍然是“反于己”的自我修养和行为，通过自我修养和专一精诚达到战胜对方的目的。

总体看来，《谕威》篇由“反于己”奠定的重自我、重积聚的基调在全篇得以彻底体现。首先，不论是“重令”，还是“急疾捷先”，都强调自我修养、自我修炼，通过自我修炼达到威慑对方的目的。其次，本篇的自我修养和修炼有一个基本内涵，就是强调积聚力量的重要性。如“三军一心则令可使无敌矣”②，正是说积聚众卒的思想意志、万众一心便可无敌，有明显的积聚、抟聚的内涵。再次，本篇重自我、重积聚的主张，也表现其对“兵不接刃”的推重上，谕威正是要在两阵对圆之前做好自我修炼。两阵对圆的厮杀争斗是力量的外显和剖露，“兵不接刃”的谕威正是内敛和积聚。

所以，《谕威》篇阐述的是义兵的谕威之道，所言不出兵事的范畴，但又很明显地与《仲秋纪》的政令特点相契合，《仲秋纪》称：“是月也，可以筑城郭，建都邑，穿窦窌，修囷仓。乃命有司，趣民收敛，务蓄菜，多积聚。”仲秋时节的积聚力量、重收敛等政令在《谕威》篇中得以明确体现。

《简选》篇是《仲秋纪》所属的第二篇作品，其主旨是主张精选兵士。精兵强将对于战争的重要意义不言而喻，但本篇认为只有精兵强将并不够，其中也讲到其他对战争的影响因素：“简选精良，兵械铦利，发之则不时，纵之则不当，与恶卒无择，为是战因用恶卒则不可。”③ 作者认为，即便有精兵强将、武器精良，但是发之不时、纵之不当，也会大大影响战果。但总体说来，时机只是次要因素，终究不能成为主要因素。作品最后对此又加以强调：“时变之应也，不可为而不足专恃，此胜之一策也。”④，陈奇猷先生说：“虽然时机是胜敌之有利条件，但专恃时机而不

---

① 陈奇猷：《吕氏春秋新校释》，上海古籍出版社2002年版，第436页。
② 同上书，第435页。
③ 同上书，第445页。
④ 同上书，第446页。

尽人事则不可。"① 可见，本篇认为精选兵士是先决条件，而对于时机的把握、合理的用兵方式则只是制胜的策略之一。

《简选》篇专论精选兵士、器械对于战争的重要意义，同时在篇末又认为"时变之应也，不可为而不足专恃"。对于此句中的"不可为"，陶鸿庆认为当为"不可不为"②，是不恰当的。陈奇猷先生对此句的辨析最为有理："时谓时机，时机不由人为，只须等待，故此文云'不可为'"③。这也符合《简选》篇的主旨，即认为精选兵士最为重要，而时机把握只是胜之一策。从中可以看出，作者认为时机形势是不可把握的，是人的主观努力不可为的。本篇在强调简选重要性的同时，始终以时机形势与简选形成对比，突出二者的不同地位。其实，作者认为二者的不同正在于时机不可由人为，而简选则全由人为。需要专恃的是可由人为的因素，而不可由人为的因素则只能是"一策"而已，不可专恃。对比十分鲜明，突出的是兵事在己、在自我主观的经营和修为，这与《谕威》篇开篇所提倡的"过胜之道，勿求于他，必反于己"正相一致，是对《谕威》篇重自我特征的延续。

《简选》篇名的设置与《仲秋纪》的下述政令特点相关："是月也，日夜分。……日夜分，则一度量，平权衡，正钧石，齐斗甬。"仲秋之月的重要政令是使各种度量衡器具规范化、标准化，以便于使用。对于兵士、战争器械的简选，也是使其合乎既定的标准，能够适应战争的需要，是由政令而衍生出的治军措施，二者之间存在着关联。

本篇篇名《简选》，其论述重点也在简选兵士、器械。然而，本篇并没有仅局限于这一方面。作品最后提出所谓的"义兵之助"，共有四个方面："故凡兵势险阻，欲其便也；兵甲器械，欲其利也；选练角材，欲其精也；统率士民，欲其教也。此四者，义兵之助也。"④ 可见，包括本篇着力论述的简选在内，都是所谓的义兵之助。

本篇在篇末强调所谓的"义兵之助"，很显然和上篇《谕威》及《孟秋纪》所属的四篇作品前后一致。《孟秋纪》所属的《荡兵》《振乱》《禁塞》《怀宠》四篇贯穿以一条十分鲜明的线索："义兵"。《谕威》篇

---

① 陈奇猷：《吕氏春秋新校释》，上海古籍出版社 2002 年版，第 455—456 页。
② 同上书，第 455 页。
③ 同上书，第 455—456 页。
④ 同上书，第 446 页。

开篇即提出："义也者，万事之纪也。君臣上下，亲疏之所由起也；治乱安危，过胜之所在也。"将"义"定位为万事之纲纪，与《孟秋纪》以来的线索紧密相承。而《简选》篇虽具体论述精选士卒、器械的重要性，但是篇末扩而言之，将简选行为定位为"义兵之助"的思想内容之一。显然，这也是要与《孟秋纪》以来的"义兵"线索保持一致。

《决胜》篇开篇提出一个重要论点："夫兵有本干：必义，必智，必勇"①，随后便分别简述义、智、勇三者对于兵事的重要意义。这是延续了上述几篇一直保持不断的线索："义兵"，同时将兵之本干扩展到智和勇。

《决胜》篇主张兵之本干是义、智、勇，特别对于勇进行了展开论述和分析，认为勇对于战争而言意义非凡："战而胜者，战其勇者也"②；本篇最后一段对兵事贵因进行分析：

> 凡兵，贵其因也。因也者，因敌之险以为己固，因敌之谋以为己事。能审因而加胜，则不可穷矣。胜不可穷之谓神，神则能不可胜也。夫兵，贵不可胜。不可胜在己，可胜在彼。圣人必在己者，不必在彼者，故执不可胜之术以遇不胜之敌，若此则兵无失矣。凡兵之胜，敌之失也。胜失之兵，必隐必微，必积必抟。隐则胜阐矣，微则胜显矣，积则胜散矣，抟则胜离矣。诸搏攫牴噬之兽，其用齿角爪牙也，必托于卑微隐蔽，此所以成胜。③

从中可以看出，作者认为"不可胜在己，可胜在彼。圣人必在己者，不必在彼者"。"必"指的是准则、信，作者主张以自己主观可以把握和修为的因素为信，而自己不可把握与修为的因素则不可为信。仍然是突出主观修为的绝对重要性，强调兵事行为中的自我性和主观可为性，与《谕威》《简选》两篇的题旨完全一致。

这段论述提出"凡兵，贵其因也"的命题，采纳的是先秦兵家的说法。《孙子兵法·虚实》篇写道："夫并形象水，水之形避高而趋下，兵

---

① 陈奇猷：《吕氏春秋新校释》，上海古籍出版社2002年版，第457页。
② 同上。
③ 同上书，第458页。

之形避实而击虚。水因地而制流，兵因敌而制胜。故兵无常势，水无常形，能因敌变化而取胜者，谓之神。"① 把这段话和《决胜》篇的前半段相对比，可以看出二者之间的一致之处，甚至有的用语都相同。那么，为什么《决胜》篇特别强调用兵的因应之道呢？这与《仲秋纪》的这段论述相关："凡举事无逆天数，必顺其时，乃因其类。"② 这里明确提出举事要顺因的主张，这种理念在十二览其他首篇虽然都有体现，但是用如此明确的语言加以表达，成为一个命题，却是仅见于《仲秋纪》。正因为如此，《决胜》篇也就把因应作为用兵之道而加以强调。

还需注意的是，作者还认为"胜失之兵，必隐必微，必积必抟"，从后文可以看出，所谓的隐、微、积、抟，正是与阐、显、散、离相对的概念，陈奇猷先生解释说："隐、微是胜之兆，积、抟是败之征"③，显然没有理解本句的含义。此句在强调兵胜之道在于隐、微、积、抟，四者可以胜过阐、显、散、离。要做到兵胜就要善于隐蔽力量、藏蔽锋芒，就要做到自我力量的积聚与专一。以隐微胜阐显，以积抟胜散离，就是通过隐蔽己方而胜过暴露出来的敌方，以己方积聚起来的兵力集中出击，打败处于散离状态的敌方。这正与《仲秋纪》所出示政令重积聚、重收敛和收藏的特征完全契合。

《爱士》篇开篇讲道："衣，人以其寒也；食，人以其饥也。饥寒，人之大害也。救之，义也。"④ 将救人饥寒、哀人穷困也纳入"义"的范畴。本篇的主旨为贤主当救人饥寒、哀人穷困，篇中罗列两则历史故事以为佐证。一则是：秦穆公爱惜野人，当穆公在战斗中面临危难时得到野人救助；另一则是：赵简子割爱以白骡之肝救广门之官，后来在战斗危难之际，赵简子得到广门之官的大力救助。本篇中作者并没有明言"义兵"，但是所列的两则历史故事显然与兵事相关，体现的是行仁义、爱士则可得到兵事上的优胜。本篇认为爱士的义行是兵事优胜的原因所在，这其实是将战争胜负扩展至兵事行为之外，于战争之外求战争之胜利。

这种战争外的爱士义行正是作者所认为的自我行为，仍然是本编各篇作品重自我特征的体现。这在本篇最后一段中表现得更为明显：

<hr>

① 郭化若：《孙子译注》，上海古籍出版社1996年版，第141—142页。
② 陈奇猷：《吕氏春秋新校释》，上海古籍出版社2002年版，第427页。
③ 同上书，第463页。
④ 同上书，第464页。

凡敌人之来也，以求利也。今来而得死，且以走为利。敌皆以走为利，则刃无与接。故敌得生于我，则我得死于敌；敌得死于我，则我得生于敌。夫得生于敌，与敌得生于我，岂可不察哉？此兵之精者也。存亡死生，决于知此而已矣。①

本段中作者从敌我双方进行辩证论述，要想克敌制胜则需要使敌人来而无利可求，使敌人来而面临死地。如果能做到这样，则敌人自然远离我方，不接刃而自胜。所以，作者强调的仍然是克敌于两阵之外，在敌人来犯之前做好一切必要准备，强调自我修为的重要意义。结合本篇的内容可知，作者认为敌人来犯之前需要进行的自我修为应该包括行仁义、爱士之道。若能做到仁义爱士，则敌人来犯无疑自犯死地。所以，本篇仍然体现了本编重自我、重主观修为的思想特征。

《爱士》篇称："行德爱人则民亲其上，民亲其上则乐为其君死矣。"所谓民亲其上，就是百姓对君主及执政者亲附，而其前提是君主及执政者要行德爱人。《仲秋纪》写道："是月也，易关市，来商旅，入货贿，以便民事。四方来杂，远乡皆至，则财物不匮，上无乏用，百事乃遂。"这一系列便民利民措施，必然使百姓对于君主极其拥戴，愿意为其效力。《爱士》篇提出的秦穆公、赵简子故事，体现的正是《仲秋纪》所表达的上述理念。

(三)《季秋纪》及其所属作品的结构

《季秋纪》所属的四篇作品依次是《顺民》《知士》《审己》《精通》。

《季秋纪》所出示的政令中有一项十分重要的内容，那就是祭祀、飨帝：

是月也，申严号令。命百官贵贱，无不务入，以会天地之藏，无有宣出。命冢宰，农事备收，举五种之要，藏帝籍之收于神仓，祗敬必饬。②

---

① 陈奇猷：《吕氏春秋新校释》，上海古籍出版社 2002 年版，第 465 页。
② 同上书，第 473 页。

讲的是在季秋季节人事行为要务入，"以会天地之藏"，是要以人事合于于天地之气。帝籍之收也要藏于神仓，也是说人事要通于时节、通于神灵。

> 是月也，大飨帝，尝牺牲，告备于天子。合诸侯。制百县。为来岁受朔日。与诸侯所税于民轻重之法，贡职之数，以远近土地所宜为度，以给郊庙之事，无有所私。①

季秋是大飨帝的季节，关于大飨帝，郑玄认为是"遍祭五帝也"②，关于其中"帝"是四帝还是五帝，历来学者说法各有分歧。但是无论是四帝抑或五帝，季秋时节大飨帝的祭祀活动是一年中绝无仅有的。"飨"者，《说文解字》释为"飨人饮酒也"，③《礼记》还对大飨进行了描述，《乐记》讲道："大飨之礼，尚玄酒而俎腥鱼，大羹不和，有遗味者矣。"④ 孔颖达解释为：

> 此覆上飨之礼，非致味也。大飨谓袷祭，尚玄酒在五齐之上而俎腥鱼，腥，生也。俎虽有三牲而兼载腥鱼也；大羹谓肉湆也，不和，谓不以盐菜和之。此皆质素之食，而大飨设之，人所不欲也，虽然，有遗余之味矣，以其有德，质素其味可重，人爱之不忘，故云有遗味者矣。⑤

孔颖达认为大飨之礼崇尚玄酒，同时外加生腥之鱼，大羹也以不咸之菜和之，强调的都是这些祭品的质素和原有风味，而不以味道的丰厚为尚。味道虽然质素，但是人们能够爱之不忘，说明这样的祭祀突出的是人与神之间的精神沟通和交流，而不注重以浓烈味道取悦神灵。

从上可以看出，大飨帝的祭祀有如下几个特点：第一，祭品较之一般祭祀更为丰富，表明这一祭祀的重要性也高于一般祭祀；第二，强调供奉

---

① 陈奇猷：《吕氏春秋新校释》，上海古籍出版社 2002 年版，第 473—474 页。
② 王利器：《吕氏春秋注疏》，巴蜀书社 2002 年版，第 859 页。
③ （汉）许慎：《说文解字》，中华书局 1963 年版，第 107 页。
④ 孔颖达：《礼记正义》，《十三经注疏》，上海古籍出版社 1997 年版，第 1528 页。
⑤ 同上书，第 1529 页。

祭品的质素和原有风味。第三，大飨祭祀不注重以味取胜，而更重人神之间的精神沟通。

秋季是收获的季节，而季秋又是收藏和祭祀的时节。"帝籍之收"要藏于神仓，同时要遍祭五帝。在这样一个收获的季节祭祀飨帝显得意义非凡，《礼记·礼器》记载："孔子曰：'诵诗三百，不足以一献；一献之礼，不足以大飨；大飨之礼，不足以大旅；大旅具矣，不足以飨帝。毋轻议礼！'"① 孔颖达对此有十分清晰的解释："假令习诵此诗，虽至三百篇之多，若不学礼，此诵诗之人不足堪为一献之祭"；"虽习一献小祀，其礼既小，不堪足矣行大飨之礼"……"大旅虽总祭五帝，是有故而祭，其礼简略，不如飨帝正祭之备"② 。这里，孔颖达认为飨帝是正祭，是复杂、全备而重要的。孔子认为诵诗、一献之礼、大飨之礼、大旅之礼、飨帝之礼五者之间有着明显的差异，在重要性和复杂性上依次升高，飨帝之礼被认为是最为复杂和层次最高的祭祀。

所以，季秋时节的祭祀和飨帝是本月最为重要的特点，这也可从与《孟秋纪》和《仲秋纪》的比较中看出。《孟秋纪》记载："是月也，农乃升谷，天子尝新，先荐寝庙。"③ 其中的先荐寝庙只是较为普通的敬祀祖先。《仲秋纪》记载："是月也，乃命宰祝，巡行牺牲，视全具；案刍豢；瞻肥瘠，察物色，必比类；量小大，视长短，皆中度。五者备当，上帝其享。天子乃傩，御佐疾，以通秋气。以犬尝麻，先祭寝庙。"④ 其中讲到从全具、肥瘠、物色、小大、长短五者对牺牲进行检查测度，以求五者都合乎祭祀之法度，其所做的这些准备工作正是为了季秋时节的大飨帝祭祀。再次显示季秋时节大飨帝的重要地位。

季秋时节大飨帝的祭祀活动对本纪所属的四篇作品有较为明显的影响。大飨帝祭祀中重视人神之间的精神交流和心灵沟通，而不重以味娱神，这一特点在所属作品中有较为明显的体现，《顺民》《知士》《审己》《精通》四篇作品都十分注重人与人之间的精气相通、精神互动。差异在于，《季秋纪》重祭祀、重人神之间的精神交流，而所属四篇作品则是通过人与人的精神互动体现这一特点。

① 孔颖达：《礼记正义》，《十三经注疏》，上海古籍出版社 1997 年版，第 1442 页。
② 同上书，第 1442 页。
③ 陈奇猷：《吕氏春秋新校释》，上海古籍出版社 2002 年版，第 381 页。
④ 同上书，第 426—427 页。

《顺民》篇较为集中地体现了这一特点。首先，本篇所列的历史故事有两则直接与祭祀活动相关。一则是商汤以身为牺牲为民祈雨，第二则是文王"处岐事纣，冤侮雅逊，朝夕必时，上贡必适，祭祀必敬"。因而得到商纣王的重视重用，此时文王主动以封地为民请炮烙之刑。两则历史故事均可表现顺民心的主题，但是商汤是以祭祀行为直接体现其顺民心之意，"民乃甚说，雨乃大至。"说明民心得以顺应才是大雨来临的基本前提，这里君主之心、民心、神意得以沟通、达到统一；文王因为祭祀必敬的缘故，得到为民请命的机会与资本。可以说，是季秋纪重祭祀特征的直接体现。其次，本篇开篇就提出中心论点："先王先顺民心，故功名成。"认为民心是成功的关键所在，强调的是为君王者的顺民之心与民心之间的辩证关系。若君王有顺民之心，则民心可使功成，反之，君王若无顺民之心，则民心可使事败。《精通》篇反复提到人与人之间的神秘感应，得出人与人之间精往来、神相通的结论，这是由祭祀神灵而引发出来的联想，以这种内容回应《季秋纪》有关祭祀的记载。

《知士》篇强调主下之间的相知相遇，篇中剂貌辩得到靖郭君知遇，后来极力报答。突出的是君主和臣下间的惺惺相惜。在这两个故事之前有一段论述："今有千里之马于此，非得良工，犹若弗取。良工之于马也，相得则然后成。譬之若枹与鼓。夫士亦有千里，高节死义，此士之千里也。能使士待千里者，其惟贤者也。"这是把高节义士视为千里马，从论马转到论士。《知士》之所以从论马开始，和《季秋纪》所列的下列政令有关："是月也，天子乃教于田猎以习五戎。狻马，命仆及七驺咸驾"。此月的政令包括简择马匹，以供狩猎之用。并且在准备妥善之后，驾车驱马进行演练。《知士》篇以论马发端，是回应《季秋纪》的上述记载。

《审己》的主旨是"凡物之然也，必有故。"[①]篇中两次出现捕猎和射箭事象，先是"子路撟雉而复释之"，后面是列子射箭的故事。这两个传说之所以出现在篇中，显然与《季秋纪》所列的田猎活动有关。"天子乃教于田猎""执弓操矢以射"，这是《季秋纪》的记载。《审己》篇的子路捕雉、列子学射，与《季秋纪》的田猎事象遥相呼应，相映成趣。

综观三秋纪及其所属作品，可以看出《孟秋纪》所属四篇作品所形成的结构框架。孟秋是三秋之始，肃杀之气仍处于初始和弱小阶段。《孟

① 陈奇猷：《吕氏春秋新校释》，上海古籍出版社 2002 年版，第 504 页。

秋纪》记载"寒蝉鸣，鹰乃祭鸟，始用行戮"，"命理瞻伤察创，视折审断，决狱讼，必正平，戮有罪，严断刑。天地始肃，不可以赢"，均是突出这一时节的肃杀之气的初始性特点，即"不可以赢"。所谓的赢，指的是催生、助长，赢与缩相对，意义相反。《淮南子·时则训》："孟春始赢，孟秋始缩。"赢、缩作为反义词出现。孟秋季节"不可以赢"，这就为言兵提供了理论根据，用兵必然会有杀戮，是对事物的减损伤害，而不是催生助长。这组作品从首篇就确立了所要论述的对象，即言兵论武。《孟秋纪》所属篇目均没有涉及具体的战争以及战术等实际性问题，在对偃兵之说、救守之说等进行批驳的同时，提出"义兵"的主张。

《仲秋纪》延续了《孟秋纪》的"义兵"线索，涉及义兵的具体内涵与取胜之道。《谕威》讲胜敌于两阵之外，以威势屈敌；《简选》则讲胜敌的重要手段：精兵强将；《决胜》讲胜敌的本干："义""智""勇"；《爱士》实际上也是对义兵行为的一种阐释，指出仁义爱士是胜利的重要法宝。与《孟秋纪》相比，《仲秋纪》所属作品在对"义兵"和克敌制胜的阐释上更为具体详尽。体现出随着季节演进而肃杀之气愈加强劲的趋势。

至于《季秋纪》所属的四篇作品，则是对本纪重祭祀、重人神沟通的体现，并且和兵事相贯通。这四篇作品仍然延续了前八篇作品"义兵"的线索，并对"义兵"概念进行扩展。

所以，总体看来，秋纪的三个单元均较好地体现出时节性特征，体现出与纪首篇目在内容特征上的契合、呼应。

另外，《吕氏春秋》三秋纪论兵而贯穿尚义的线索，这与义字的本义有关。义，繁体做"義"，从羊，从我。在甲骨文中，"我，象征一种带刺的武器或刀具，本为象形字。……甲骨文用作动词，是指用这种刀具进行宰、割、剖、切，当为本义的引伸。"[1]"義"字形从羊、从我，是用刀具宰羊之象。《吕氏春秋》三秋纪论兵事而以义相贯穿，符合义字的原始内涵，和杀戮相关。三秋纪与义相配，这种搭配还见于《礼记·乐记》："春作夏长，仁也。秋敛冬藏，义也。"孔颖达《正义》解释为："礼以裁制为义……义主断割。"[2]《礼记·乐记》把秋冬和义相配，突出义的裁制

---

① 赵诚：《甲骨文简明词典——卜辞分类读本》，中华书局1996年版，第342—343页。

② 朱彬：《礼记训纂》，中华书局1996年版，第571页。

内涵，和《吕氏春秋》三秋纪以义为兵之本可谓异曲同工、殊途同归。

从三春纪和三秋纪的结构分析可以看出，编撰者在安排十二纪时，总体是按照"春生夏长秋收冬藏"的理念安排篇什。但是，在具体的编排过程中，由于篇章的丰富性和复杂性，单凭这一理念显然并不能进行规整编排。于是，编者在这一总体理念之下，针对篇章的具体内容和叙述特征等又进一步进行串联，其基本做法仍不离纪首篇对其后篇目的统摄。当然这一统摄很多情况下已经不仅仅局限于宽泛的生长收藏，而是在多个方面、多个层次上形成关联和统摄。有时直接从论点上阐发纪首理念，有时在叙事事象和意象上反映纪首时节特征，有时通过篇章题材反映纪首政令特征，等等不一而足，这生动地体现出《吕氏春秋》的编撰者在编排篇什时的良苦用心。

第三节 八览的内部结构

八览的每一览都是一个有着特定结构特征的整体。每一览都有贯穿始终的主导线索，整个单元围绕这条线索展开；同时，从每览各篇所收录的历史故事看，这些故事的题材都十分接近，故事题材的转变也一般通过渐进的方式实现；一般说来，每览的首篇因为处于重要的标题位置，对其后各篇能形成良好的统摄作用；每览的各篇围绕一定的线索展开，各有自己的侧重点，有的还出现前后两篇作品互补的结构。无论是单篇独立，还是两篇为一组，其所持的理念都具有辩证性，形成了合理的结构。为了更好地阐释八览的内部结构，举例分析如下。

一 《孝行览》的主旨、题材及结构*

《吕氏春秋》收录的都是与遭逢际遇相关的事象，题材很集中。这些事象的编排遵循着既定的规则。其中的历史传说和故事按照重大题材到普通题材的顺序进行排列，反映出明确的题材分类观念。除首篇外，其余七篇或是每篇兼顾问题的两个方面，或者是前后两篇正反相成、形成互补结

---

* 本节主要内容已发表，见《遭逢际遇事象大观园的营造——〈吕氏春秋·孝行览〉的题材、主旨及结构》，《学术论坛》2009年第7期。并被人大复印资料《中国古代近代文学》2009年第12期全文转载。

构，都富有辩证性。《孝行览》首篇与其余七篇构不成主从关系，二者相疏离。

（一）《孝行览》的故事题材及排列

《吕氏春秋·孝行览》就是围绕个人及群体遭逢、际遇为主导线索选择相应的历史传说及故事，并且加以解说，营造出一座遭逢际遇事象的大观园。它所选择的题材是这座大观园的建筑材料，各篇的题目相当于各类建筑景观的牌匾，带有提示指引的性质。至于其中的议论，则相当于对这座建筑所做的解说。

《孝行览》由八篇作品组成，除首篇以议论为主，其余七篇的主体均由历史传说和故事组成，贯穿的是遭逢、际遇的线索。现将各篇选入的历史传说和故事，以及所属的题材类别列表如下：

表1-1　　　　　　　**《孝行览》的历史故事与题材类别**

序次	篇名	历史传说、故事梗概	题材类别
1	本味	商汤求伊尹、伊尹求商汤	君臣际遇
2	本味	伯牙、子期高山流水结知音	知己遭逢
3	本味	伊尹以至味说汤	君臣际遇
4	首时	姜太公钓于渭以观文王	君臣际遇
5	首时	伍子胥见吴王子	君臣际遇
6	首时	田鸠见楚王	君臣际遇
7	义赏	晋文公用咎犯之谋而赏雍季	君臣际遇
8	义赏	赵襄子出围首赏高赦	君臣际遇
9	长攻	越灭吴	国家兴亡、君臣际遇
10	长攻	楚灭息、蔡	国家兴亡
11	长攻	赵灭代	国家兴亡
12	慎人	舜遇尧	君臣际遇、人生命运
13	慎人	禹遇舜	君臣际遇、人生命运
14	慎人	百里奚遇秦穆公	君臣际遇、人生命运
15	慎人	孔子困于陈蔡	人生命运
16	遇合	孔子不遇明君	人生命运、君臣际遇
17	遇合	越王善野音	知己遭逢

续表

序次	篇名	历史传说、故事梗概	题材类别
18	遇合	为人妻者被休弃	男女婚姻
19	遇合	黄帝悦嫫母	男女婚姻
20	遇合	文王嗜昌蒲菹	人与外物的因缘
21	遇合	海上之人悦有大臭者	知己遭逢
22	遇合	陈有恶人得悦于陈而获罪于楚	君臣际遇、知己遭逢
23	必己	山木以不材得善终，雁因不能鸣被杀	人与外物的因缘
24	必己	牛缺遇盗被杀	人生命运
25	必己	船人遇孟贲而被杀	人生命运
26	必己	宋王寻珠竭池而死鱼	人与外物的因缘
27	必己	张毅好恭内热而死	人生命运
28	必己	单豹深山养生而被虎吃	人生命运、人与外物的因缘
29	必己	孔子失马，野人拒绝子贡而悦鄙人	知己遭逢

通过上面的统计可以看出《孝行览》在题材选择和排列方面有如下特点：

第一，《孝行览》所选择的遭逢、际遇事象，在所属类型上不是平均分配，而是有所侧重，主要关注两类题材。一是君臣际遇题材，在 29 个案例中，和君臣际遇直接相关者 12 例，占总数的 41%。二是人生命运题材，共有 9 例，占总数的 31%。这两项相加，占总数的 72%。《孝行览》所录历史传说和故事以君臣际遇和人生命运为题材者接近总数的 3/4，所占比例很高，是《孝行览》的基本题材。至于其他几类题材，每项多者 5 例，少者 2 例，在总量和所占比例上根本无法与君臣际遇、人生遭遇两类题材相比。

第二，《孝行览》各篇对题材类型的排列具有基本明确的分工和顺序。排在前面的《本味》《首时》《义赏》《长攻》所涉题材绝大多数都属于君臣际遇和国家兴亡两种类型。至于《本味》篇的"伯牙子期高山流水结知音"的故事，也是为了说明圣臣际遇而设。文中在讲述这个故事之后写道："非独琴若此，贤者亦然。虽有贤者，而无礼以接之，贤奚由尽忠？犹御之不善，骥不自千里也。"这番议论后面紧接着是商汤对伊尹以礼相接的故事，由伯牙子期传说引出君臣际遇故事。由此可见，《孝行览》排在前面的 4 篇作品可以说都是以君臣际遇和国家兴亡的历史传说、故事为题材。从《慎人》篇开始，所收录的历史传说和故事转向君臣际遇、国家兴亡以外的题材，和前面 4 篇的题材类型明显不同。《孝行览》所属 7 篇作品的题材分布表明，书的编撰者已经初步具有重大题材和普通题材相区分的观念。君臣际遇、国家兴亡关系到国家的命运，属于重大题材，所以排列在前面。其他类型的历史传说、故事则属于普通题材，故安排在后面的 3 篇作品中。在排列次序中所体现出的重大题材和普通题材的划分，是对已有文学传统的继承和发展。

如果再考察一下《有始览》各篇对历史传说和故事的编排，还可以发现这样的规律：题材类型的转移不是一步到位，而是按照循序渐进的方式实现的。从《本味》到《长攻》4 篇作品所选的历史传说、故事均属重大题材。从《慎人》开始情况发生转变，其中既有重大题材又有普通题材，有些历史传说、故事兼有两种类型的属性。《慎人》是由重大题材向普通题材的过渡篇目，在此之后的《遇合》《必己》所收录的历史传说、故事基本上见不到重大题材，《遇合》篇的"孔子不遇明君"、"陈国恶人得悦于陈而获罪于楚"主要是着眼于人的命运，君臣际遇是次要因素。《孝行览》从重大题材向普通题材的转移，《慎人》篇是过渡环节，起着桥梁的作用。

《孝行览》所选题材侧重于君臣际遇和人生遭遇，反映出从春秋后期到《吕氏春秋》成书期间世人关注的焦点和文学潮流，可以和其他先秦诸子著作及屈原的作品相互印证。至于对重大题材和普通题材的划分，则是《诗经》编定时就已经确立的传统，《大雅》《小雅》很大程度上就是按照重大题材和普通题材进行划分。

（二）首篇与其后各篇的关系

《吕氏春秋·孝行览》除首篇，其余 7 篇都是以际遇、遭际为题材。那么，这类题材与孝行是如何勾连起来？这七篇作品与《孝行》的关系如何呢？这需要从相关的具体篇目中寻找答案。

曾参是孔子的入室弟子，以孝著称。《大戴礼记》自《曾子立事》至《曾子天圆》共十篇是曾子学派的著作，其中篇题有"孝"字者三：《曾子本孝》《曾子立孝》《曾子大孝》。这些作品写定于《吕氏春秋》之前，《吕氏春秋》以《孝行览》名篇，和曾子对于孝的重视有密切关系。

《曾子大孝》写道："故居处不庄，非孝也；事君不忠，非孝也；莅

官不敬，非孝也；朋友不信，非孝也；战阵不勇，非孝也。"① 这段话把
庄、忠、敬、信、勇五种美德都纳入孝的范畴，所秉持的是大孝的理念，
即广义的孝，而不是只局限于对父母长辈的孝。《曾子大孝》的如上论述
全部为《吕氏春秋·孝行》篇所袭用，并且字句完全相同。《孝行》篇还
以此为基础作了进一步发挥："人主孝则名章荣，下服听，天下誉；人臣
孝则事君忠，处官廉，临难死；士民孝则耕芸疾，守战固，不罢北。"这
是把孝说成君臣庶民都应必备的美德，孝行应该涵盖修身、齐家、治国、
理政各个领域。《吕氏春秋·孝行览》和《曾子大孝》一样，秉持的是广
义的孝行观念，既然如此，就使得《孝行览》所属各篇作品在选材上具
有广阔的空间，而不必局限于家庭伦理范围之内。

《孝行》篇在引述《曾子大孝》关于孝的论述之后，又相继两次援引
曾子的相关论述，以及曾参弟子乐正子春伤足的故事。综观《孝行》篇，
其中很多论述均取自曾子学派，篇名的由来源于曾子的大孝。

《曾子大孝》还写道："民之本教曰孝"，"夫孝，置之而塞于天地，
衡之而衡于四海，施之后世，而无朝夕。"② 曾子反复强调孝为本，是立
国之本，也是教民之本。《吕氏春秋·孝行览·本味》写道：

> 求之其本，经旬必得；求之其末，劳而无功。功名之立，由事之
> 本也，得贤之化也。非贤，其孰知乎事化？故曰：其本在得贤。

《本味》篇把得贤说成建立功名之本，同样强调固本。这样一来，把
际遇、遭遇这类题材纳入作品就有其合理性和必然性，《本味》篇讲述的
就是圣君贤臣遇合，以及高山流水遇知音的故事。《孝行览》所选择的多
是和君臣遇合与否相关的题材，很重要的一个原因就是把举贤用贤看作成
事与治国之本。

曾子以孝著称，他的事迹在《吕氏春秋》成书时期已经广为传播，
并且为《吕氏春秋》的编撰者所熟知。《孝行览·必己》写道："亲莫不
欲其子之孝，而孝未必爱，故孝已疑，曾子悲。"这里提到有关曾子的传
说，把它置于《孝行览》的末篇，再次透露出《孝行览》篇名由来与曾

① 王聘珍：《大戴礼记解诂》，中华书局 2004 年版，第 83 页。
② 同上书，第 84 页。

子学派的关联。

　　《孝行览》篇名的由来虽然与曾子学派密切相关，但是该篇所贯穿的以遭际、际遇为题材的线索所表达的许多理念，也是曾子学派那里见不到或是不甚明显的。如此一来，就出现了总的篇题与具体作品内容相脱节的现象。也就是说，"孝行"这个外壳根本无法涵盖后面7篇作品丰富的题材和内容。尽管《孝行览》开篇秉持的是广义、宽泛的孝行观念，但是，后面7篇作品收录的以遭逢、际遇为题材的历史传说、故事，绝大多数还是无法纳入孝行的范畴，与之相游移。从总体结构上看，作为统领篇目出现的《孝行》篇，与后面7篇作品之间缺少有机的内在联系。

　　以遭逢、际遇为基本题材的7篇作品编排在《有始览》之后，处于显要位置。《有始览》称："天地有始，天微以成，地塞以形。天地合和，生之大经也。"《有始览》从天地生成切入，《孝行览》则是由人发端："凡为天下、治国家，必务其本而后末。所谓本者，非耕耘种殖之谓，务其人也。"从《有始览》到《孝行览》，依次论述的是天地人三才，《孝行览》是要强调以人为本。那么，什么又是人之本呢？相传出于曾子之手的《孝经》回答了这个问题。《开宗明义章》称："夫孝，德之本也，教之所由生也。"① 《三才章》又称："夫孝，天之经也，地之义也，民之行也。"② 既然孝是德之本，又是天经地义，因此，《吕氏春秋》在《有始览》之后紧接着出现的是《孝行览》，用以体现天地人三才俱备，以人事承接天地之事。《孝行览》名称的设定带有先验性，这就难免与后面的7篇作品相脱节。从这个意义上说，《孝行览》总体上名实不相符，即处于统辖地位的篇名无法涵盖后面7篇作品的题材内容，二者之间的断裂无法弥合。

　　（三）《孝行览》各篇间的结构关系

　　虽然《孝行览》与后面7篇作品相疏离，但是后面7篇作品却是作为一个有机的整体出现的。围绕遭逢、际遇所收录的历史传说、故事，每篇各有自己的侧重点，有的还出现前后两篇作品互补的结构。无论是单篇独立，还是两篇为一组，其所持的理念都具有辩证性，形成了合理的结构。

---

① 《孝经》，见《诸子集成补编》第1册，四川人民出版社1997年版，第4页。
② 同上书，第5页。

《本味》篇主要叙述商汤、伊尹君臣遇合的故事，是圣君贤臣遇合的典型事例。文中从君和臣两方面进行论述："故贤主求有道之士，无不以也；有道之士求贤主，无不行也。"这是强调圣主和贤臣相互需要，不可能独自建功成名。文中既讲述商汤对伊尹以礼相待，又有巨大篇幅叙述伊尹以至味讽喻商汤，体现出臣下的忠诚。这篇作品兼顾圣主贤臣两个方面，在观点及作品结构上都具有辩证的特点。

继《本味》篇之后是《首时》，文中写道：

> 水冻方固，后稷不种，后稷之种必待春，故人虽智而不遇时无功。……事之难易，不在小大，务在知时。

这是强调遇时是事情成功的关键，如果只有主观方面的条件，而没有遇到有利的时机，还是无法取得成功。文中又写道："天不再兴，时不久留。"这是强调充分利用到来的机遇，而不要错失良机。这两段话语一者强调待时，一者强调用时。《首时》篇对人生际遇的上述观点与《国语·越语》所载范蠡话语一脉相承："时不至，不可强生；事不究，不可强成。"[1] 这是强调在条件不具备的情况下要等待时机、不可躁动。范蠡又称："得时无怠，时不再来。天予不取，反为之灾。"[2] 这是强调充分利用到来的机遇，而不要使机遇丧失。由此看来，《首时》强调对时机的等待和把握，其基本观点和所用话语都和范蠡的论述极其相似，二者具有渊源关系。

篇名"首时"，另本又作"胥时"，"胥"为察看、等待之义。这是因为未能理解"首"字的特殊含义而作的妄改。"首"，有时做动词，指头脑所向。《楚辞·九章·哀郢》："鸟飞反故乡兮，狐死必首丘。"洪兴祖补注："古人有言曰'狐死正丘首，仁也。'"[3] 洪兴祖所引古人之言见于《礼记·檀弓上》，对此，孙希旦作了如下解释："丘是狐窟穴根本之处，死时犹向此丘，是有仁恩之心。"[4] 孙希旦释"首"为"向"，道出了"首"字在这里的特殊用法。这样看来，《首时》指的是头脑向着机

---

① 徐元诰：《国语集解》，中华书局 2002 年版，第 578 页。
② 同上书，第 584 页。
③ 洪兴祖：《楚辞补注》，中华书局 1983 年版，第 136 页。
④ 孙希旦：《礼记集解》，中华书局 1998 年版，第 184 页。

遇，亦即关注机遇之义，篇题及其文中所选择的传说故事都贯穿这种理念，即对机遇的把握利用。既要等待机遇，又要及时地利用机遇。

《义赏》所选择的两个故事都以君臣遇合为题材，展示的是两种类型的君臣遇合。晋文公在城濮之战中采纳咎犯的建议而取胜，战后赏赐的却是反对诈伪之道的雍季。晋文公与咎犯是在战术上和军事领域的君臣遇合，晋文公与雍季则是在战略上和道德层面上的君臣遇合。张孟谈为解赵襄子的晋阳之围立下大功，对敌方使用的是离间计。他和赵简子在战术上君臣遇合，高赦在战后得到首赏，因为他恪守君臣之礼，这是在政治、道德层面上与赵襄子遇合。《义赏》篇出现两种类型的君臣遇合：一者着眼于现实、具体战术；一者关注长远、根本。作者对这两种类型的君臣遇合都持肯定态度，但更欣赏立足于长远、着眼于根本的君臣遇合，所持理念同样具有辩证性。

《孝行览》的《长攻》和《慎人》围绕际遇的天和人两方面进行议论叙事，构成互补互动的关系。《长攻》强调的是所遇在天，文中写道：

> 故桀、纣虽不肖，其亡遇汤、武也，遇汤、武，天也，非桀、纣之不肖也。汤、武虽贤，其王遇桀、纣也，遇桀、纣，天也，非汤、武之贤也。

这里是从两方面进行议论：从亡国之君夏桀、商纣方面来看，他们遇到商汤王和周武王是天命，因此亡国。从商汤王、周武王方面来看，他们遇到的对手是夏桀、商纣，这也是天命使得他们能够成功。文中选择楚王灭息、蔡，赵简子灭代，也是用以说明机遇来自天命。楚王、赵简子所灭掉的息、蔡、代的君主都是心理不设防、军事上无戒备的诸侯国，对于楚王、赵简子而言，这种幸运是从天而降。对于被灭掉的息、蔡、代三国君主而言，他们面对的都是以亲善面目出现的强敌，这是祸从天降。文中还以农业生产作比喻："始在于遇时雨，遇时雨，天地也，非良农所能为也。"这是强调天命的不可改变、不可抗拒，人的所作所为必须有天助才能成功。

《长攻》突出天命的重要，《慎人》则强调人的自身所为很重要，不能放弃自身的努力和持守。开篇写道："功名大立，天也。为是故因不慎其人，不可。"这段论述是承前篇《长攻》而来，起着相互照应的作用。

开篇点出"不慎其人，不可"的主题，把叙事议论的重点由天转到人。后面列举的传说故事涉及舜、禹、百里奚、孔子，都是用以突出人自身所作所为的重要性。舜、禹是亲民利民的典型，百里奚、孔子是遭遇磨难而自强不息的角色，以此说明圣贤的成功与自身的砥砺磨炼密不可分。舜、禹传说取自《尚书》，百里奚传说由春秋时期晋灭虢衍生出来，而孔子传说则取自《庄子·让王》，带有明显的道家情调。篇名"慎人"一本作"顺人"，这是由于不理解本篇主旨所妄改，不可取。

《孝行览》最末两篇是《遇合》《必己》，它们同样构成辩证的互补关系。《遇合》开篇写道：

> 凡遇，合也。时不合，必待合而后行。

讲到"遇"必须要等待时合，若是时不合则人之所遇就极难料定。这种情况下，人的遭逢、际遇不会因为人自身的素质和努力而改变，《遇合》篇的一系列故事正是说明了这个道理：孔子德能但是不遇明君、为人妻者贤良却遭到休弃、嫫母丑陋却得到恩宠、恶人在陈得到宠爱在楚却恰恰相反，等等，都说明人生际遇实为难以料定，并无一定准则。

《必己》篇首先提出"外物不可必"的命题，然后用一系列历史事实加以印证。上面一段话出自《庄子·外物》，只有个别文字稍异，《外物》也是把这段论述置于篇首。这里的外物指在人本身之外的客观存在。对于"必"字，尹黎云先生有如下解说：

> 必……甲骨文与弋同字，可知必和弋古文是同字异词。弋用以象形，以其用来取准，古文从弋指事可表示准义。段玉裁云："极犹准也，"正得其义。……可见必的本义是准。《论语·子罕》："毋意，毋必，毋固，毋我。"何晏注："用之则行，舍之则藏，故无专必。"就是说人做事不要死守固定的标准。准则令人信服，故引申必有信义。①

"必"指的是准则、信，"外物不可必"就是说外物不可信，对外物

---

① 尹黎云：《汉字字源系统研究》，中国人民大学出版社 1998 年版，第 214—215 页。

不能奉为准则。"外物不可必"的说法虽然出现在《必己》篇，但其实也同样可以用以总结《遇合》篇的主旨。《遇合》篇的 7 则历史传说、故事暗示的都是遇合无常的道理，其原因也就在于外物无定准、不可信。

既然外物不可信、不能奉为准则，那么面对与外物的遭际，人该如何处理呢？《必己》篇除明示了"外物不可必"的主题外，实际上还对这个问题进行了回答。《必己》列举一系列事象，继续证明"外物岂可必哉！"作品结尾给出如下结论：

> 君子之自行也，敬人而不必见敬，爱人而不必见爱。敬爱人者，己也；见敬爱者，人也。君子必在己者，不必在人者也。必在己无不遇矣。

这里明确提出"必在己"，指相信自己、本身有准则、有一定之规。以此处世则无所不遇，实际是不为外物所拖累。《遇合》的主旨是人生际遇难料定，《必己》除了阐述"外物不可必"还明确提出"必在己"，这两篇在探索物我关系过程中有重合的内容，同时也形成互补，带有鲜明的辩证性。

综上所述，作为《孝行览》主体的 7 篇作品，其主旨具有辩证的特点，或是同一篇的主旨兼顾事情的两个方面，或是上下两篇构成互补关系。对此，可列表明示如下：

表 1 - 2　　　　　　　　《孝行览》各篇之间的关系

篇名	主旨	与其他篇目的关联
本味	圣君用贤臣，贤臣求圣君	
首时	等待时机、不失时机	
义赏	君臣遇合的现实功用和长期效应	
长攻	成败在于天	与《慎人》篇互补
慎人	不慎其人不可	与《长攻》篇互补
遇合	人生际遇难料定	与《必己》篇互补
必己	君子必在己	与《遇合》篇重合、互补

表 1 - 2 表明，作为《孝行览》主体的 7 篇作品，它们的排列次序遵

循既定的规则：辩证性题旨在同一篇作品中提出者排在前面，两篇形成互补结构的作品排在后面。在此过程中，还要兼顾重大题材与普通题材的区别，重大题材在前、普通题材在后。《孝行览》主体的 7 篇作品都是遵循上述原则进行选材、排列，形成独特的结构形态，从中可以看出编撰者的惨淡经营、匠心独运。

从对《孝行览》的分析可以看出，遭逢际遇的故事题材是贯穿本单元的主导线索；这些故事在排列的时候遵循重大题材在前、一般题材在后的原则；重大向一般题材的转变是以渐进的方式实现；首篇《孝行》与其后各篇之间有脱节现象，但是在求"本"一点上与后篇连接，同时对广义"孝"的论述也赋予其广阔的统摄能力；各篇作品有的在一篇内部存在辩证关系，有的是两篇之间形成辩证。

当然每单元的情况各有差异，有的单元题材较为驳杂，贯穿整个单元的线索也并非故事的题材一致，而是某种理念；首篇对其后各篇能形成良好的统摄关系；同时，多篇之间也会形成互补，而不止两篇之间的两两辩证。下面以《慎大览》为例进一步分析如下。

二 《慎大览》的主旨、题材及结构

对一个国家而言，最大的事情莫过于国之兴与亡，这是国家命运的根本所在，无论君主抑或臣民都十分关注这个问题，当然也会深入探讨国家的兴亡之道。怎样做会使国家兴旺？什么行为又会使国家遭受灭顶之灾？这都是兴亡之道的基本话题。《慎大览》集中对这个问题进行探讨，其中许多故事都是直接对这个问题的阐释。除此之外，《慎大览》还探讨了如何成事的问题，当然《慎大览》是将成事的关键定位在"因顺"上，其中诸多故事集中探讨了因顺成事的话题。所谓"因"，《说文解字》释为"就也。"① 也即，依据现有的形势、现有的条件积极引导、积极利用，从而走向成功。突出的是借助、利用现有的条件和在此基础上的积极引导。

（一）《慎大览》的故事题材及排列

从总体上看，《慎大览》收录的 27 则故事和传说以国家大事和因顺两大题材类型为主。当然，具体说来，其中还有其他题材的故事，但都可以纳入如上两大类别之中。现将《慎大览》所收录故事、传说及题材类

---

① （汉）许慎：《说文解字》，中华书局 1963 年版，第 129 页。

型列表如下：

表 1-3　　　　　　　　《慎大览》的历史故事与题材类别

序次	篇名	历史故事和传说	附加说明	题材类别
1	慎大	桀为无道，商汤灭之	商汤信伊尹之盟	有德灭无道，国家兴亡，任用贤人
2	慎大	武王胜殷而大行德义	有一房道出殷之无德	有德灭无道，国家兴亡
3	慎大	赵襄子攻翟	赵襄子忧德义之不及	重道义轻战果，国家兴亡
4	权勋	鄢陵之战，竖谷阳进酒，司马子反饮酒误事	小忠害大忠	因小失大
5	权勋	假虞灭虢	小利害大利	因小失大
6	权勋	智伯攻仇繇，仇繇之君贪钟失国	小利害大利	因小失大
7	权勋	齐王不善待将军而败于五国之兵	小贪害大利	因小失大，善待贤人
8	下贤	尧善善卷		礼贤下士
9	下贤	周公旦抱少主礼遇贫穷之士七十人		礼贤下士
10	下贤	齐桓公见小臣稷	君不傲臣，臣傲君	礼贤下士
11	下贤	子产见壶丘子林		礼贤下士
12	下贤	魏文侯见段干木	翟黄好利而傲慢	礼贤下士
13	报更	赵宣孟将上之绛救助饿人，饿人舍命救宣孟		礼贤下士，反报
14	报更	昭文君礼遇张仪，张仪反报		礼贤下士，反报
15	报更	孟尝君在薛礼遇淳于髡，淳于髡反报于孟尝君和薛		礼贤下士，反报，因人之急
16	顺说	惠盎见宋康王		因人之欲
17	顺说	田赞衣补衣见楚王		因人之疑
18	顺说	管子和役人唱和而行		因人之欲
19	不广	鲍叔、管仲、召忽三人分侍二主		尽人之智
20	不广	齐攻廪丘	文武兼用	尽人之智
21	不广	晋文公欲合诸侯	举事义且利	尽人之智
22	贵因	武王使人候殷		因人之败

序次	篇名	历史故事和传说	附加说明	题材类别
23	贵因	武王攻殷而不欺胶鬲		因人之欲
24	贵因	武王问殷之长者，长者爽约	纣王因人之恶	因人之欲
25	察今	循表涉水		因时变法
26	察今	刻舟求剑		因时变法
27	察今	引婴儿游泳		因时变法

通观表 1－3 可以看出，《慎大览》收录的故事、传说在编排上有如下特点：

第一，在 27 则故事和传说中，"因顺"题材的故事最多，一共有 13 则（从第 15 至第 27 则），占总数的 48%。其次是礼贤下士题材的故事共有 9 则（从第 7 至第 15 则），占总数的 1/3。这两种故事是《慎大览》的基本题材。

第二，《慎大览》27 则故事在排列时有着明显的规律。即，国家兴亡题材的故事排列在前，继之是礼贤下士题材，因顺题材故事虽然所占比重甚高，但是却排列最后。《慎大》篇和《权勋》篇的 7 则故事中有 5 则故事都是直接关涉国家的兴亡，"鄢陵之战"和"齐王不善待将军而兵败"两则故事虽然没有直接讲到国家兴亡，只讲到战争，但是战争显然是关涉国家兴亡的重要因素。总体看，前两篇的 7 则故事都是国家兴亡题材。国家兴亡属于重大题材，所以排在前面，这可以与《孝行览》的编排相互印证。

继国家兴亡题材之后是礼贤下士题材，共有 9 则故事，主要出现在《下贤》《报更》两篇中。礼贤下士之所以紧随其后，原因是礼贤下士与国家兴亡密切相关。国家兴亡和礼贤下士都是国家大事，《孝行览》也将"君臣知遇"题材作为重大题材排在前面。除此之外，整部《吕氏春秋》有多篇作品都曾专论任用贤人对于国家兴亡的重要性，如《爱士》《知士》《慎人》《求人》等均是如此。另外，《下贤》《报更》两篇的 8 则故事虽然有的没有直接关涉国家兴亡和战争，但是故事主角无一例外都是一国之主或重要政治人物。所以，《慎大览》仍然是将礼贤下士作为重大题材看待。出现在最后 4 篇中的因顺题材所占比重较大。这一题材的故事虽然也有的涉及国家安危，但总体看，情节内容十分驳杂，有的从善说的角度讲，有的从用人的角度看，有的从道德角度说，不一而足，是对如何成事的宽泛探讨。特别是末篇《察今》中的"刻舟求剑"和"引婴儿游泳"属于传说，所以置于最后。尽管《慎大览》题材广泛，但都置于安邦治国主题的统辖之下。

第三，从题材的演变看，《慎大览》27 则故事表现出十分明显的过渡性。也即从篇首的国家兴亡到最后的因顺成事并非毫无关联、生硬转变，而是逐步过渡的。

《慎大》与《权勋》两篇的 7 则故事都属于国家兴亡题材，其在向《下贤》与《报更》的礼贤下士题材过渡时，是通过《权勋》篇的最后一则故事实现的。"齐王不善待将军而败于五国之兵"，这既是因小贪而害大利的战争和国家兴亡故事，同时也有齐王不善待贤人的情节，齐王不善待将军导致兵败，说明善待贤人的重要性，使故事顺利过渡到《下贤》篇的礼贤下士题材。同样，礼贤下士题材在向最后 4 篇的因顺题材过渡时，则是通过《报更》篇的最后一则故事实现的。"孟尝君在薛礼遇淳于髡，淳于髡反报于孟尝君和薛"，是典型的礼贤下士和反报题材故事，但是其中淳于髡反报主上时采用了说服的手段，在说服齐王时他因齐王之急巧妙对答，使齐王放弃攻击计划，故事最后的议论总结也极力强调这一点："见人之急也，若自在危厄之中，岂用强力哉？"所以，这则故事同时带有明显的因顺色彩，使故事自然过渡到最后的因顺题材。

前两篇的国家兴亡题材和随后的《下贤》《报更》中的礼贤下士题材同属重大题材，《慎大览》何以将国家兴亡题材放在最前边而将礼贤下士题材随其后？其原因除了"国家兴亡"是更直接的国家大事之外，还有一个原因便是，这样安排会使整个单元题材的过渡更加自然。因顺题材是本览的主要题材，在数量上占有优势。将礼贤下士题材置于国家兴亡和因顺之间，是看中了礼贤下士题材兼具两种题材的性质，一方面礼贤下士与国家兴亡同属国家大事；另一方面礼贤下士也隐含着因顺之意。因顺有借助已有条件、已有资源之义，礼贤下士便有较为明显的借助贤人之智、贤人之能的含义。而事实也证明，在后 4 篇作品中确出现了不少人主借助臣下之智、臣下之能的故事。如：《不广》篇"齐攻廪丘"中孔青正是借助了宁越的智谋，成功地将齐国置于两难境地，使自己占据主动。"晋文公欲合诸侯"的故事也是表现晋文公尽人之智，用贤人之谋。所以，《慎大览》中的礼贤下士题材一方面具有国家大事的性质，另一方面有因顺的含义，《下贤》《报更》两篇置于第三、四篇的位置，也是为了使《慎大览》由表现国家大事的重大题材自然过渡到表现因顺的题材。

（二）首篇与其后各篇的关系

《慎大览》得名来自首篇《慎大》。就《慎大》篇看，本篇的主旨在于强调人主当慎其事和居安思危，其中的历史故事则均为国家兴亡题材，属国家大事。所以，"慎大"之名意为人主当谨慎对待国家大事。具体说来，人主当如何对待国家大事？《慎大》篇提出的核心理念是"有德"和"道义"。三则故事均是从"德"与"道义"的角度阐释此乃兴亡之道。但是"慎大"之名显然是从更宽泛的层面提出人主当谨慎于国家大事，并没有局限于本篇的"德"与"道义"的理念，这就为《慎大》篇的统摄性提供了更加自由的空间，使这个篇名能够更加有力地统摄其后的篇章。《权勋》篇名意为权衡功之大小以作出取舍，显然这个篇名同样涉及谨慎对待国家大事的含义。因为其中的"权"意为权衡，凡权衡之事必是需要谨慎对待之事，"勋"为功。结合本篇历史故事可知，"权勋"是在大功与小功之间做出权衡、抉择。本篇的主旨是圣人当去小取大，而不可因小失大，其中的"大"指国家大事，或是战争，或是国家兴亡。所以，《权勋》篇实际是延承了"慎大"之义，仍强调谨慎对待国家大事，只是其论述的角度已经有所不同。《权勋》篇是从小事不慎而误大事的角度列举故事，提示君主应当放弃眼前利益和小利，以免遭受灭国之灾、战败之祸。

"谨慎对待国家大事"的含义使《慎大》篇的统摄力继续延续到《下贤》和《报更》两篇。礼贤下士关乎国家兴亡，是编撰者所认定的国家大事，刘咸炘说："《下贤》，亦慎之一也。……是书言下贤处甚多"[1] 是有道理的；本书众多的倡导用贤下贤的篇目也正证实了编撰者重视下贤、视下贤为国家大事。所以，《下贤》《报更》二篇的礼贤下士仍在《慎大》篇的统摄之下，也是编撰者所提示的君主的当务之事，是需谨慎对待的国家大事。

至于最后4篇的因顺题材，《慎大》篇的统摄力仍然体现得很明显。

这从最后4篇所选择的故事看得极其清楚。如前表所示，从第16到24则故事，其中出现的角色或是天子、君主，或是与君王相交往的大臣、

① 王利器：《吕氏春秋注疏》，巴蜀书社2002年版，第1676页。

贤人，所涉及的事象全部直接关涉国家存亡。循表涉水、刻舟求剑、引婴儿游泳三个故事虽然不直接关涉国家存亡，却是用这些故事阐述治国理政的道理。《顺说》《不广》《贵因》《察今》仍以重大题材为主，还是处于慎大理念的统辖之下。

除此之外，《慎大》篇所确立的"有德"与"道义"的理念是本览的一条潜在的线索，这条线索在最后四篇中会时而浮现，也能看出《慎大览》远在的统摄力。《不广》篇"晋文公欲合诸侯"的故事中晋文公任咎犯之谋，大胆收纳出逃的周天子，事若成则可成文武之功，事若不成则自补周室之阙，无论哪种情况晋文公此举都是一举两得："举事亦且利，以立大功，"其中讲到晋文公以义举事。《贵因》篇3则武王故事中的后两则："武王攻殷而不欺胶鬲"和"武王问殷之长者，长者爽约"突出了武王的信义和纣王的不行德义，武王因人之所欲——德义，纣王因人之所恶——暴虐，最终导致二人胜败殊途。这几则故事都突出了"有德"与"道义"的重要性，在一定程度上再次浮现了《慎大》篇的统摄力。

（三）《慎大览》各篇间的结构关系

《慎大览》8篇作品在结构上体现出十分明显的辩证性和互补性。有的是一篇之中从问题的两个方面展开叙事和议论，有的则是两篇之间形成辩证关系，还有的是三篇之间形成互补。

《慎大》篇是本览的首篇，在于强调人主当谨慎对待国家大事、当居安思危，《权勋》篇主旨在于圣人当权衡小大、去小取大。二者主旨一致，都在提示君主当谨慎于国家大事。但具体而言，如何做到谨慎于大事？《慎大》和《权勋》从不同角度作出了回答。《慎大》篇认为"有德"和"道义"对君主而言十分重要，其中的3则故事均突出有德和行道义能兴国，而反之则会失败、亡国。《权勋》篇则认为处理好小与大的关系十分重要，君主切不可因小失大，其中的4则故事均是从反面讲君主因小失大、造成亡国败战，提示君主应去小取大，实现兴国重任。

这两篇是从不同角度对"慎大"的阐释，同时，每篇之中又存在着十分明显的辩证性。《慎大》篇的3则故事中前2则以有德者（汤、武王）和无道者（桀、纣）相对，既突出明君因有德而兴，同时也突出了昏君因无道而亡。最后一则故事"赵襄子功翟"则是突出了道义与临时战果的辩证关系。赵襄子取得了临时的战果，但是他更重视长远的道义，这显然也是编撰者的观点。所以，《慎大》篇的叙事与议论体现出十分明显的辩证性。

《权勋》篇的辩证性特点表现最为明显，即小与大的辩证，是在小功和大功之间考量得失，当然编撰者最终的意指是去小而取大。

《下贤》和《报更》二篇的辩证性表现得也十分明显。《下贤》篇的礼贤下士题材故事是从君与臣两方面进行叙述和议论的。"尧善善卷""周公旦礼贤士""子产见壶丘子林"侧重从君和用人者方面进行叙述，突出了上对下的礼遇。而"齐桓公见小臣稷""魏文侯见段干木"则同时从君臣两个方面进行叙述，一方面仍突出君对臣的礼遇，另一方面又突出了臣下不可傲君。桓公见小臣稷一日三至而不得见，小臣稷作为臣下确属傲慢；翟黄受实利颇多，但是对文侯也十分傲慢无礼，文侯最终还是礼遇了不受实利、更为高尚的段干木。可见，作者是在君臣之间探讨礼贤下士的问题。君应礼贤，臣也应该有相应的积极举动，而不应过于傲慢，实际上是强调了君臣相知。

《报更》篇的3则故事一方面突出上对下、用人者对被用者的礼遇，而另一方面强调下对上、被礼遇者对用人者的报答，是从施和报两方面进行叙述。

这里需要注意的是，《下贤》《报更》两篇除每篇中体现出较为明显的辩证性，这两篇之间还体现出明显的互补。《下贤》篇虽然强调了君臣相知，但是其中的具体故事，更侧重于从君的角度叙述，篇名更是明显地体现出其侧重君主下贤的理念，侧重于施恩。而《报更》的篇名则透露出其有施必报的理念，是指得到恩惠的一方报偿施主。所以这两篇之间在总体上是形成了辩证互补。这种每篇内部、两篇之间同时相互补充的情况，可以称为双重辩证。

《慎大览》的最后4篇是因顺题材，收录的故事较为驳杂，但仍能看出这些篇章和故事之间形成了互补关系。

《顺说》篇3则故事突出的是"因人之欲"，其中第二则故事"田赞衣补衣见楚王"，田赞充分利用楚王的疑问和好奇心，以使其进一步发问。《不广》篇3则故事突出的是"因人之智"。《贵因》篇3则故事突出"因敌之败"和"因人之欲"。而《察今》篇则突出"因时变法"的重要性。所以，末4篇对"因顺"题材的探讨是照顾到了问题的各个方面。总体看，是因人和因时两大部类，具体看，因人又有"因人之智""因人之欲""因人之败"诸多情况。他们相互之间调剂互补，共同阐述了因顺的丰富内涵。对此，可列表明示如下：

表1-4　　　　　　　　　《慎大览》各篇之间的关系

篇名	主旨	辩证与互补的体现
慎大	谨慎于大，居安思危	有德与无道
权勋	去小取大，不可因小失大	小与大
下贤	圣主当礼贤下士	君与臣，与《报更》互补
报更	人主能爱士，则士必报偿	君与臣，与《下贤》互补
顺说	因人之力以自为力	与《不广》《贵因》《察今》互补
不广	不旷废人事	与《顺说》《贵因》《察今》互补
贵因	因则无敌	与《顺说》《不广》《察今》互补
察今	因时变法	与《顺说》《不广》《贵因》互补

　　表1-4显示，辩证性题旨在同篇中提出的排在前边，《慎大》《权勋》属于这种类型。而两篇之间形成辩证的紧随其后，《下贤》《报更》属于这种类型。多篇之间形成互补的则放在最后，《顺说》《不广》《贵因》《察今》属于此种类型。《慎大览》篇目及其相关物类事象的排列，遵循着既定的规则，而这种规则是编者确定的。

　　通过对《慎大览》的分析可以看出，本单元仍然存在的结构特征包括：篇章所选取历史故事的题材由重大到一般的渐进式转变，篇章内部和篇章间的辩证关系，以及设置了一条主导性的线索。同时，其与《孝行览》的主要差异表现在：一是，本单元的主导线索是《慎大》所确立的"有德"与"道义"的理念，而不仅仅是故事的题材一致；二是，多篇作品间体现出互补关系，不仅仅表现为两篇间的辩证关系。

　　八览的每个单元在结构组织上遵循着相对统一的原则，但是，在具体编排过程中遭遇的复杂情况又使八览的结构体现出丰富性和生动性。有的单元就表现出线索的转折，末篇还会对之前的篇目进行照应和点题等。为了尽量体现八览结构的这种生动性，再以《审应览》为例剖析如下。

三　《审应览》的主旨、题材及结构

　　语言是人类的重要交际工具，同时语言也是一门艺术。能言善辩、诡诈狡辩等都是语言被人类充分利用、灵活运用的重要表现。或诡谲或巧妙

的言辩有时会化败为胜，起到积极作用，而有时则会混淆视听、引人入于歧途。当语言被发挥和运用到极致之时会有什么效果？人们面对难以分辨的言辞又该如何应对？这些问题正是《审应览》所要探讨的对象。

（一）《审应览》历史故事的题材与排列

《审应览》所收录的历史故事以言辩题材为主。当然虽同属言辩，但其中还有不同的表现形态。现将本览所收录历史故事的题材类型列表如下：

表 1 - 5　　　　　《审应览》的历史故事与题材类别

序号	篇名	历史故事与传说	题材类型
1	审应	孔思请行	诡诈狡辩
2	审应	公子食我应对魏王	诡诈狡辩
3	审应	田诎应对魏昭王	诡诈狡辩
4	审应	公孙龙应对赵惠王	能言善辩
5	审应	薄疑劝阻卫嗣君	能言善辩
6	审应	申向应对公子沓	能言善辩
7	重言	高宗继位三年不言	重言
8	重言	成王梧叶封唐	重言
9	重言	楚庄王三年不鸣	重言
10	重言	齐桓公与管仲谋伐莒	重言，无言语而达意
11	精谕	蜻离海上之人	无言语而达意
12	精谕	胜书说周公	无言语而达意
13	精谕	孔子见温伯雪子不言而出	无言语而达意
14	精谕	白公问于孔子	无言语而达意
15	精谕	齐桓公合诸侯	无言语而达意
16	精谕	晋借途祈福	诡诈，无言语而达意
17	离谓	子产县书	诡诈狡辩
18	离谓	邓析卖尸	诡诈狡辩
19	离谓	子产治郑，邓析刁难	诡诈狡辩
20	离谓	齐有事人者弗死难	诡诈狡辩
21	离谓	淳于髡说魏王	诡诈狡辩
22	淫辞	秦赵相约	诡诈狡辩

序号	篇名	历史故事与传说	题材类型
23	淫辞	公孙龙与孔穿辩于平原君所	诡诈狡辩
24	淫辞	楚国庄伯之父答非所问	诡诈狡辩
25	淫辞	人有任臣不亡者	诡诈狡辩
26	淫辞	宋国澄子求缁衣	诡诈狡辩
27	淫辞	唐鞅应对宋王	诡诈狡辩
28	淫辞	惠施为魏惠王制法	诡诈狡辩
29	不屈	魏惠王让国于惠施	诡诈狡辩
30	不屈	惠子反驳匡章	诡诈狡辩
31	不屈	惠子反驳白圭	诡诈狡辩
32	应言	惠子应对白圭	诡诈狡辩
33	应言	公孙龙说燕昭王以偃兵	诡诈狡辩
34	应言	司马喜诘难墨者师	诡诈狡辩
35	应言	路说说周颇	诡诈狡辩
36	应言	起贾为孟卬求官	诡诈狡辩
37	应言	魏敬劝止魏王入秦	诡诈狡辩
38	具备	宓子贱治亶父	不言语而达意

从表1-5可以看出，《审应览》在故事编排上有如下特点：

第一，《审应览》在选择言辩题材的故事时有明显的侧重，诡诈狡辩题材的故事明显多于其他题材，共有24则，占总数的63%，其次是无言而达意题材的故事，共有8则，占总数的21%，而能言善辩题材的故事只有5则，只占总数的13%。总体看来，诡诈狡辩题材在比重上优势十分明显，其他两类题材无法与之相比。

第二，几种题材故事之间的转换有的是通过渐进方式实现的。在由《重言》篇的重言题材向《精谕》篇的无言而达意的题材过渡时，《重言》篇的最后一则故事起到了转折过渡作用。"齐桓公与管仲谋伐莒"中，桓公和管仲谋划攻打莒国，二人也有意对此事进行保密，但是二人谋划完毕不久，此事便宣于国内。原因就在于有贤人通过言语之外的其他信息进行了合理判断，通过手势、口形、颜色等领会其意。这则故事中桓公和管仲重言，而贤人则无言而达意，与《精谕》篇的无言而达意题材相连。而由《精谕》篇的无言而达意题材向诡辩狡诈题材过渡，是通过《精谕》篇最后一则故事实现的。"晋借途祈福"中，晋国以祈福为名企图攻周，便向周借途，刘康公同意。苌弘则通过对晋客的行为颜色的细致观察，判断晋必有他图。苌弘是无言而会意，而从晋国看虽非诡诈之言，但却是地道的诡诈之行。这使《审应览》的故事题材由无言而达意平稳过渡到后几篇的诡诈狡辩题材。所以，故事题材的过渡性在《审应览》中还是斑斑可寻的。

通过上表以及对《审应览》八篇的研读，还会发现，《审应览》在篇章的排列次序上遵循着先君道后臣道的原则。

相对而言，《审应》和《重言》两篇是侧重于君道，而其余 6 篇则侧重于对臣道的叙述和议论。

首先，从各篇的主旨和主要论点看。《审应》篇开头便抛出主旨："人主出声应容，不可不审。凡主有识，言不欲先。人唱我和，人先我随。以其出为之入，以其言为之名，取其实以责其名，则说者不敢妄言，而人主之所执其要矣。"《重言》篇的主旨则是："人主之言，不可不慎。"两篇作品的论述均以人主应审慎于言语、慎于出声应容作为主旨。很明显，作者的目的是通过这两篇作品提示君主的言语要合乎为君之道。

而其余 6 篇作品与前两篇有着较为鲜明的差别。其主旨和主要论点均没有明确涉及人主的为君之道。现将各篇的主旨列表如下：

表 1 - 6　　　　　　　　**《审应览》各篇的主旨与主要论点**

篇名	主旨及主要论点
审应	人主出声应容不可不审
重言	人主之言，不可不慎
精谕	圣人相谕不待言
离谓	言者，以谕意也。言意相离，凶也
淫辞	言不欺心，则近之矣
不屈	察士意为得道则未也……察而以达理明义，则察为福矣
应言	（无明确表达）
具备	凡说与治之务莫若诚

从表 1 - 6 可以看出，《精谕》篇的主旨是"圣人相谕不待言，有先

言言者也。"① 其论说的对象没有专指人主,而且从篇中的 6 则故事看,做到无言而达意、表现出以精相谕的故事主角均非君主;《离谓》篇论述的对象则更为具体——言,是从言意关系上说的;《淫辞》与《离谓》相似,针对言说提出言不可欺心;《不屈》篇论说的对象是察士,陈奇猷先生认为"察士"是指名辩家②,是有道理的。据《老子》有第二十章有"俗人察察"之语,河上公注曰:"察察,急且疾也"③。《新书·道术》篇有:"纤微皆审谓之察"④。所以,"察"有严急之义,同时也有明识之义。则《不屈》篇所言"察士"可以理解为言辞急切、看似明了事理的人。本篇所有故事的主人公均为惠子,陈奇猷先生解释为名辩家是正确的判断。所以从本文的故事看,其并无明确针对人主而言。《应言》篇故事直接上承《不屈》篇,仍以惠子为主人公。《具备》篇主旨是"凡说与治之务莫若诚",叙述了宓子贱成功治亶父的故事。显然,本篇也并没有将论说的重点直接针对君主,而是比较宽泛。

所以,总体看来,《审应》《重言》的主旨是针对君主直接提出,是对君主为君之道的提示,属君道的范畴。而后 6 篇则没有直接针对君主而言,《精谕》《不屈》和《具备》分别针对贤人、察士和贤臣进行叙述议论;其余 3 篇则多针对言辞提出。

其次,从 8 篇作品所收录的故事看。前两篇《审应》和《重言》除了主旨直接针对君道提出之外,故事叙述中也十分突出对君主和君道的阐发。前两篇故事的主人公中,除了申向和公子沓不是君臣关系之外,其余故事的主人公均为君臣关系。"申向应对公子沓"中,公子沓虽非君主,但却位极国相,他和申向的关系虽非君臣,却也属主仆关系。其余 6 篇中虽然也有君臣之间应对的故事,但是远不及前两篇集中。据初步统计,后 6 篇 28 则故事中属于君臣应对的故事共有 12 则,在后 6 篇中的比重是 43%,而其他故事类型则较为复杂,占约 57%,如:动物(蜻)的达意,臣属之间的应对,普通人的狡辩等。

前两篇通过集中描述君臣之间的应对,有意提示臣属应该注意言辞,

---

① 谭戒甫先生认为"有先言言者也"一句,与上下句不相承,应作"有先言谕者也"。此说合理。详见陈奇猷《吕氏春秋新校释》,上海古籍出版社 2002 年版,第 1179 页。
② 陈奇猷:《吕氏春秋新校释》,上海古籍出版社 2002 年版,第 1207 页。
③ 王卡校点:《老子道德经河上公章句》,中华书局 1997 年版,第 81 页。
④ 王洲明、徐超:《贾谊集校注》,人民文学出版社 1996 年版,第 304 页。

同时也有意提示君主应慎于听言、慎于发声。综合看来，前两篇还是侧重在后者，即提示君主应慎于出声发言。《重言》全篇的4则故事全部围绕君主的言声行为展开叙述。"高宗继位三年不言"和"楚庄王三年不鸣"中高宗与庄王是重言慎声的典范；"成王梧叶封唐"中的成王则是君主不慎于言的反面教材；"齐桓公与管仲谋伐莒"中的桓公和管仲慎于言声，但是还是有所疏漏，忽略无声之言——手势、口形和颜色等的达意功能，致使贤人无言而达意，最终泄密。所以，前两篇的故事叙述较为集中地提示的是君主之道。

而后6篇作品中，《精谕》篇主张"至言去言"、以精相谕；《具备》篇主张"说与治之务在诚"，属于正面叙述，其中的故事属无言达意的正面题材。而其余4篇作品均从反面叙述，都属于诡诈狡辩题材。编撰者收录如此众多的诡诈狡辩故事，显然不是提倡狡辩，而恰恰相反，是批判诡诈狡辩。4篇作品中21则狡辩诡诈故事的主人公，除宋国澄子外，其余均以臣属的身份出现。可以说后6篇中的21则狡辩故事均是从反面表现臣属的狡辩无度，有意警示臣属。与《审应》《重言》相比，其侧重在臣道。

所以，从8篇的叙事和议论综合看来，前2篇与后6篇存在较为明显的差异。前两篇叙事与议论侧重在君道，而后6篇则较为宽泛，相较之下更为侧重在臣道的阐发。当然，应该看到，前两篇意在君道较为明显，后6篇倾向于臣道则表现得比较庞杂，这说明编撰者的先君道后臣道的编排理念由于受到多方面因素的制约，贯彻得并不十分彻底。

（二）《审应览》的线索及转折

通过对《审应览》8篇作品的研读可以看出，前两篇作品在对言辞题材的故事进行叙述的过程中隐约贯穿着一条"德"与"义"的线索，德与义是正面言辞与反面言辞之间的重要衡量标准。而后6篇作品则隐约贯穿着一条精诚的线索，其中认为精与诚是言说的重要前提。在对言辞的探讨中，前两篇作品与后6篇作品之间存在着理念上的差异与转折。

《审应》篇的6则故事中，前三则故事属于臣下诡辩题材，后三则属于臣下善辩。作者对前三则与后三则故事中的言说者分别给予了不同的评价。前三则故事中，其对孔思的评价是："孔思之对鲁君也亦过矣"；其对公子食我的评价是："是举不义以行不义也。魏王虽无以应，韩之为不义愈益厚也。公子食我之辩，适足以饰非遂过。"其对田诎的评价是：

"己因以知圣对昭王，昭王有非其有，田诎不察。"对言说者给出的均是否定性的评价，属诡辩。其中第1和第3则故事中对孔思和田诎的非议，主要针对其言说中的偷换概念、不合逻辑的问题。第二则故事中提出公子食我的言辞之所以是狡诈诡辩，原因在于他的言辞是"以不义行不义"，用"义"作为标准对言辞进行评判。这成为前两篇中的一条重要线索，这在后3则故事中表现得更为明显。

《审应》篇的第4则故事"公孙龙应对赵惠王"，赵惠王表面上主张"偃兵"，却十年没有成功。公孙龙针对赵惠王的疑问，以雄辩的言辞分析了其未成功的原因，认为惠王只有其名而未有偃兵之实。故事结尾并没有对公孙龙的言说作出评价，但是却对惠王进行了批评，认为惠王"无礼慢易而求敬……"是没有做出偃兵的实际行动，而徒求偃兵之名。这一批评显然与公孙龙对惠王的评判完全吻合，可见作者对公孙龙的言说持肯定态度，而对惠王的不行偃兵的行为则表示责难。

第5则故事"薄疑劝阻卫嗣君"中，卫嗣君欲重税敛粟，而薄疑则以出色的言辞劝阻卫君，使他藏富于民。故事最后作者仍然是对卫君进行了批判性的评价，认为他"不知反诸己"，也即不知己所不欲勿施于人，没有以民为本。显然作者与薄疑的立场是一致的。

第6则故事"申向应对公子沓"，申向作为贤人，会见国相时浑身发抖，公子沓表示责难，申向应对公子沓，认为是对方过于严驵使贤人恐惧颤抖。故事最后作者照例对两人行为进行了一番评论，评论的结果是："自失不足以难，以严驵则可。"认为如果因为申向自己心理素质不强导致紧张发抖是不足以非难的，而如果是因为公子沓的严驵可怕导致申向发抖则是应该责问的。显然，作者与申向的观点一致。可以看出，这3则故事虽然没有明确提出德与义，但是其中以德义进行判断的理念却十分明显。惠王不行偃兵之实，受到公孙龙指责；卫君不以民为本，受到薄疑劝阻；公子沓过于严驵，导致申向见面而颤抖。作者是立足于德义对人物作出如上评价，同时也对言辞作出评判。

《重言》篇围绕君主重言与轻言收录故事，其中高宗、庄王属于重言的典范；而成王则是轻言的反面教材；齐桓公与管仲虽重言，但忽略了达意的手势、口形等因素。在围绕君主收录故事的同时，对臣属的言辞同样有所涉及和评价。"成王梧叶封唐"中，成王轻言封唐后又反悔，是周公一番言说使成王放弃食言的念头，故事最后作者评价周公为"一称而令成王益重言，明爱弟之义，有辅王室之固"，其中对周公的言说充满褒奖之意。作品正是从"爱弟之义"与"辅王室之固"两方面做出如上评价。

"楚庄王三年不鸣"中，成公贾以隐语形式启发诱导楚庄王，作者评价成公贾为"喻乎荆王，而荆国以霸"，从言语兴邦的角度赞扬成公贾。

这两则故事中，作品从"义"和兴邦角度对人物与其言辞作出评价。这与《审应》篇从德义等道德层面对言辞作评价是一致的，只是《重言》篇中又增加了兴邦的理念。应该说，以德义为标准与以兴邦理念来评价言辞，二者并不矛盾。因为德义是兴邦的基本前提，这在《吕氏春秋》中也属于一般共识。正是基于这种观念，《审应》和《重言》两篇在展现其道德理念时，又不时地流露出对可以兴邦的言辞的认可。所以总体看来，前两篇认为言辞属善辩还是诡辩，除了看言辞本身是否存在逻辑疏漏外，更重要的是要看言辞是否符合社会的道义，是否可以起到兴邦的作用。符合道义、体现道德的言辞和起到积极作用的言辞均属善辩，反之，便是诡诈的狡辩之言。

《精谕》篇使《审应览》在故事题材和主题上都产生了较大的转折和变化。其中提出"至言"的概念，对以精相谕、脱去言辞的至言大加推崇，为人们的言语树立了一个至高的标杆。"精谕"意为以精相谕，其典型特征是无言而达意。这与其后《离谓》《淫辞》《不屈》《应言》四篇的诡诈狡辩故事形成了极为鲜明的反衬和对比。一者是圣人的至言，摆脱言语仍可达意，作品极力推崇；一者是察士们的诡放谲辞，狡辩无度、有名无实，作品对这种言辞极力贬斥。值得注意的是，《审应览》最后一篇再次重申了《精谕》篇的要义，"宓子贱治亶父"中宓子贱是理想中的贤臣，他将亶父打理得井井有条，一片和谐，而鲁君也被作品赞为贤明之君。这则故事是《审应览》中少有的君明臣贤的样本。宓子贱治亶父成功的原因有两个：一是对鲁君有所防备，所以他采用一系列手法让鲁君撤走监视者，以使自己可以放开手脚；二是他治理过程中以"诚"而治，文中孔子也评价说："诚乎此者，刑乎彼"。而鲁君之所以被认为是明君，原因在于他能领悟宓子贱的用意。宓子贱当初并没有通过语言明确要求鲁君给自己足够的施展空间，而是通过较为隐晦的行为，让两个监视者无法正常工作，鲁君通过他的行为领悟其用意，是典型的无言语而达意，堪称明君。与其他诡辩题材故事相比，这则故事中的君臣关系显然是最为和谐的。

精诚是这则故事的核心，《具备》篇对精与诚展开详尽的论述，如：
"故诚有诚乃合于情，精有精乃通于天。乃通于天，水木石之性，皆可动
也，又况于有血气者乎？故凡说与治之务莫若诚。"这样，《具备》篇就
很好地照应了《精谕》篇，《精谕》篇为言语树立一个至高的标杆，其后
4篇又从反面揭示言语的丑态，而最后又以《具备》篇再次重申言辞的至
高形式。不仅再次展示了臣下的"至言"和以诚而治，而且其中的鲁君
作为明君，成功领悟臣下的至言，为君主树立了榜样，这样便很好地照应
了《审应》篇中君主应明慎于言的理论主张。

《具备》篇是对《精谕》的照应和回复，《精谕》篇阐述的"至言"
主张，在末篇中又得以强化。其中认为精与诚可通于天地，可以动人。说
与治一理相通，均应以诚为主。两篇前后照应成为贯穿第三篇到末篇的一
条线索，虽然中间的4篇作品表现的是诡诈狡辩题材，与至言相去甚远，
但是可以看出，精诚以言是编撰者设定的一条主要线索，而中间的狡辩故
事则是批判卑劣言辞、从反面展示，二者并不矛盾。

综上所述，《审应》《重言》两篇贯穿以重德义的线索，而后6篇则
贯穿以精诚的线索，表现出这些作品在理念上的转折与差异。

（三）末篇的照应与点题

通观《审应览》8篇可以看出，其中所收录的历史故事和传说中，诡
诈狡辩的反面题材故事明显占有优势，而且，这些故事较为集中地分布在
从《离谓》到《应言》的4篇作品中。这些反面故事展示的是不同形态
的卑劣言辞，结合首篇《审应》中的论点："人主出声应容，不可不审。
凡主有识，言不欲先。人唱我和，人先我随，以其出为之入，以其言为之
名，取其实以责其名"，可知，编撰者除有意警示臣属避免诡谲外，还有
意向君主展示不同形态的诡辩，主动向君主提示慎于应对这般如此的诡谲
言辞。

但是，诡诈狡辩毕竟是从反面对君臣的提示，不够直接和明确。面对
言辞君臣应如何应对和操作？《审应览》也从正面进行探讨，而这些正面
的探讨集中在前三篇和最后一篇。

具体说来，前三篇也并非完全是正面展示，《审应》篇的后三则故事
可以算作对臣言的正面展示，其余是反面展示；《重言》篇的第一、第三
则故事是对君主的正面展示，而第二、第三、第四则故事是对臣言的正面
展示，其余是反面展示。《精谕》篇为人们的语言树立一至高标杆，其中

的前三则故事侧重于理论的阐发，重在宣扬至言去言的理论。第四、第五则故事涉及臣属的贤能明智，在没有言语的情况下成功达意，并没有对君主过多赞扬。

值得注意的是，《具备》置于本览之末起到为君臣树立榜样的作用，它是对其上面篇章的照应，更是编撰者用以申述君臣之道的有意安排。原因在于：

首先，《具备》篇展示的是君明臣贤的理想。

鲁君是明君，他面对臣下的暗示能够成功领悟；同时，他能在领悟其意之后毅然撤回监视者，尽心任用臣下，使他充分施展才华。作为臣下，则以诚治理，成功将治地打理得一片和谐。所以，《具备》中的君和臣都堪称楷模。

其次，《具备》篇展示了君臣面对言语时的理想状态。

《审应览》的基本题材是探讨言语问题。言语的状态纷繁复杂，形态各异。君和臣在面对言语问题时当何去何从？前两篇中虽有所展示，但是基本理念是提倡以德义言语，德义是前两篇的一条线索。第三篇为我们树立一个言语标杆，主张至言去言和以精相谕，在理论层次上明显高于所谓的德义。但是前三则故事重在理论阐发，后两则故事则没有全面展示君臣双方的理想状态，只是展示了贤臣的无须言语而达意。

《具备》中君臣双方面对言语的选择无疑是最为恰当的，臣下没有利用诡谲辩词，君主则深谙以精相谕之道，成功领悟其意。双方是以精相谕的典范。

君臣关系是《吕氏春秋》反复探讨的话题，《孝行览》《慎大览》《先识览》《审分览》等基本无一例外都对君臣关系投以关注。《审应览》同样没有例外，从题材看，其探讨的是言语问题。但是从行文看，君臣关系是其中的基本框架。即，君主应当如何面对臣属的言辩，臣属又应该如何对君以言。是从言语的角度对君臣关系的探讨。

宓子贱治亶父成功的关键是"诚"，作者则有意将说和治之道进行了关联和统一，认为说与治之道均在精诚。这样，末篇除了展示出言语主题和君臣主题的范本之外，还对《审应览》的主题加以扩展，使关于言语的主题扩展至治国之道，更显示出其作为整个单元的理想与范本的意义。

通过对《孝行览》《慎大览》和《审应览》三览的分析可以看出，编撰者对每一览都按一定的规则进行了组织和编排。利用首篇对其后各篇进行统摄和提携，对所选历史故事按照题材进行渐进式的排列，每览往往还有贯穿各篇的重要线索。每篇虽各有侧重，但一般而言，一篇内部或相邻篇目之间都能形成辩证与互补关系，体现出合理的结构，等等。显然，八览内部的这些组织安排都是编撰者一定的主观意图和理念的体现。

当然，也应该看到，每览的具体情况往往存在一定差异，体现出规整性和复杂性的统一。这说明编撰者虽有相对统一的编撰方法，但由于具体情况的差异，其在编撰过程中又会采取不同的应对策略。

第四节　八览的总体结构

八览除了每个单元内都具有丰富的结构特征之外，编撰者在对这八个单元进行总体安排时，也进行了总体的组织考量，使八览体现出一定的总体结构特征。现分析如下：

一　《有始览》与其他相关篇目的互见关系*

《吕氏春秋·有始览》与其他七览以及六论的相关篇目存在互见关系。这种互见关系承自先秦时期论著的经传结构，《有始览》起着经的统摄作用。其在编撰时坚持了篇幅大体一致的原则，对寓言故事和议论性语言进行了平衡处理。一面扩展议论性语言，一面将寓言故事简省为互见关系，避免了重文过多也避免了篇幅过短。

（一）互见关系的确认

由于《吕氏春秋》出于众人编撰，篇章之间的互见关系较为少见，而且历来也引起颇多怀疑（如梁玉绳就表示怀疑②），所以有必要首先对《吕氏春秋·有始览》与其他相关篇章的互见关系做一辨析确认。下面以《有始览》中的《务本》《谕大》和《士容论》中《务大》的关系为例进

---

* 本节主要内容已发表。见《论〈吕氏春秋·有始览〉与相关篇目的互见关系》，《学术论坛》2011 年第 7 期。

② 梁玉绳认为："此篇（指《务大》——引者注）凡及百字与《谕大》同，盖不韦集诸客为之，失于检照。高氏屡欲载咸阳之金，何以不纠之？"梁氏怀疑《务大》与《谕大》的重文是失于检照，是众客为之所致。也就是说，梁先生认为由于两篇出于不同人之手，没有统筹编排，本不该重复的内容出现了重复。梁先生的判断中暗含了一种推断：既然两篇的作者相互之间无知、并无沟通和参校，则重复内容应该有着共同的来源，两篇之间不存在先后承自关系，而是共同袭自一处，当然也就不存在互见关系。

行对比：

《务大》中的寓言故事正是《务本》《谕大》省略所指的"解"，是完全有道理的。《务本》《谕大》和《务大》确实存在互见关系，这可以从其具体叙述中见出。《务本》："解在郑君之问被瞻之义也"，解见于《务大》：

> 郑君问于被瞻曰："闻先生之义，不死君，不亡君，信有之乎？"被瞻对曰："有之。夫言不听，道不行，则固不事君也。若言听道行，又何死亡哉？"故被瞻之不死亡也，贤乎其死亡者也。①

人物为"郑君"和"被瞻"；"义"在寓言中明确出现"先生之义"；《务本》借用这一寓言故事意欲阐述的寓意为："古之事君者，必先服能，然后任；必反情，然后受"，而《务大》这个故事的寓意为：被瞻有足够的才能使言听道行的国君大受其益，与《务本》篇的论述相吻合。

《谕大》："解在乎薄疑说卫嗣君以王术，杜赫说周昭文君以安天下"，解见于《务大》：

> 薄疑说卫嗣君以王术，嗣君应之曰："所有者千乘也，愿以受教。"薄疑对曰："乌获奉千钧，又况一斤？"杜赫以安天下说周昭文君，昭文君谓杜赫曰："愿学所以安周。"杜赫对曰："臣之所言者不可，则不能安周矣；臣之所言者可，则周自安矣。"此所谓以弗安而安者也。②

《谕大》和《务大》第一则故事，人物同为薄疑、卫嗣君；内容都是王术。第二则故事人物同为杜赫、周昭文君；主旨同为安天下。《谕大》通过这两个故事意欲阐述的寓意是："定贱小在于贵大"，而《务大》这两个故事阐述的道理是：举重若轻；以大智之言治周实为轻松，与《谕大》相吻合。

《务本》《谕大》和《务大》之间的互见关系是可以确定的。经过全

---

① 陈奇猷：《吕氏春秋新校释》，上海古籍出版社 2002 年版，第 1714 页。
② 同上。

面系统考察，其他各篇的互见关系也均可以成立。简明起见，将对应关系
列表如下：

表1-7 《有始览》与相关篇目的互见关系

《有始览》的相关表述	形成互见关系的篇目
《应同》篇："解在乎史墨来而辍不袭卫，赵简子可谓知动静矣！"	《恃君览·召类》
《去尤》篇："解在乎齐人之欲得金也，及秦墨者之相妒也，皆有所乎尤也。"	《先识览·去宥》
《听言》篇"解在乎白圭之非惠子也， 公孙龙之说燕昭王以偃兵 及应空洛之遇也， 孔穿之议公孙龙， 翟翦之难惠子之法。"	《审应览·不屈》 《审应览·应言》 《审应览·淫辞》 《审应览·淫辞》 《审应览·淫辞》
《谨听》篇："解在乎胜书之说周公，可谓能听矣； 齐桓公之见小臣稷，魏文侯之见田子方也，皆可谓能礼士矣。"	《审应览·精谕》 《慎大览·下贤》
《务本》："解在郑君之问被瞻之义也， 薄疑应卫嗣君以无重税。此二士者，皆近知本矣。"	《士容论·务大》 《审应览》
《谕大》："解在乎薄疑说卫嗣君以王术， 杜赫说周昭文君以安天下及匡章之难惠子以王齐王也。"	《士容论·务大》 《开春论·爱类》

以上所列的对应篇目之间均能形成良好的互见关系，而《有始》篇
的情况较为复杂，与之形成互见的篇目不易寻找。"解在乎天地之所以
形，阴阳材物之精，人民禽兽之所安平。"经陈奇猷先生考证，其中"阴
阳材物之精"当见于《尽数》："精气之集也，必有入也。集于羽鸟，与
为飞扬；集于走兽，与为流行；集于珠玉，与为精朗；集于树木，与为茂
长；集于圣人，与为敻明。精气之来也，因轻而扬之，因走而行之，因美
而良之，因长而养之，因智而明之。"[①] 而其他两处则仍未确认，陈先生
怀疑其他两处应当出于脱去的一篇（《有始览》共7篇，较之其他各览少
1篇）。这种推断未尽合理，因为从其他各处的互见关系看，都是"解在
乎"的省略语出现在《有始览》，而"解"则分列其他部分，并不出现在
《有始览》；另外，《有始》的"解在乎"，其"解"与其他6篇的"解"

---

① 陈奇猷：《吕氏春秋校释》，学林出版社1984年版，第676页。

也存在区别。杨树达先生也发现了这一问题，即本篇的解都是议论性语言，而其他6篇的解均为寓言故事①。总之，《有始》情况较为复杂。可以确定的是，至少其余6篇和其他相关篇章之间的互见关系是完全成立的。

（二）互见关系的内在属性

《吕氏春秋·有始览》与其他篇目的这种互见关系，当是承自先秦时期论著的经传结构。

先秦时期以经传结构出现的论著，较早见于《墨子》，其中的《经上》《经下》和《经说上》《经说下》，形成经与解的关系，经说是对经的进一步阐释和展开。而"经说"的主要形式为进一步的展开性议论，少见寓言故事，章学诚将之定位为"经传关系"（《文史通义·经解上》）。章学诚又说：

> 当时诸子著书，往往自分经传，如撰辑《管子》者之分别经言，墨子亦有《经》篇，韩非则有《储说》经传，盖亦因时立义，自以其说相经纬尔，非有所拟而僭其名也。经固尊称，其义亦取综要，非如后世之严也。圣如夫子而不必有经，诸子有经以贯其传，其义各有攸当也。②

《墨子·经》上、下之于《经说》上、下；《韩非子》之《内外储说》；《管子》之《形势》《立政》《版法》《明法》之于《形势解》《立政九败解》《版法解》《明法解》等，章学诚认为是经传结构，是有道理的。从较早的《墨子》始，基本可以给诸子的造经和作传勾勒一个大体的轮廓：《墨子》的《经说》上、下主要是对《经》上、下的议论性展开和阐释。而至《韩非子》的《解老》《喻老》则是对《老子》的阐释，其运用的形式包括展开议论和列举寓言故事，寓言故事也成为解经的重要手段。《内外储说》的经传关系甚为明确，经列一处在前，说列一处在后，而说（传）的形式主要为寓言故事，同时也有少数展开议论的形式。

可以看出，诸子书的经传结构是特定时期造经运动的产物，其"传"

---

① 陈奇猷：《吕氏春秋校释》，学林出版社1984年版，第676页。
② 叶瑛：《文史通义校注》，中华书局1985年版，第94页。

的表述形式主要有两种："解"和"说"。

《有始览》"解在乎"的提示语和其他相关篇章形成互见关系，是承自这种经传结构。首先，"解在乎……"的表述形式，明显将相关的寓言故事称为"解"，合于经传结构其一表达术语。其次，"解"（主要是寓言故事）对《有始览》的相关论述形成了阐释和说明。所以，可以确定这种互见关系承自"经传结构"。

但《吕氏春秋》中的"解"（寓言故事），和先秦诸子典型的"传"（"解"或"说"）的差异也是很明显的。《墨子·经说》上下、《韩非子·解老》均可以独立成篇，具有相对独立性。《韩非子·内外储说》之"说"部分所列举的传说故事蔚为大观，依附于经而存在，与经同在一篇作品之中。而《有始览》的解均见于其他独立的篇章，是其他篇章的有机部分，不能与《有始览》形成专一的对应关系，也不具有相对的独立性。所以，将之称为互见关系更近合理，而没有称为经传结构。

《有始览》和相关篇章虽然不属于典型的"经传结构"，但在一定程度上具有经和传的关系，《有始览》发挥的是"经"的功能，起到了"综要"和提摄的作用。

《有始览》与其他篇章的互见关系体现了如下原则和特征：

第一，以寓言故事为解，而以议论为经。

《有始览》的7篇中，除《有始》"解在乎天地之所以形，阴阳材物之精，人民禽兽之所安平"。被认为其解属于议论性语言外，其余6篇的"解"均为传说故事。

从先秦诸子书的经传关系看，标示为"解"的传主要运用议论性语言，很少见到寓言故事，《管子》之《形势解》《礼记·经解》等都是如此。而《有始览》所设计的具有作传性质的"解"则主要是寓言故事。《有始览》存在较为明确的意识：将寓言故事作为解、作为传；相应地，将议论性语言作为经，起到提摄和综要的作用。

这可以从《有始览》的文本形态得到验证：《有始览》的7篇文章中，除《去尤》之外，均没有出现寓言故事，均以议论性语言出现。据统计，《吕氏春秋》八览六论99篇中，以单纯议论形式出现的篇章共有12篇，除《有始览》6篇之外，其余6篇为《审分》《不二》和《上农》《任地》《辨土》《审时》占12%，《有始览》独占6%，同时，《有始览》7篇中6篇全为议论性语言，更是高达86%。同时，还值得注意的是《不二》篇仅存 168 字，在《吕氏春秋》160 篇中属最少者，与除《有始览》之外七览每篇平均字数为 780 字相去甚远，前人多认为《不二》有脱文，这一判断是十分合理的；而《上农》四篇则历来被认为与农书相关，多合于《亢仓子》。所以综合看来，在八览六论中议论性篇章是十分集中的，集中在《有始览》中。《有始览》以议论性语言统摄其余相关篇章的目的是十分明显的。

《有始览》与其他篇章之间的重文很多，在整部《吕氏春秋》中是最为集中的区域，绝大多数的重文都出现在《有始览》和其他相关篇章之间。《应同》同《召类》有重文；《谨听》同《观世》有重文；《务本》与《务大》有重文；《谕大》与《务大》有重文。而通观这些重文可以看出，其内容大同小异，有一个共同特点：重复文字均为议论性语言。结合"解在乎……"的省略叙述形式，能够看出，《有始览》各篇议论性语言并不是以省略的形式出现①，从而使其他篇章中的议论性语言与《有始览》出现重文。《有始览》是将相关的寓言故事处理为"解在乎……"的省略形式，使相关篇章的寓言故事同《有始览》形成互见。可见，《有始览》的行文普遍先用议论性语言进行表述，形成文本的基本形态，而将寓言故事以省略的方式加以提示，与其他相关篇目形成互见关系。

通过重文的比较可以看出，《有始览》一般都会增加对古文献的引用。如《士容论·务大》为：

> 昔有舜欲服海外而不成，既足以成帝矣。禹欲帝而不成，既足以王海内矣。汤、武欲继禹而不成，既足以王通达矣。五伯欲继汤、武而不成，既足以为诸侯长矣。孔、墨欲行大道于世而不成，既足以成显荣矣。夫大义之不成，既有成已，故务事大。②

《有始览·谕大》的重文为：

> 昔舜欲旗古今而不成，既足以成帝矣；禹欲帝而不成，既足以正

---

① 这种形式在先秦诸子的经传关系中是存在的。如《韩非子·内储说下》"说一"："势重者，人主之渊也；臣者，势重之鱼也。鱼失于渊而不可复得也，人主失其势重于臣而不可复收也。古之人难正言，故托之于鱼。"就属于议论性的解。

② 陈奇猷：《吕氏春秋新校释》，上海古籍出版社 2002 年版，第 1714—1715 页。

殊俗矣；汤欲继禹而不成，既足以服四荒矣；武王欲及汤而不成，既足以王道矣；五伯欲继三王而不成，既足以为诸侯长矣；孔丘、墨翟欲行大道于世而不成，既足以成显名矣。夫大义之不成，既有成矣已。《夏书》曰："天子之德广运，乃神，乃武乃文。"故务在事事在大。①

两相对比，除了大同小异的重文外，《谕大》明显增加了古文献引用。值得注意的是，这种情况在《有始览》中很普遍，没有出现重文的篇章同样也多有古文献的引用，《有始览》除《有始》之外的6篇均是如此。

《应同》有：黄帝曰："芒芒昧昧，因天之威，与元同气"和《商箴》云："天降灾布祥，并有其职"。共2处。

《去尤》有：《庄子》曰："以瓦注者翔，以钩注者战，以黄金注者殆。"共1处。

《听言》有：《周书》曰："往者不可及，来者不可待。"共1处。

《谨听》有：《周箴》曰："夫自念斯，学德未暮。"共1处。

《务本》有：《诗》云："有晻凄凄，兴云祁祁。雨我公田，遂及我私"；《易》曰："复自道，何其咎，吉"；《大雅》曰："上帝临汝，无贰尔心"。共3处。

《谕大》有：《夏书》曰："天子之德，广运，乃神，乃武乃文"；《商书》曰："五世之庙，可以观怪，万夫之长，可以生谋"。共2处。

6篇中共有10处引文，引用的古文献包括《诗》《易》《书》黄帝书以及《庄子》，这一手法运用的密度是其他单元无法比拟的。引用古文献一方面是为了展开论述，而最主要的原因还是为了增强篇章的经典性。

这里还需要进一步说明的是，《有始》的"解"是议论性的，而《去尤》则除了议论性语言外还列出一部分寓言故事，另一部分则以互见形式见于其他篇章。《有始》的主要内容是关涉天地生成、宇宙本体的哲学概括。"天地有始，天微以成，地塞以形。天地合和，生之大经也。"② 其哲学意味和抽象概括性十分浓厚。正因为如此，为之作传的解中不出现具

① 陈奇猷：《吕氏春秋新校释》，上海古籍出版社2002年版，第727页。
② 陈奇猷：《吕氏春秋校释》，学林出版社1984年版，第657页。

象性的寓言故事是合理的，其解仍为议论性语言。而《去尤》在处理寓言故事的时候则列出一部分、隐去一部分，议论性的特征不很明显。究其原因，在于列出的一部分寓言故事在其他的篇章中见不到，无法使用"解在乎……"的省略形式。

总体上看来，《有始览》以与之相关篇目的寓言故事为解而以本身议论为经的原则和特征是很明显的。

第二，篇幅规模大体一致。（各单元与各篇的具体篇幅字数统计参见文末附录）

《吕氏春秋》各篇和各单元的字数（篇幅）是有规律的，就八览各篇平均字数来看，《有始览》为545字，《孝行览》为793字，《审大览》为795字，《先识览》为767字，《审分览》为729字（其中有《不二》168字，疑有脱文，所以本单元平均字数较少），《审应览》为786字，《离俗览》为799字，《恃君览》为779字。除《有始览》和较特殊的《审分览》（其中《不二》篇有逸文），平均字数的波动范围在767—799之间。这说明众人编撰时，其对每单元以及每篇的篇幅规模有大致的控制范围。

这里还需进一步说明的是，《有始览》平均字数为545字，于八览中最少，与六论和十二纪持平。这也正体现了经起到综要和提摄作用的特征。据统计，先秦诸子的经传关系中，经传的篇幅是有一定规律的，即经少传多。《墨子·经上》和《经说上》比例大约为1：4，《经下》和《经说下》比例大约为1：4，《韩非子·内外储说》经和传的比例大约为1：6，《管子·形势》和《形势解》的比例大约为1：6，《版法》和《版法解》的比例大约为1：3，《明法》和《明法解》的比例大约为1：11，至于《礼记·经解》《韩非子·解老》其中经没有单独成篇，经传的比例就更为悬殊了。可见，先秦诸子"经传关系"中的经传篇幅比例虽有具体不同，但是经短传长却是规律。结合《有始览》和其他篇章的关系考虑，《有始览》平均字数较少却也正合"经传关系"的特征和规律。

按一般原理，经较短小而传则较长，《韩非子·内外储说》就是典型。其经和说的比例达到1：6。而《吕氏春秋》必须要保证每篇独立成文，还要保证一定的篇幅。所以经的部分——《有始览》就不能过于短小，而是采取了一种加以平衡的方法：将议论性文字和寓言故事区分开来，一方面使议论性的文字尽量扩展。另一方面则把寓言故事以互见形式省略。

据统计，若把各篇的所省略的"解"全部还原到《有始览》，使《有始览》成为既有议论又有寓言故事的篇章，则本单元可扩展之平均每篇886 字，远远超出其他各览。而如果把与其他各篇的重文全部省略，则本单元可缩之平均 420 字，又远远少于其他各览。可见，《有始览》是在议论性文字和寓言故事之间采取了一种平衡，避免了重文过多和篇幅过短。

《有始览》的这一特征明显体现在各篇中。以《务本》与《务大》为例：

《有始览·务本》：

　　尝试观上古记，三王之佐，其名无不荣者，其实无不安者，功大也。《诗》云："有晻凄凄，兴云祁祁。雨我公田，遂及我私。"三王之佐，皆能以公及其私矣。俗主之佐，其欲名实也与三王之佐同，而其名无不辱者，其实无不危者，无公故也。皆患其身不贵于国也，而不患其主之不贵于天下也；皆患其家之不富也，而不患其国之不大也；此所以欲荣而愈辱，欲安而益危。安危荣辱之本在于主，主之本在于宗庙，宗庙之本在于民，民之治乱在于有司。《易》曰："复自道，何其咎，吉。"以言本无异则动卒有喜。今处官则荒乱，临财则贪得，列近则持谀，将众则罢怯，以此厚望于主，岂不难哉！①

《士容论·务大》：

　　尝试观于上志，三王之佐，其名无不荣者，其实无不安者，功大故也。俗主之佐，其欲名实也与三王之佐同，其名无不辱者，其实无不危者，无功故也。皆患其身不贵于其国也，而不患其主之不贵于天下也，此所以欲荣而逾辱也，欲安而逾危也。②

可以看出，《有始览》的《务本》为了篇幅的展开，运用的主要手法有两个：一是通过引用古籍展开论述，如对《诗经》和《易》的引用，以及引用后的解读阐述。二是顺接上文深入论述，如"安危荣辱之本在于主，主之本在于宗庙，宗庙之本在于民……"是对上文安危论述的顺

---

① 　陈奇猷：《吕氏春秋新校释》，上海古籍出版社 2002 年版，第 719 页。
② 　同上书，第 1713 页。

接和深入探讨。通过不同的手法,《务本》将篇幅成功拉长,但是,这种扩展有时也会带来议论逻辑的脱节和跳跃。《务本》本段文字就表现出了这个特点:其在行文逻辑上显得不够自然。

第一,"尝试观上古记,三王之佐,其名无不荣者,其实无不安者,功大也。"基本同于《务大》,论述重点是"功劳"或者"功劳的大小"。但是后面笔锋一转,立即成了"公私"之论。两相对比,"《诗》云:'有晻凄凄,兴云祁祁。雨我公田,遂及我私。'三王之佐,皆能以公及其私矣。"一句《务本》多于《务大》,正是此句引用将话题转向了公私之论,这样原本可以工整对应的"三王之佐"与"俗主之佐"、"其名无不荣者,其实无不安者"与"其名无不辱者,其实无不危者"以及"功大"与"无功"(功小),在添加的一句的干扰下被打破了,"功大"与"无功"相对,被迫改变为"无公故也"。这样也就能够看出,比《务大》"皆患其身不贵于国也,而不患其主之不贵于天下也"多出的一句"皆患其家之不富也,而不患其国之不大也",将《务大》中的小大对比变成了公私对比,"患其身不贵于国""患其家之不富"是私,"患其主之不贵于天下""患其国之不大"是公。毕沅认为"公亦功也,古通用"①,实际是没有看清本文的行文逻辑。

第二,再联系后文,"今处官则荒乱,临财则贪得,列近则持谄,将众则罢怯,以此厚望于主,岂不难哉!"其批评的仍然是今官的敷衍塞责,应当属于"无功",而不能笼统地称为"无公"。从此再往后看,批评的仍然是"今功伐甚薄而所望厚""论人,无以其所未得,而用其所已得(攻伐)",等等,都是关于"功"的论述。所以,总体看来,中间引用《诗经》引出的公私之论的确在"功大"论的夹持下显得极不自然。

第三,"安危荣辱之本在于主,主之本在于宗庙,宗庙之本在于民,民之治乱在于有司"。从前文看,这里讲的"安""危""荣""辱",从行文上讲应该上承"三王之佐,其名无不荣者,其实无不安者""俗主之佐……名无不辱者,其实无不危者""此(俗主之佐)所以欲荣而愈辱,欲安而益危"。"安""荣"当对应三王之佐,"危""辱"当对应俗主之佐,总体言其应该对应人臣。但是"安危荣辱之本在于主,主之本在于宗庙,宗庙之本在于民,民之治乱在于有司"的论述,其主语明显已经

---

① 陈奇猷:《吕氏春秋新校释》,上海古籍出版社 2002 年版,第 721 页。

不是指人臣而言，而是国家社稷。所以，这里相对《务大》多出的这一论述也显得很突兀，极不自然。

与《务大》相比，《务本》在称谓、论述的衔接、论述的重心、主题等方面都表现出一定的跳跃和前后不一致。

当然，这一结果是作者始料未及的，是材料扩展、论述塞加极易带来的客观后果。但从作者的主观性看，《务本》是有机统一的，有着一致的论题和一致的风格。

《有始览》的这种行文特点，也使之产生了与其后篇目不同的行文风格。《务本》与《务大》就有迥异的风格：《务本》繁富，《务大》简明；《务本》充分展开，《务大》点到为止；《务本》是铺张型的，《务大》是浓缩型的；《务本》雄辩，《务大》平实。同是议论，却出现如此鲜明的差异。《吕氏春秋》对《有始览》和其他七览六论在议论文字数量上的安排可以说是精心调遣、匠心独运，使得论文章节呈现出多种风格。《有始览》与其他相关篇目的互见关系，具有积极的文学功能，收到良好的效果，强化了它的文学性。

二　八览之间的结构关系

八览的每一览都是有着一定结构的整体和单元，《吕氏春秋》的编撰者在安排这些单元的时候也并非随意堆砌，而是本着一定的结构原则，从而使八览之间在总体上也体现出生动的结构形态。现分析如下：

（一）《有始览》的统摄作用

《有始览》是八览的第一览，其首篇是《有始》。《有始》篇以及整个《有始览》对其余各览有着统揽作用，其统揽作用具体表现在如下几个方面：

第一，从首篇《有始》看，《有始》篇作为首览的首篇，其主要内容是总论天地开辟。其开篇便讲道：

> 天地有始。天微以成，地塞以形。天地合和，生之大经也。以寒暑日月昼夜知之，以殊形殊能异宜说之。夫物合而成，离而生。知合知成，知离知生，则天地平矣。平也者，皆当察其情，处其形。①

---

① 陈奇猷：《吕氏春秋新校释》，上海古籍出版社 2002 年版，第 662 页。

其中讲到天地合和是万物生成的"大经",高诱认为"大经"即是"大道",是有道理的。所以,文章伊始便开论天地开辟和万物生成的大道,而且指出人当"察其情,处其形"。

《有始》篇将"天地合和"作为"生之大经"。"平"字高诱解释为"成",而陈奇猷先生解释为"有秩序"。实际上两种说法相近,只是陈先生的说法较具体、准确,这里取陈说。而要达到"平",就要"察其情,处其形","处"高亨先生注为"审",陈奇猷同。① 此说合理,也即成事就要认真审视天地运行的情实和其形态。

《有始》篇不仅有原论天道的大段文字,更有对天地结构的罗列,分别列举"九野""九州""九山""九塞""九薮""八风""六川",共 7 组物象,是对天地之道的感性显现。

吕思勉说:"此篇从天地开辟说起,亦可见《八览》当列全书之首。"② 而刘咸炘对吕思勉的说法并不赞同,他说:"吕说未是。此览自宇宙起论,首举大同众异之义,以明全书调贯众说之故。"③ 刘咸炘认为《有始》篇举大同众异,而不同意吕思勉"从天地开辟说起"的说法,但实际上两人的观点并不矛盾。两人都是对《有始》篇的客观描述,只是刘咸炘更为具体而已。两人的共同之处是,他们都承认《有始》篇作为首览的首篇对其后各览有统揽作用。

吕思勉先生"古人论政,原诸天道"的说法是有道理的,《吕氏春秋》有较为集中的反映。"十二纪"之"纪首"分十二月言各月所宜,实有以天道统摄人道之意,《有始》作为"八览"之首,也有此意。

所以,从首篇《有始》的内容看,其篇名"有始",意为天地万物之始。内容是总论天地开辟和万物生成的大道,是编撰者有意将其置于首篇的位置,体现的是天地大道统摄万物、统摄人事的观念。

《有始览》的第二篇是《应同》,《应同》篇正是顺承《有始》篇以天地大道统摄万物和人事的理念而布置。《应同》篇开篇就提出主要论点:"凡帝王者之将兴也,天必先见祥乎下民"④,从一般原理上将帝王之

---

① 陈奇猷:《吕氏春秋新校释》,上海古籍出版社 2002 年版,第 666 页。
② 王利器:《吕氏春秋注疏》,巴蜀书社 2002 年版,第 1219—1220 页。
③ 同上书,第 1220 页。
④ 陈奇猷:《吕氏春秋新校释》,上海古籍出版社 2002 年版,第 682 页。

事同天祥紧密联系在一起，开始有意将虚在的、在上的天地之道通过"应同"和人事进行关联，使《有始》篇的天地之道平稳过渡到《应同》篇对于人事、帝王之事的阐述。

第二，《有始览》和其他各览论存在互见关系，这种关系承自先秦时期的经传关系，《有始览》起着统摄其他览论的经的作用。关于这一点上文已有详论。

（二）《有始览》《孝行览》之间的三才观

排在《有始览》之后的第二览是《孝行览》，《孝行览》的设置是按照"天地人三才"的结构理念进行的。

《有始览》称："天地有始，天微以成，地塞以形。天地合和，生之大经也。"① 《有始览》从天地生成切入，《孝行览》则是由人发端："凡为天下、治国家，必务其本而后末。所谓本者，非耕芸种殖之谓，务其人也。"② 从《有始览》到《孝行览》，依次论述的是天地人三才，《孝行览》是强调以人为本。那么，什么又是人之本呢？相传出于曾子之手的《孝经》回答了这个问题。《开宗明义章》称："夫孝，德之本也，教之所由生也。"③ 《三才章》又称："夫孝，天之经也，地之义也，民之行也。"④ 既然孝是德之本，又是天经地义，因此，《吕氏春秋》在《有始览》之后紧接着出现的是《孝行览》，用以体现天地人三才俱备，以人事承接天地之事。

《孝行览》名称的设定带有先验性，要体现一定的结构理念，这就难免与后面的 7 篇作品相脱节。《孝行览》讲孝行是为天下、治国家之本，第二篇《本味》则讲得贤为治国之本，两篇"本"这个主题上下相连。但是《本味》篇开启的遭逢际遇的故事题材，则是《孝行》篇无法统领的，于是出现了首篇与其后各篇的断裂和脱节。

（三）各览间的结构形态

一般说来，八览各览的故事题材与主题并不是单一的。往往是每览都有多种题材，它们之间或者存在过渡，或者重合叙述，有时会有主题的转移等。虽然各览的故事题材与主题并不单一，但是每览都有自己独到的结

---

① 陈奇猷：《吕氏春秋新校释》，上海古籍出版社 2002 年版，第 662 页。
② 同上书，第 736 页。
③ 《孝经》，《诸子集成补编》第 1 册，四川人民出版社 1997 年版，第 4 页。
④ 同上书，第 5 页。

构安排，编撰者心目中最为重要的题材和主题往往都被安排在每览的前边。在有的览中，安排在前边的重要题材和主题并不一定是本览所占比重最大的题材和主题，如：《慎大览》的主要题材是"因顺"，但是这一题材并没有安排在最前边。这充分证明其中有编撰者的主观意图：将重要题材安排在前，而不是按照题材故事的比重顺次排下。

每览的首篇都是本览得以命名的篇目，同时绝大多数的览首篇对其后各篇都有统摄作用，只有《孝行览》较为特殊，未能很好地统摄其后各篇。虽然首篇对后篇的统摄往往存在统摄力逐渐减弱的现象，但是，编撰者对于首篇的安排是有一定主观目的的。从篇首开始涉及和界定的故事题材与主题是本览的核心，是编撰者心目中的重要题材和主题。所以，这些居于重要位置的篇目也应当成为考察八览总体结构的主要参考对象。

每览靠前篇目中的故事题材和主题是这样分布和安排的：

表1-8 **每览靠前篇目的故事题材与主题**

览名	靠前篇目的故事题材与篇章主题	分布篇目
孝行览	君臣际遇、国家兴亡	《孝行》《本味》《首时》《义赏》《长攻》《慎人》
慎大览	有德灭无道、国家兴亡	《慎大》《权勋》
先识览	弃无道归有德、预见、礼贤下士	《先始》《观世》
审分览	君道，君臣有分	《审分》《君守》
审应览	诡诈狡辩、能言善辩，君道	《审应》《重言》
离俗览	士节，臣道	《离俗》《高义》《上德》
恃君览	士节，臣道	《恃君》《长利》《知分》

从表1-8可以看出，从《孝行览》开始的七览在结构安排上有如下特点：

第一，国家兴亡题材在前，其他在后；君道在前，臣道在后。

《孝行览》和《慎大览》的靠前篇目都关涉到国家兴亡题材，而其他各览则对此题材的表现并不明显。《孝行览》是《有始览》之后的第一览，其将八览的故事题材和主题引向人事，国家兴亡无疑是最根本、最重大的人事，所以，前后相次的《孝行览》和《慎大览》均在重要的靠前位置对这一题材进行表现。其余各览虽在不同位置也对这一题材有所表现，但是显然没有处于重要的靠前位置，只是次要的表现对象。

君道是对君主为君之道的表现和阐释，《孝行览》《慎大览》《先识览》靠前题材和主题表现君道或臣道的意图并不明显，但是，《审分览》《审应览》两篇靠前的篇目，其题材与主题则十分明显表现的是君道。《审分览》秉持的是形而上居前、形而下居后的理念，靠前篇目的主题侧重在君道，靠后则渐次涉及为君之术和得人方法等；《审应览》秉持的是君道居前、臣道居后的理念，虽然所谓的臣道表现得并不彻底，但是，《审应》《重言》两篇明显侧重在阐释君道，与其后篇章对比明显。

《离俗览》靠前篇章的故事题材则没有继续沿承前几览的君道居前、臣道居后的理念，而是将士节题材放在靠前位置，其后的《用民》《适威》《为欲》《贵信》《举难》等篇目则涉及"君德""用人"等题材。与士节题材相比，这些题材显然更适于表述为君道，是对君主德行、君主行为的表现。由此看来，《离俗览》将臣道居前、君道居后，改变了前几览的一贯传统。《恃君览》靠前篇目涉及士节题材，而《达郁》《行论》《骄恣》等其后篇目则涉及主行、听谏等题材。很明显，《恃君览》也没有秉持君道居前的理念，而是将臣道居前、君道居后。

这一方面说明每一览在内部的结构安排上理念不同、形态各异，另一方面也说明，八览之间在结构上能体现编撰者的有意安排。编撰者对每览中以第一篇为代表的重要篇目，按其所表现的题材和主题进行比较安排，将表现君道的篇目置于前，而将表现臣道的置于后，八览之间总体上体现出来的仍然是君道先于臣道的理念。其结构可大致示以下表：

表 1-9   八览之间的结构理念

览目及次序	理念一	理念二	理念三	理念四
有始览	统摄八览	天地人一体	重大题材	
孝行览				
慎大览				
先识览			其他题材	君道
审分览				
审应览				
离俗览				臣道
恃君览				

可见，《吕氏春秋》八览的结构安排属多种理念叠加，这些结构理念又有层次区分，它们依次推进，最终造就了八览的结构特点。

第二，相邻各览之间在题材和主题上存在相同与相近之处。

《孝行览》和《慎大览》两览相邻，两览在靠前位置同时表现"国家兴亡"的重大题材。而《慎大览》和《先识览》虽然题材各异，但是两览的靠前位置同时表现了道德兴国和道德得人的理念。《慎大》篇的"有德灭无道"题材是对道德兴国的集中展现，"桀为无道，商汤灭之"和"武王胜殷而大行德义"中桀纣灭国和汤武兴邦的关键在于君主是否有德。《先识览》靠前位置的"弃无道而归有德"题材也是对道德重要意义的展现，臣属离开一方君主而改投另一方，其中的关键在于君主是否有德。所以，对于君主道德的展现是《慎大览》和《先识览》两览在靠前位置的共同特点。

《审分览》和《审应览》在行文特点上差异明显，《审分览》重议论、《审应览》重叙事；在故事题材上也有差别，《审分览》表现君主之道和君主用人之术、《审应览》则多言辩题材。但是，两览却均在靠前位置对君道有相近表述。《审分》篇确立的君道是"人主必审分，然后治可以至"①，即主张君臣有分，具体说来，《审分》主张君主当清静无为、善用贤人而治。《审应》篇同样立足君道立言："人主出声应容不可不审"。其中虽多言辩题材，但是作者主张君主应当谨慎应对臣属：

> 凡主有识，言不欲先。人唱我和，人先我随，以其出为之入，以其言为之名，取其实以责其名，则说者不敢妄言，而人主之所执其要矣。②

有识之主应审慎应对臣属，其中提及具体的应对策略是："人唱我和，人先我随，以其出为之入，以其言为之名，取其实以责其名"。

《离俗览》和《恃君览》是相邻的最后两览，两览在靠前位置的共同特点体现得更为明确：两览在靠前篇章中均表现"士节"，题材相同。

综合看来，从靠前篇章的重要题材与主题看，《吕氏春秋》各览之间

---

① 陈奇猷：《吕氏春秋新校释》，上海古籍出版社 2002 年版，第 1039 页。
② 同上书，第 1151 页。

绝非任意排列，而是遵循着一定的原则：即对题材或主题相同、相近的览目进行相邻排列。

除此之外，各览之间首尾相接也是《吕氏春秋》八览结构的一个重要特点。具体说来，各览之间的首尾相连主要有如下两种情况：

第一，前后览之间首尾主题一致。

《有始览》的最后两篇《务本》和《谕大》与《孝行览》的首篇前后相连，三篇以言"本"为共同主题。《务本》篇对于主题的论述如下：

> 安危荣辱之本在于主，主之本在于宗庙，宗庙之本在于民，民之治乱在于有司。《易》曰："复自道，何其咎，吉"，以言本无异则动卒有喜。①

《务本》篇篇名意为"君主当务于治国之本"，上文即是对何为"本"的集中论述。

《谕大》篇与《务本》篇上下相连，刘咸炘在解读《务本》时说："此节戒臣之当效功轻禄，归本修身，与上篇不连，而与下篇（指《谕大》）连。"② 这种说法是有一定道理的。《谕大》篇的主旨在于"务在事大"，陈奇猷先生说："此篇要旨即下文季子所云'天下大乱，无有安国，一国尽乱，无有安家，一家尽乱，无有安家，'故必从事于大义。从事于大义者，虽大未必成而成自不少。"③ 正是说《谕大》篇在于阐述人主应当从事于大义，这与《务本》所言的"本"可谓异曲同工，两篇所言都是人君治国之本。

《孝行》篇作为《孝行览》的首篇继续《有始览》末两篇的主题，仍探讨君主的治国之本，《孝行》篇开篇便讲道："凡为天下，治国家，必务本而后末。所谓本者，非耕耘种殖之谓，务其人也。务其人，非贫而富之，寡而众之，务其本也。务本莫贵于孝。"④ 所以，本篇的主题是比较明确的，讲的是治国之本，它认为治国之本在于孝。

可以说，《务本》《谕大》和《孝行》篇以相同的主题首尾相连，言

---

① 陈奇猷：《吕氏春秋新校释》，上海古籍出版社 2002 年版，第 719 页。
② 王利器：《吕氏春秋注疏》，巴蜀书社 2002 版，第 1340 页。
③ 陈奇猷：《吕氏春秋新校释》，上海古籍出版社 2002 年版，第 728 页。
④ 同上书，第 736 页。

治国之本是三篇的共同主题。虽然，对何为"本"各篇所指各有不同，但是三篇的主题是一致的。言"本"的主题一直延续到《孝行览》的第二篇《本味》，其中第一段就明确讲道："其本在得贤"。《本味》篇的主题也在于讲治国之本，篇名的"本"字正是此意，而"味"字则是本篇中的一个重要的故事情节，伊尹以至味说汤，洋洋洒洒，最终总结出"圣人之道要矣，岂越越多业哉？"[①] 的论点，较为迂回地照应了圣人应当务于本的主题。所以，《本味》篇的主题是：圣人当务于本，其本在于得贤。《本味》篇一方面延续《孝行》的言"本"主题，另一方面在故事选取上开启"君臣知遇"题材，实现题材和主题的演进过渡。

第二，前后览之间首尾概念范畴相近。

《先识览》末篇《正名》与《审分览》首尾相连，两篇所言概念范畴相近。

从所收录的故事题材看，《正名》篇作为《先识览》的末篇，与其他各篇出入较大，既没有表现本览的主要题材——预见，君臣关系情节也不明显，而是较为明确的以名乱实题材。但是本篇的出现与上篇《去宥》有关，《去宥》篇的主旨是"夫人有所宥者，固以昼为昏，以白为黑，以尧为桀，宥之为败亦大矣。亡国之主，其皆甚有所宥邪！故凡人必别宥然后知，别宥则能全其天矣。"《去宥》篇认为人有时会听言有蔽而致使不能全面认识事物，因而主张人当去除蔽宥。从篇名看，《正名》正与此意义相近；从故事题材与主旨看，《正名》所展示的也正是以名乱实、混淆视听的言论。它认为"名正则治，名丧则乱。使名丧者，淫说也。"因而主张明辨名实、正名寻实，避免视听被混淆蒙蔽。

《正名》和《审分》首尾相连则是因为两篇所言的概念范畴相近。一言"名"，一言"分"。《审分》篇的主旨是"凡人主必审分，然后治可以至"，具体说来其中的"分"指君臣职分，也即君当行君道、君术。这与《正名》篇所言的"名"含义不尽相同，《正名》篇的"名"是在名实之辨中与"实"相对的概念。虽然两篇中的"名"和"分"内涵不尽相同，但是从更宽泛的意义看，"名"和"分"却范畴相近。《审分》篇正是秉持这样的理念，其中曾多次出现"名""分"并提的情况：

---

① 陈奇猷：《吕氏春秋新校释》，上海古籍出版社 2002 年版，第 746 页。

> 有道之主，其所以使群臣者亦有辔。其辔何如？正名审分，是治之辔已。
>
> 夫名多不当其实、而事多不当其用者，故人主不可以不审名分也。不审名分，是恶壅而愈塞也。
>
> 不正其名，不分其职，而数用刑罚，乱莫大焉。①

可以看出，《审分》篇虽然篇名"审分"，但是在行文中"名分"并提，"审分"与"正名"也是含义相通、可以置换的。所以，《正名》篇的"名"指名实关系中的名，与"分职"含义不尽相同。但是，《审分》篇通过扩展相近概念范畴，将"名"的内涵延伸至"名分"，使"名"和"分"意义相通、密切相连，同时也实现了与《正名》篇的关联。

（四）余论

从总体结构看，《吕氏春秋》八览之间往往存在前后两览相互关联的现象，如《有始览》和《孝行览》以天、地、人"三才"相关联、《慎大览》和《先识览》同为道德主题、《审分览》和《审应览》同讲君道、《离俗览》和《恃君览》同述臣道。它们之间有着较强的关联，较为明显地遵循着前后关联、两览成对的原则。当然这种成对原则主要是通过包括首篇在内的靠前篇章体现出来的。

具体说来，八览之间的组对有如下三种情况：

第一，以某一理念为纽带进行组对。

这种组对情况在《有始览》和《孝行览》这一组中有较为明显的体现。《有始览》总述天地开辟、万物之始，是从天地立言；《孝行览》开篇便讲："凡为天下、治国家，必务其本而后末。所谓本者，非耕耘种殖之谓，务其人也"是从"人"立言，十分明显地体现了天地人具备的"三才"观念，前后两览之间正是以"三才"观为枢纽进行组对的。

第二，故事题材一致。

《慎大览》和《先识览》较为明显地体现出这一组对原则。两览均为道德题材故事，同样突出道德在治国、为天下过程中的根本作用。另外，《孝行览》和《慎大览》之间也有前后相联的关系，两览同样存在国家兴亡题材的故事，是因故事题材一致而发生的关联。这里，《慎大

览》既与《孝行览》因为题材一致而成为组对，又与《先识览》因为题材一致而组对。《慎大览》兼具两种故事题材，在前四览中有渐进过渡的作用。

第三，篇章主题一致。

这一组对原则较为明显地体现在《审分览》和《审应览》，以及《离俗览》和《恃君览》两组成对栏目之中。《审分览》和《审应览》都以为君之道作为基本主题；《离俗览》和《恃君览》则均以臣道为基本主题，这两组栏目因为主题一致而前后相联。

八览的成对现象是十分明显的，成对览目之间或统摄于某一理念之下，或题材一致，或主题相同。成对览目之间有着明显的相同之处和关联，但是并非简单的重复关系，它们之间往往会形成相互补充。

如：《慎大览》和《先识览》有相同的故事题材，都是关于道德的叙述。但是，两览是分别从君与臣两个角度进行叙述，这对览目之间在叙述上形成互补。《慎大览》中的三则故事分别为："桀为无道，商汤灭之""武王胜殷而大行德义""赵襄子攻翟"，这三则故事叙述的均以君主的有德与否为题材，是从君上的角度表现道德；《先识览》中的三则道德故事分别为："夏太史令终古出其图法，执而泣""殷内史向挚载其图法出亡之周""晋太史屠黍以其图法归周"，所表现的虽然也是道德题材，但是这三则故事显然是从臣下的角度进行叙述。所以，这对栏目之间从君臣两个角度选择同一题材，形成很好的互补。

《审分览》和《审应览》其主题都是强调为君之道的重要。《审分览》以议论为主，没有收录历史故事，其主旨是："人主必审分，然后治可以至。"可以说，《审分览》的君道主题是直接表现和直接阐发的。而《审应览》所收录的历史故事均属"诡诈狡辩"题材，故事本身与君道主题关涉并不密切，但是本篇强调君道的主题是通过议论性语言进行表述的，其开头便提出主旨："人主出声应容，不可不审。凡主有识，言不欲先。人唱我和，人先我随。以其出为之入，以其言为之名，取其实以责其名，而人主之所执其要矣。"① 使随后所收录的诡诈狡辩题材的故事宛转地统摄于君道主题之下，是君道主题的间接表现和阐发。所以，《审分览》和《审应览》这组成对栏目虽有同一主题，但在表现的手法上却有

---

① 陈奇猷：《吕氏春秋新校释》，上海古籍出版社 2002 年版，第 1151 页。

直接与间接之分，在风格上形成互补。

综上所述，《吕氏春秋》八览之间的结构遵循着一定的结构理念，但是八览的结构理念并不单一，贯彻也并不彻底，因而呈现出结构的驳杂性和层次性。八览普遍存在相邻两览之间的成对现象，它们或以某种理念前后相连，或因主题、题材一致而相邻，但是无论哪种情况，它们之间往往都能在某一方面形成互补。体现出《吕氏春秋》规整性与丰富生动性相统一的结构特征。

第二章 《吕氏春秋》的叙事

叙事在《吕氏春秋》中占有极大的分量，田凤台先生曾将《吕氏春秋》的篇章形态分为"议论＋举例""全部议论"等八种①，其中除"全部议论"一种外，其余几种篇目之中均有叙事成分。据初步统计，《吕氏春秋》中涉及叙事的篇章共有110多篇，约占《吕氏春秋》篇目总数的70％。《吕氏春秋》在叙事中主要以抄录、选录历史故事为主，有的学者将其定位为类书，即是基于其抄录历史故事的特征。当然，《吕氏春秋》不少情况下也会采用改写的手法，此外，不少篇目在叙事上还成就非凡。

抄录、选录反映出《吕氏春秋》对历史故事的选择与编排方式，改写则还能体现《吕氏春秋》的叙事方法和叙述技巧，不论何种方式都是《吕氏春秋》叙事特点和成就的体现。本章将分节对《吕氏春秋》的采录编排特点、改写艺术、运用典故的艺术，以及名篇的叙事成就进行论述。

第一节 《吕氏春秋》对历史故事的采录与编排

《吕氏春秋》大量采录历史故事，有的篇目中历史故事成为文章的主体。在采录历史故事过程中，是原样袭用，还是对它加以剪裁润色，这是两种不同的处理方式。对于采用的历史故事还有怎样编排的问题，是按照一定规则进行编排，还是无序陈列，这也是两种不同的处理方式。《吕氏春秋·先识览》收录的历史故事较多，通过对这些历史故事来源及在文章中排列方式的梳理，可以从一个侧面揭示《吕氏春秋》叙事及文本结构的某些特征。

---

① 田凤台：《吕氏春秋探微》，台湾学生书局1986年版，第341—355页。

一　《吕氏春秋》对历史故事的采录方式

《先识览》共由 8 篇组成，各篇均有历史故事。由于篇目不同，各篇所选录的历史故事数量也存在差异。现将各篇所选录的历史故事列表显示如下：

表 2 - 1　　　　　　　　　《先识览》所收录的历史故事

序号	篇名	历史故事
1	先识	夏太史令终古出其图法，执而立
2	先识	殷内史向挚载其图法出亡之周
3	先识	晋太史屠黍以其图法归周
4	先识	白圭之中山
5	观世	太公钓于滋泉，文王得之
6	观世	晏子礼遇越石父
7	观世	列子辞子阳粟
8	知接	管仲病而桓公问言
9	悔过	蹇叔哭师、秦缪公悔过
10	乐成	孔子始用于鲁，鲁人诵之
11	乐成	子产治郑，民相与诵之
12	乐成	魏文侯以乐羊攻中山
13	乐成	魏襄王用史起治水
14	察微	子贡赎鲁人，不取其金
15	察微	子路拯溺者受牛
16	察微	吴楚因女而战
17	察微	华元杀羊不与羊斟
18	察微	鲁季氏与郈氏斗鸡而致大乱
19	去宥	谢子见秦惠王
20	去宥	楚威王疏远沈尹华
21	去宥	邻人伐树
22	正名	尹文说"士"

从表 2 - 1 可以看出，《先知览》各篇所选录历史故事的数量多寡不等，有的还差别很大。选录历史故事最多的是《先识》《去宥》，各选录

3 则。《知接》《悔过》选录的历史故事数量最少，每篇只有 1 则。

《先识览》8 篇作品，平均每篇 767 字。（对《吕氏春秋》各部分篇幅字数的统计详见文末附录）其中《乐成》篇最长，921 字；《去宥》篇最短，计 555 字。其余 6 篇字数在 650—850 之间，差别不是很大。按照各篇所选录的历史故事衡量，每篇所选录的历史故事数量少，那么，对历史故事的叙述就比较具体详细；反之，单篇选录的历史故事数量多，对每个历史故事的叙述就相对简略。也就是说，《先识览》所选录的历史故事就单独每则而言，彼此之间存在着繁简之别。

那么，造成《先识览》历史故事之间繁简之别的原因是什么呢？这要从它的材料来源加以考察。

《知接》篇的主体只有 1 则历史故事，即管仲病而桓公问言。这是一则在先秦时期广泛流传的历史故事，《吕氏春秋》之前的典籍多有记载，主要见于《管子》的《戒》《小称》，《韩非子》的《十过》《难一》，其中《管子·小称》和《韩非子·十过》篇的记载尤为详细。除此之外，《说苑·权谋》也记载了这个历史故事。《吕氏春秋·知接》篇的编者所可利用的有关管仲临终遗嘱的材料极其丰富，而这个故事本身就有很强的说服力，如果把其中的重要情节加以删剪，势必影响作品的效果。由此而来，《知接》篇的编者也就充分利用已有材料，使这个历史故事成为历史的主体，而无须再选择其他历史故事。

《悔过》篇的主体也只有 1 则历史故事，即蹇叔哭师、秦缪公悔过的前后经过。这个历史故事的具体记载见于《左传》的僖公三十二年和三十三年，《悔过》篇选录了其中的主要情节，如：蹇叔哭师，王孙满观师、弦高犒师、秦缪公悔过等，只是个别处少有不同。《左传》对于这个事件的记载已经很详细，《悔过》篇的编者对此加以充分利用，只是对个别地方有所增减。这篇作品虽然只收录 1 则历史故事，但篇幅已经接近《先识览》各篇的平均字数，其他相关历史故事不再有编入的必要。

《先识览·正名》篇也是只选录 1 则历史故事，即尹文说士，是以尹文与齐宣王对话的形式展开。双方多次问答，而以尹文的话语为主，把道理阐释得非常深入，显得很雄辩。《公孙龙子·迹府》篇也有尹文于齐宣王的这篇对话，文字大体相同、篇幅相当。公孙龙子在引用这个历史故事之后写道：

故龙子之言有似齐王，子之难白马之非马，不知所以难之说以此。犹知好士之名，而不知察士之类。①

公孙龙子引录尹文与齐宣王的对话，为自己白马非马的命题进行辩解。《吕氏春秋·正名》篇则是用这个历史故事证明循名责实的必要性。这两篇作品编者所依据的是同一个历史故事，他们基本是照录全文，很少有改动。原故事篇幅较长，他们都没有进行过多删剪。

综上所述，《吕氏春秋·先知览》每篇收录三四则历史故事的文章，其中每个历史故事篇幅较短。这些历史故事很少被编者压缩，而更多是以其本来的面目出现，很大程度上保留了它们的原貌。《察微》篇有4则历史故事，其中"华元杀羊不与羊斟"的主要情节如下：

郑公子归生率师伐宋。宋华元率师应之大棘，羊斟御。明日将战，华元杀羊飨士，羊斟不与焉。明日战，怒谓华元曰："昨日之事，子为制；今日之事，我为制。"遂驱师入于郑师。宋师败绩，华元虏。

这个故事出自《左传·宣公二年》：

将战，华元杀羊食士，其御羊斟不与。及战，曰："畴昔之羊，子为政；今日之事，我为政。"与入郑师，故败。②

两相对照可以看出，《左传》对羊斟以私败国的记载很简要。与此相应，《吕氏春秋·察微》篇选录这则历史故事时所用的篇幅也较小，与《左传》的文字量大体相当，《察微》的编者没有对这个历史故事作添枝加叶的处理。

再如，《先识览·乐成》篇收录4则历史故事，每则篇幅都较短，其中"魏文侯以乐羊攻中山"主要情节如下：

---

① 《公孙龙子》，四川大学古籍整理研究所、中华诸子宝藏编纂委员会：《诸子集成补编》第3册，四川人民出版社1997年版，第222—223页。

② 杨伯峻：《春秋左传注》，中华书局1981年版，第652页。

魏攻中山，乐羊将。已得中山，还反报文侯，有贵功之色。文侯知之，命主书曰："群臣宾客所献书者，操以进之。"主书举两箧以进。令将军视之，书尽难攻中山之事也。将军还走，北面再拜曰："中山之举，非臣之力，君之功也。"

这个历史故事在先秦时期广为流传，除此篇的记载之外，还见于《战国策·秦策二》《新序·杂事二》《说苑·复恩》等典籍。其中《战国策·秦策二》的记载如下：

魏文侯令乐羊将，攻中山，三年而拔之，乐羊反而语功，文侯示之谤书一箧，乐羊再拜稽首曰："此非臣之功，主君之力也。"①

这则记载很简略，《新序·杂事二》所录文字与此完全相同。《说苑·复恩》篇对这个历史故事的记载，则与《先识览·乐成》篇的文字基本相同。由此可见，乐羊攻中山而得到魏文侯保护的历史故事，尽管流传版本存在差异，但都比较简略。正因为如此，《先识览·乐成》篇在选录这则历史故事的同时，还记载了其他3则同类历史故事。

除此之外，《先识》篇的"晋太史屠黍以其图法归周""白圭之中山"见于《说苑·权谋》。《观世》篇的"列子辞子阳粟"，见于《列子·说符》《新序·节士》。《乐成》篇的"子产治郑"则出自《左传·襄公三十年》。这些历史故事或繁或简，但《先识览》所录文字与相关文献的记载大体一致，没有出现明显的差异。

综上所述，《吕氏春秋·先识览》各篇文章对历史故事的选录，在数量上没有固定的规则，而是根据历史故事的篇幅长短而定，原有历史故事篇较长，每篇文章所选录的数量就较少，反之则多。《先识览》的编者对于所选录的历史故事未作大的改动和加工，或长或短，基本保持原有的风貌。所以，《先识览》各篇所选录的历史故事，在数量上不是均等的，而是存在较大差异，从而使各篇在历史故事的编排方面呈现出多种结构形态。有的连类相次，把几个相关的历史故事排列在一起；有的则是一枝独秀，每篇文章的主体部分由1个历史故事独自支撑。

---

① 刘向集录：《战国策》，上海古籍出版社1990年版，第149页。

二　《吕氏春秋》对历史故事的排列

《吕氏春秋·先识览》各篇收录的历史故事，在数量上有多寡之别。对于收录多则历史故事的篇目而言，还有排列上的规则问题：是有序排列，还是无序排列，这也关涉到作品的结构形态。

《先识览》收录多则历史故事的篇目，有一部分是按历史故事所关涉的时代先后进行编排，是按时间顺序依次出现。对此，可用下表表示：

表 2－2　　　　　　　　　　　《先识览》历史故事的年代

篇名	历史故事	所涉时代
先识	夏太史令终古出其图法	夏朝末年
先识	殷内史向挚载其图法出亡之周	殷朝末年
先识	晋太史屠黍以其图法归周	战国初期
先识	白圭之中山	战国中期
观世	太公钓于滋泉，文王得之	殷周之际
观世	晏子礼遇越石父	春秋后期
观世	列子辞子阳粟	战国初期
去宥	谢子见秦惠王	战国中期
去宥	楚威王疏远沈尹华	战国中期

表 2－2 所涉及的历史故事，有的时段比较清晰，有的则要进行辨析。"晋太史屠黍以其图法归周"中，他到周王朝见到的是威公，亦即威烈王，处于战国早期。"白圭之中山"，关于白圭，陈奇猷先生写道：

> 白圭有二：一在魏文侯时，周人；一与惠施同时，魏人。（详《听言》注二二）。此文中山系赵武灵王所灭，（详上注二四），赵武灵王与惠施同时，则此白圭为魏人。①

赵武灵是战国中期人，"白圭之中山"是以该时段为背景。

"列子辞子阳粟"还见于《列子·说符》篇。关于子阳其人，杨伯峻

① 陈奇猷：《吕氏春秋新校释》，上海古籍出版社 2002 年版，第 965 页。

先生写道:

> 《史记·郑世家》云:缪公二十五年,郑君杀其相子阳。《吕览·适威》篇云:"子阳好严(依陈昌齐、俞樾、陶鸿庆三说删'极也'二字),有过而折弓者,恐必死,遂应猘狗而弑子阳。"①

郑缪公二十五年是公元前398年,上距韩、赵、魏三家分晋、列为诸侯计五年,郑子阳被杀是在战国初期,列子大约处于那个时代。

从上表可以看出,《先识》《观世》《去宥》诸篇的历史故事,是按所涉时代的先后顺序进行排列,有规则可寻,是进行有序排列。

《先识览》还有的篇目对历史故事不是严格按时间先后进行有序排列,而是有时序颠倒的现象。《乐成》篇先是出现"孔子始用于鲁,鲁人诵之"的历史故事,接着叙述"子产治郑,民相与诵之"。郑子产、孔子都是春秋后期人,但郑子产早于孔子,《左传》有明文记载。按照正常顺序排列,应当是子产治郑在前,孔子始用于鲁在后,《乐成》篇的这种编排不合乎历史先后逻辑。因此,本篇在叙述这两则历史故事之后写道:

> 使郑简、鲁哀当民之诽訑也而因弗遂用,则国必无功矣,子产、孔子必无能矣。非徒不能也,虽罪施,于民可也。今世皆称简公、哀公为贤,称子产、孔子为能,此二君者,达乎任人也。②

《乐成》篇作者对于子产、孔子所处时段的先后很清楚,因此,这段议论首先提到郑简公、子产,然后才论及鲁哀公、孔子,是按时间先后列举郑、鲁两国的君臣。《乐成》篇后面两则历史故事依次是"魏文侯以乐羊攻中山""魏襄王用史起治水",是按所涉时段进行排列。这样一来,《乐成》篇历史故事的排列就呈现出两种形态——有序与无序的错杂。前两则的叙述是无序排列,后两则叙述是有序排列,前后叙事呈现为无序排列与有序排列的错杂。前两则历史故事的叙事是无序排列,但对它们所做的议论则是按所涉时段先后依次展开。这样一来,前两则的叙事和议论又

---

① 杨伯峻:《列子集释》,中华书局1985年版,第245页。
② 陈奇猷:《吕氏春秋新校释》,上海古籍出版社2002年版,第999页。

呈现为有序与无序的错杂。当然，下面所讲的有序与无序，指的都是时间先后顺序。

《察微》篇共有 5 则历史故事，第一、二则故事的主角子贡、子路都是孔子的弟子，生活在春秋后期。"吴楚因女而战"，提到吴王夷昧、公子光、荆平王，都是春秋后期的人物，夷昧当指吴王余昧，这个历史故事是以鲁昭公时期为背景。《察微》篇最后 1 则历史故事是"鲁季氏与后氏斗鸡而致大乱"，具体记载见于《左传·昭公二十五年》。《察微》篇上述四则历史故事都是以春秋后期为背景，基本是按时段先后依次排列。可是，《察微》篇倒数第 2 则历史故事是"华元杀羊不与羊斟"，排在"吴楚因女而战"之后、"鲁季氏与后氏斗鸡而致大乱"之前。"华元杀羊不与羊斟"，事见《左传·宣公二年》，下距鲁昭公所处的春秋后期半个多世纪。历史故事的编排可以按时间先后为序，也可以按类别加以划分，同一类别内部仍然要按时间顺序相次。由于"华元杀羊不与羊斟"的置入，使得《察微》篇无论按哪种方式进行排列，"华元杀羊不与羊斟"这个历史传说在《察微》篇所处的位置，都属于失序、无序排列。

《先识览》所出现的历史故事繁简错杂，有序排列与无序排列并存的情况，在《吕氏春秋》其他篇目中也经常可以看到，是带有普遍性的现象。

先看历史故事错综复杂的情况。《审应览》共 8 篇，各篇均以历史故事为主。其中《审应》《精谕》各收入 6 则历史故事，《淫辞》多达 7 则。这两篇中的历史故事都属于简约型，篇幅较短。与此相反，《不屈》篇主要有 3 则历史故事构成，每则的篇幅都较长，至于《具备》则是通篇讲述宓子贱治亶父的故事，叙事极为详尽，多达 636 字。宓子贱治亶父的故事在先秦时期广为流传，主要见于《韩非子·外储说左上》《说苑·政理》《韩诗外传》卷二、卷八。另外，《新序·杂事二》有关宓子贱的记载与《吕氏春秋·具备》篇开头一大段相同。可供《具备》篇编者借鉴的宓子贱治亶父故事甚多，因此，这篇文章也就以此为主体，宓子贱成为单一的主角。

再看《审应》篇简约型历史故事。"孔子见温伯雪子"又见于《庄子·田方子》；"白公问于孔子"，又见于《列子·说符》。这些重出的历史故事大体相同，没有重大差异。大量事实可以证明，历史故事作为《吕氏春秋》重要的取用对象，它们犹如预制的建筑构件，篇幅有大有小,《吕氏春秋》的编者根据构造体系的需要选取相关历史故事。多数情况下是原封不动地搬用,很少对它们进行加工改造,由此形成许多篇目历史传说繁简错杂的结构形态。

《吕氏春秋》各篇历史故事的编排,多数有规则可寻,但也不时出现次序混乱的情况。有些历史传说的编排既不符合时空顺序,也不是按类别划分。如《慎大览·权勋》篇,依次出现的历史故事分别以楚晋鄢陵之战、晋假虞灭虢、智伯攻卫繇、齐王败于五国为背景,属于同类历史故事。其中晋假虞灭虢是在晋献公时期,即鲁僖公五年;而鄢陵之战是在鲁成公十六年,前后相距长达 80 年之久。显然,把晋假虞灭虢排在鄢陵之战的后面不合乎时间顺序,也体现不出其他规则。总而言之,《吕氏春秋》对历史故事的编排,往往出现失序或无序的现象,缺少严密的逻辑和可以遵循的准则。

《吕氏春秋》对历史故事的引录照抄现象,前代学者对此已有关注。陈奇猷先生对《慎大览·权勋》篇有如下评论:

> 此篇主要系袭用《韩非子·十过》文。考韩非后吕不韦二年卒,《十过》可能是韩非早年之著作,流传在外,为吕氏门客袭用。不然,则是韩非与吕氏门客同抄一书所致。①

陈先生的这种推断是合理的。《吕氏春秋》援引历史故事确实多采用抄书的方式,即对所引文献不做大的改动。所抄之书的历史故事或长或短,一仍其旧,从而使得繁简错杂。在对所抄历史故事进行编排过程中,又往往缺乏可供遵循的规则,因此不时出现次序混乱的现象,呈现出的是有序与无序并存的结构形态。

第二节 《吕氏春秋》对长篇历史故事的处理*

《吕氏春秋》各篇在篇幅长短上有一定范围,保证每一单元在篇幅上

---

① 陈奇猷:《吕氏春秋新校释》,上海古籍出版社 2002 年版,第 875 页。
* 本节主要内容已发表。见《〈吕氏春秋〉对长篇历史故事的处理》,《商丘师范学院学报》2013 年第 10 期。

大体相当，（详见附录关于篇幅的统计与评述）因而在收录故事时也有一定的原则。《吕氏春秋》倾向于收录长短适中的历史故事，因而往往在一篇之中集中2—3则甚至更多的历史故事。但是《吕氏春秋》偶尔也会收录较长篇幅的历史故事，在收录这些历史故事的时候《吕氏春秋》往往会作一定处理。《先识览·悔过》篇就只收录1则长篇历史故事，这则历史故事见于《左传》，《悔过》篇在收录时便进行了相应处理。

《吕氏春秋》对长篇历史故事的处理，一方面是为了满足篇幅的要求，另一方面也体现出独特的编撰思想和文学理念。

《先识览·悔过》篇中的"蹇叔哭师"一事，见于《左传·僖公三十二年》和《僖公三十三年》。《吕氏春秋》所录与《左传》的记载出入不是很大，但是仍能看出其在叙述特征上的差异。《左传》是这样记载的：

> 冬，晋文公卒。庚辰，将殡于曲沃，出绛，柩有声如牛。卜偃使大夫拜。曰："君命大事。将有西师过轶我，击之，必大捷焉。"
>
> 杞子自郑使告于秦，曰："郑人使我掌其北门之管，若潜师以来，国可得也。"穆公访诸蹇叔，蹇叔曰："劳师以袭远，非所闻也。师劳力竭，远主备之，无乃不可乎！师之所为，郑必知之。勤而无所，必有悖心。且行千里，其谁不知？"公辞焉。召孟明、西乞、白乙，使出师于东门之外。蹇叔哭之，曰："孟子，吾见师之出而不见其入也。"公使谓之曰："尔何知？中寿，尔墓之木拱矣。"蹇叔之子与师，哭而送之，曰："晋人御师必于殽。殽有二陵焉。其南陵，夏后皋之墓也；其北陵，文王之所辟风雨也。必死是间，余收尔骨焉。"秦师遂东。
>
> 三十三年春，秦师过周北门，左右免胄而下。超乘者三百乘。王孙满尚幼，观之，言于王曰："秦师轻而无礼，必败。轻则寡谋，无礼则脱。入险而脱。又不能谋，能无败乎？"
>
> 及滑，郑商人弦高将市于周，遇之。以乘韦先，牛十二犒师，曰："寡君闻吾子将步师出于敝邑，敢犒从者，不腆敝邑，为从者之淹，居则具一日之积，行则备一夕之卫。"且使遽告于郑。
>
> 郑穆公使视客馆，则束载、厉兵、秣马矣。使皇武子辞焉，曰："吾子淹久于敝邑，唯是脯资饩牵竭矣。为吾子之将行也，郑之有原圃，犹秦之有具囿也。吾子取其麋鹿以闲敝邑，若何？"杞子奔齐，

逢孙、扬孙奔宋。孟明曰:"郑有备矣,不可冀也。攻之不克,围之不继,吾其还也。"灭滑而还。

齐国庄子来聘,自郊劳至于赠贿,礼成而加之以敏。臧文仲言于公曰:"国子为政,齐犹有礼,君其朝焉。臣闻之,服于有礼,社稷之卫也。"

晋原轸曰:"秦违蹇叔,而以贪勤民,天奉我也。奉不可失,敌不可纵。纵敌患生,违天不祥。必伐秦师。"栾枝曰:"未报秦施而伐其师,其为死君乎?"先轸曰:"秦不哀吾丧而伐吾同姓,秦则无礼,何施之为?吾闻之,一日纵敌,数世之患也。谋及子孙,可谓死君乎?"遂发命,遽兴姜戎。子墨衰绖,梁弘御戎,莱驹为右。

夏四月辛巳,败秦师于殽,获百里孟明视、西乞术、白乙丙以归,遂墨以葬文公。晋于是始墨。

文嬴请三帅,曰:"彼实构吾二君,寡君若得而食之,不厌,君何辱讨焉!使归就戮于秦,以逞寡君之志,若何?"公许之,先轸朝。问秦囚。公曰:"夫人请之,吾舍之矣。"先轸怒曰:"武夫力而拘诸原,妇人暂而免诸国。堕军实而长寇仇,亡无日矣。"不顾而唾。公使阳处父追之,及诸河,则在舟中矣。释左骖,以公命赠孟明。孟明稽首曰:"君之惠,不以累臣衅鼓,使归就戮于秦,寡君之以为戮,死且不朽。若从君惠而免之,三年将拜君赐。"

秦伯素服郊次,乡师而哭曰:"孤违蹇叔以辱二三子,孤之罪也。不替孟明,孤之过也。大夫何罪?且吾不以一眚掩大德。"[1]

而《悔过》篇的记载是这样的:

昔秦缪公兴师以袭郑。蹇叔谏曰:"不可。臣闻之,袭国邑,以车不过百里,以人不过三十里,皆以其气之趫与力之盛,至,是以犯敌能灭,去之能速。今行数千里、又绝诸侯之地以袭国,臣不知其可也。君其重图之。"缪公不听也。蹇叔送师于门外而哭曰:"师乎!见其出而不见其入也。"蹇叔有子曰申与视,与师偕行。蹇叔谓其子

---

① 孔颖达:《春秋左传正义》,《十三经注疏》,上海古籍出版社 1997 年版,第 1832—1834 页。

曰：“晋若遏师必于殽。女死不于南方之岸，必于北方之岸，为吾尸女之易。”缪公闻之，使人让蹇叔曰：“寡人兴师，未知何如？今哭而送之，是哭吾师也。”蹇叔对曰：“臣不敢哭师也。臣老矣，有子二人，皆与师行，比其反也，非彼死则臣必死矣，是故哭。”

师行过周，王孙满要门而窥之，曰：“呜呼！是师必有疵。若无疵，吾不复言道矣。夫秦非他，周室之建国也。过天子之城，宜囊甲束兵，左右皆下，以为天子礼。今袀服回建，左不轼，而右之超乘者五百乘，力则多矣，然而寡礼，安得无疵？”

师过周而东。郑贾人弦高、奚施将西市于周，道遇秦师，曰：“嘻！师所从来者远矣，此必袭郑。”遽使奚施归告，乃矫郑伯之命以劳之，曰：“寡君固闻大国之将至久矣。大国不至，寡君与士卒窃为大国忧，日无所与焉，惟恐士卒罢弊与糗粮匮乏。何其久也。使人臣犒劳以璧，膳以十二牛。”秦三帅对曰：“寡君之无使也，使其三臣丙也、秫也、视也于东边候暗之道，过是，以迷惑陷入大国之地。”不敢固辞，再拜稽首受之。三帅乃懼而谋曰：“我行数千里，数绝诸侯之地以袭人，未至而人已先知之矣，此其备必已盛矣。”还师去之。

当是时也，晋文公适薨，未葬。先轸言于襄公曰：“秦师不可不击也。臣请击之。”襄公曰：“先君薨，尸在堂，见秦师利而因击之，无乃非为人子之道欤？”先轸曰：“不吊吾丧，不忧吾哀，是死吾君而弱其孤也。若是而击，可大强。臣请击之。”襄公不得已而许之。先轸遏秦师于殽而击之，大败之，获其三帅以归。缪公闻之，素服庙临，以说于众曰：“天不为秦国，使寡人不用蹇叔之谏，以至于此患。”此缪公非欲败于殽也，智不至也。智不至则不信，言之不信，师之不反也从此生，故不至之为害大矣。①

两相对比，可以看出《左传》和《悔过》在叙述上有如下差异：

第一，从故事情节和人物角色看，《悔过》篇比《左传》简略，《悔过》篇对《左传》进行了删节。

《左传》“蹇叔哭师”的故事大致包括如下几个关键情节：晋文公显

---

① 陈奇猷：《吕氏春秋新校释》，上海古籍出版社 2002 年版，第 989—990 页。

灵、卜偃进谏、杞子通秦、蹇叔哭师、王孙满观师、弦高犒师、皇武子进言、杞子出逃、庄子来聘、原轸谏师、秦师败绩、文嬴请三帅、阳处父追赶、穆公悔过。相比之下，《悔过》篇的故事情节则精简许多，所剩情节主要有：蹇叔哭师、王孙满观师、弦高犒师、先轸谏师、秦师败绩、穆公悔过。但从故事情节看，《悔过》篇所留的故事情节足以表达"悔过"的主题，所以《吕氏春秋》在采用本故事时对故事情节进行截取。留存其中的关键情节和主要情节，使其满足主题表达的需要，对于次要情节则进行删减。

与此相应，《悔过》篇在删减故事情节的同时，对其中的人物也进行择取。《悔过》篇突出主要人物，而省略或简略叙述次要人物。《左传》中"蹇叔哭师"的故事中出现的人物较多，人物关系也较为复杂。出现的人物超过 20 个：秦穆公、蹇叔、卜偃、杞子、庄子、臧文仲、孟明、西乞、白乙、蹇叔之子、王孙满、弦高、皇武子、逢孙、扬孙、晋原轸、先轸、栾枝、子墨、梁弘、莱驹、文嬴、阳处父。而相比之下，《悔过》篇中出现的人物则大大削减，出现的人物不足十位，如：秦缪公、蹇叔、王孙满、申与视、弦高、奚施、先轸、晋襄公。在《悔过》篇中被删节的人物，有的是连同次要故事情节一同被删掉的，如：卜偃、杞子、庄子、臧文仲、皇武子、逢孙、扬孙、文嬴、阳处父等；有的则是在故事情节中被《悔过》篇有意简略化、概括化的，如：孟明、西乞、白乙三人，在《悔过》篇中被简略称为"三帅"。

经过对故事情节和人物关系的删节，《悔过》篇中"蹇叔哭师"故事旁出的情节更少、情节变得更为单纯而集中。

《悔过》篇进行故事情节的集中化处理，其中有一个十分重要的原因是要缩短故事叙述的篇幅，以使故事的篇幅适宜于收录，使每篇的长度接近本览其他篇目。据统计，《左传》僖公三十二年和三十三年中对本故事的记载共约 890 字，而《先识览》各篇的平均字数为 768 字。虽然《左传》中用以故事记载的 890 字与平均数相差并不悬殊，但是可以想见，仅故事记载的字数已经超出平均数字，如果作者要在故事叙述后再进行一定的议论和评述，势必造成字数大大超出平均篇幅，这对于篇章均衡十分不利。这样，作者在收录本故事时对篇幅进行了一定的规划。经过改写后，《悔过》篇中用以故事叙述的字数共有 680 字左右，显然少于且接近平均数。这样，就给作者的篇章组织提供较大的自由和余地，可以通过可长可短的议论评述，达到各篇篇幅相对规整的目的。本篇在加上作者的议论评述后，最终形成的篇幅为736字，已十分接近本览的平均篇幅。

所以，对于篇章字数的考虑和规划是《吕氏春秋》进行故事收录时的重要特点。在收录篇幅较长故事时，进行篇幅的压缩是较为常见的做法。

第二，在对事件发生的时间、地点的处理上，《左传》更为详尽具体，《悔过》篇较为概括、模糊。

如，在对事件发生的具体地点的处理上：《左传》在叙事中有"召孟明、西乞、白乙，使出师于东门之外"，而《悔过》篇将这一细节省略；《左传》中有"三十三年春，秦师过周北门，左右免胄而下"，将地点具体至周之北门，但是《悔过》篇只笼统讲"师行过周"，省去"北门"这一细节；《左传》中有"及滑，郑商人弦高将市于周，遇之"，将弦高遇见秦师的地点精确至"滑"，然而《悔过》篇则笼统地说："郑贾人弦高、奚施将西市于周，道遇秦师"，将双方的相遇地点省略。

在对事件发生的具体时间上，《左传》的叙述也往往比《悔过》篇更为具体详尽。如，《左传》对秦师战败的时间有具体记载："夏四月辛巳，败秦师于殽"，而《悔过》篇则对秦师战败时间的叙述较为模糊："先轸遏秦师于殽而击之，大败之，获其三帅以归"；《左传》开始利用倒叙的方法，首先交代晋文公死去的时间："（三十二年僖公）冬，晋文公卒。"而《悔过》篇没有利用这一叙述方式，而是在叙述过程中笼统地讲出"当是时也，晋文公适薨，未葬。"

与《左传》的具体详尽相比，《悔过》篇对时间的记载较为模糊，有时甚至在事件发生的时间上出现失误。如：《左传·僖公三十二年》曰："冬，晋文公卒。庚辰，将殡于曲沃，出绛，柩有声如牛。"①，明确记载晋文公卒年为鲁僖公三十二年冬，而秦晋殽之战、秦国战败是在鲁僖公三十三年。但是《悔过》篇记载："当是时也，晋文公适薨，未葬。"②这就很容易使人产生误解，将晋文公的卒年认定为秦晋殽之战、秦国战败的时间，即鲁僖公三十三年。显然，这并不合于历史。造成这一误解的直接原因是，《悔过》篇没有运用《左传》的倒叙方式，而是用顺叙的方式进

---

① 孔颖达：《春秋左传正义》，《十三经注疏》，上海古籍出版社1997年版，第1832页。

② 陈奇猷：《吕氏春秋新校释》，上海古籍出版社2002年版，第990页。

行叙述，在叙述至晋文公去世时就较为模糊地表述为"适薨，未葬"，最终导致很容易使人产生误解。《史记·秦本纪》记载："当是时，晋文公丧尚未葬"①，其中没有明言"适薨"。看来，《史记》的表述受到《吕氏春秋》的影响，但是司马迁意识到《吕氏春秋》的这一时间并不确切，在前文加以记载："三十二年冬，晋文公卒"②，于是巧妙地避开"适薨"一词，而用"尚未葬"加以记载，有效避免了可能造成的失误。

造成这一时间记载模糊、歧义的直接原因是《悔过》篇与《左传》叙述方式的差异，但是这也反映出《悔过》篇的作者在改造《左传》材料时，对时间并没有足够的重视，没有对时间进行细致甄别。

所以，作为历史著作的《左传》在对待事件发生的时间、地点等基本历史信息时，采取审慎态度，会对时间、地点进行较为详尽的甄别、记载；而《悔过》篇由于其叙事的主要目的不在于记述历史，而在于通过这一历史故事阐述道理，因而对于时间、地点等细节采取的是概括化、模糊化的叙述方式，有时甚至可能导致人们对时间记载判断的失误。

第三，人物语言上的差异是《悔过》篇和《左传》的重要区别，《悔过》篇善于将人物语言作为叙事和人物塑造的重要手段。

《悔过》篇在收录这一故事时，缩短篇幅是其重要的处理方式。但是，从人物语言看，《悔过》篇中人物的语言普遍比《左传》要丰满、所占篇幅更长。如：

《左传》记载：

> 蹇叔曰："劳师以袭远，非所闻也。师劳力竭，远主备之，无乃不可乎！师之所为，郑必知之。勤而无所，必有悖心。且行千里，其谁不知？"

《悔过》篇相应情节中蹇叔则是这样表达自己的意见：

> 蹇叔谏曰："不可。臣闻之，袭国邑，以车不过百里，以人不过三十里，皆以其气之趫与力之盛至，是以犯敌能灭，去之能速。今行

① 《史记》，中华书局1982年版，第192页。
② 同上书，第190页。

数千里，又绝诸侯之地以袭国，臣不知其可也。君其重图之。"

　　显然，《悔过》篇中蹇叔的语言所占篇幅更长。另外如"王孙满窥师""弦高犒师"等情节中人物的语言也都有这样的特点，即《悔过》篇中人物语言比《左传》中相应情节的人物语言所占篇幅更长。

　　一方面，作者要缩短故事的篇幅，另一方面，在人物语言上又不惜笔墨。这说明《悔过》篇对于人物语言十分重视，将人物语言看作故事叙述的重要组成部分和重要手段。

　　《悔过》篇对故事中人物语言的改造表现在两个方面：一是对人物语言的表意层次和表意内容进行删节；二是对人物语言的表达方式进行扩展。对人物语言的表意内容进行删节的情况如上所引的"蹇叔进谏"一段，《左传》中蹇叔的进谏语言包括两层内容：一是师劳力竭，一是郑必知之，蹇叔从这两方面阐述自己不同意出师的理由。而从表意内容看，《悔过》篇中蹇叔的理由显然只有一个方面：师劳力竭，并没有表达"郑必知之"的内容。再如，"王孙满观师"一段，《左传》是这样记载的：

　　　　王孙满尚幼，观之，言于王曰："秦师轻而无礼，必败。轻则寡谋，无礼则脱。入险而脱。又不能谋，能无败乎？"[1]

　　其中，王孙满判定秦师必败的理由有两个：轻脱和无礼，而在《悔过》篇中是这样表述的：

　　　　王孙满要门而窥之，曰："呜呼！是师必有疵。若无疵，吾不复言道矣。夫秦非他，周室之建国也。过天子之城，宜橐甲束兵，左右皆下，以为天子礼。今袀服回建，左不轼，而右之超乘者五百乘，力则多矣，然而寡礼，安得无疵？"[2]

　　王孙满的理由显然只有一个：无礼，没有表达"轻则寡谋"之意。所以，《悔过》篇在处理人物语言的时候，往往将人物语言的多层表意进

---

① 孔颖达：《春秋左传正义》，《十三经注疏》，上海古籍出版社 1982 年版，第 1833 页。
② 陈奇猷：《吕氏春秋新校释》，上海古籍出版社 2002 年版，第 989 页。

行简化，使表意内容更单纯和集中。

《悔过》篇在人物语言的表意内容上简化后，在篇幅上却变得更长，原因正在于作者对于人物语言进行的第二种改造：对人物语言的表达方式进行扩展。《悔过》篇的人物语言虽然表意单纯集中，但是却更加丰满而明确。对人物语言进行扩展的手段之一，是对原文献中人物语言进行阐释和解读，将《左传》中简洁、集约的表达方式变为舒缓、丰满的表达方式。如上所引"蹇叔进谏"一段，《左传》中"师劳力竭"之意是这样表述的："劳师以袭远，非所闻也。师劳力竭，远主备之，无乃不可乎！"而在《悔过》篇中则变为："不可。臣闻之，袭国邑，以车不过百里，以人不过三十里，皆以其气之趫与力之盛至，是以犯敌能灭，去之能速。今行数千里，又绝诸侯之地以袭国，臣不知其可也。君其重图之。"显然，这段推衍舒缓的表述是对"师劳力竭"之意展开阐释。再如，"王孙满窥师"一段，《悔过》篇中的人物语言显然是对"无礼"一词的展开阐释。两相对比，人物语言风格各异，《悔过》篇的风格舒缓、推衍，而《左传》则简洁、集约。

对人物语言进行扩展的手段之二，是增加人物语言表达的情节，让其中的人物开口讲话。如《悔过》篇中"弦高犒师"前，弦高有一自言自语情节："弦高曰：'嘻！师所从来者远矣，此必袭郑。'"这一情节在《左传》中没有出现；再如："弦高犒师"中，弦高矫命进言安抚秦师之后，《悔过》篇有秦三帅的对答语言：

> 对曰："寡君之无使也，使其三臣丙也、秫也、视也于东边候暗之道，过是，以迷惑陷入大国之地。"①

这一对答不见于《左传》。《悔过》篇在增加了一弦高自言自语情节后，这个人物的形象更加生动、真实，读后有宛在眼前的真实感；《左传》中弦高安抚秦师后直接转入另外的故事情节，显得较为突兀。《悔过》篇在增加秦三帅对答的情节后，避免了《左传》的突兀感，使情节更为合理，同时秦三帅的形象也通过语言有所凸显。所以，增加人物语言表达的情节、使人物开口讲话，是作者进行情节合理化与凸显人物形象的

---

① 陈奇猷：《吕氏春秋新校释》，上海古籍出版社2002年版，第990页。

重要手段。

第四，从故事情节看，《悔过》篇更为明晰、合理。

在对于故事情节的叙述上，《悔过》篇更为明晰、合理。如上文所论，弦高犒师之后秦三帅的对答语言，使突兀感消失，情节变得更为合理、通畅。除此之外，还有不少这样的情况。如，在"晋国进攻"这一故事情节中，《左传》是这样记载的：

> 晋原轸曰："秦违蹇叔，而以贪勤民，天奉我也。奉不可失，敌不可纵。纵敌患生，违天不祥。必伐秦师。"栾枝曰："未报秦施而伐其师，其为死君乎？"先轸曰："秦不哀吾丧而伐吾同姓，秦则无礼，何施之为？吾闻之，一日纵敌，数世之患也。谋及子孙，可谓死君乎？"遂发命，遽兴姜戎。

而《悔过》则是这样叙述的：

> 先轸言于襄公曰："秦师不可不击也。臣请击之。"襄公曰："先君薨，尸在堂，见秦师利而因击之，无乃非为人子之道欤？"先轸曰："不吊吾丧，不忧吾哀，是死吾君而弱其孤也。若是而击，可大强。臣请击之。"襄公不得已而许之。

可以看出，《左传》中人物关系和人物语言较为复杂，其情节大致为：原轸建议进攻——栾枝不同意——先轸同意进攻，是群臣之间的争辩、讨论。而《悔过》篇中更为单纯、明晰，其中只有襄公和先轸的对答、讨论，语言关系明确：先轸建议进攻——襄公被说服。两相对比，《悔过》篇情节更为明晰。

又如，"弦高犒师"这一情节中，《左传》记载为："及滑，郑商人弦高将市于周，遇之。"明言弦高遇到秦师，在安抚秦师后，"且使遽告于郑"。而《悔过》篇则记为两位商人，即弦高和奚施："郑贾人弦高、奚施将西市于周，道遇秦师"，在遇到秦师后，"遽使奚施归告"，弦高自己则留下安抚秦师以延迟进攻。《左传》中突出一人：弦高，而其遣使回报的情节虽然也属合理，但是毕竟有些突兀；相比之下，《悔过》篇中明确化为两人，安抚以延迟秦国进攻的任务和回报郑国的任务由这两人分别完成，情节更为明晰合理。

再如，"蹇叔哭师"这一情节中，关于蹇叔之子到底为几人的问题。《左传》记载为："蹇叔之子与师，哭而送之"，从前后文看，《左传》中蹇叔之子究竟为几人并不明确。在《悔过》篇中则明确记载为两人："蹇叔有子曰申与视，与师偕行。"

《史记·秦本纪》则这样记载："使百里奚子孟明视，蹇叔子西乞术及白乙丙将兵。行日，百里奚、蹇叔二人哭之。"① 其中哭师者有两人：蹇叔和百里奚，而蹇叔的儿子也有两人：白乙丙和西乞术。综合看来，在蹇叔有几个儿子与师偕行的问题上，《左传》的确较为模糊。根据《左传》的记载，一般会理解为一人，但是仔细推究，却又并不明确。

在蹇叔的儿子究竟为何人的问题上，历来笔墨纠纷较多。司马迁认为是白乙丙和西乞术；高诱则认为"申，白乙丙也。视，孟明视也"②；毕沅认为蹇叔之子"必非三帅"③（孟明、白乙、西乞）；余嘉锡先生的观点与高诱一致，认为"视为孟明视……申必是白乙丙。"④ 等等不一而足。众说纷纭，真相难寻。相比之下，陈奇猷先生的看法更近合理，他认为"视"有可能是孟明视，但不确定；"申"则是另有其人，不在三帅之中。⑤

《悔过》篇中所说的蹇叔之子"申与视"，无论其说法是否合于史实，也无论蹇叔之子究为何人，有一点是确定的：相比于《左传》，《悔过》篇在这一情节上更为明晰。所以，从故事情节看，《悔过》篇进行了明晰化处理。

综上所述，《悔过》篇在收录"蹇叔哭师"故事时，出于篇章规模的考虑，对原来的长故事进行篇幅压缩。其基本手段是对故事情节和人物角色进行集中化处理，使情节线索更为集中、人物关系更为明晰。但是篇幅的压缩并不意味着人物形象的单一化和简单化，其通过人物语言的设计与扩展以及故事情节的合理化处理，使人物形象更加鲜明，故事更加生动。这都体现出《吕氏春秋》独特的文学理念。

---

① 《史记》，中华书局 1982 年版，第 191 页。
② 陈奇猷：《吕氏春秋新校释》，上海古籍出版社 2002 年版，第 992 页。
③ 同上。
④ 同上书，第 993 页。
⑤ 同上。

第三节　《吕氏春秋》对浓缩型历史典故的运用 *

　　中国古代历史文化源远流长，先民在写作时可供利用的历史典故很多。先秦时期在行文中运用典故的传统，至迟可以追溯到《周易》本经和《尚书》生成的时期。行文中对历史典故的运用可以有两种形式：一种是舒张式，即对所运用的历史典故进行具体的叙述，交代其主要内容；一种是紧缩式，即对历史典故用简明的话语加以概括，不作具体叙述。这种紧缩式的典故在《周易》爻卦中已经出现，如《泰》六五："帝乙归妹，元吉。"高亨先生注：帝乙，殷帝名乙，纣之父。归，嫁也。妹，少女之通称……殷帝乙嫁少女于周文王，为周邦之王妃"。② 这条爻辞是对历史故事加以浓缩，用极其简练的语言加以表述。再如《大壮》六五："丧羊于易。"高亨先生注："此乃古代故事。殷之先王名亥，曾客于易国，从事畜牧牛羊，中间曾失其羊，以后被易国之君绵臣所杀，又失其牛。"③ 王亥在有易被杀是一桩重大事件，《竹书纪年》《楚辞·天问》等都有详细的记载。《周易·大壮》只用一句话加以概括，已经简约到极点。这种浓缩式用典在春秋阶段不时可以见到，进入战国时期形成一种风尚，诸子散文经常采用这种方式。《吕氏春秋》同样大量出现浓缩型典故，成为文体结构的重要组成要素，反映出战国文风的某些特点。

一　《吕氏春秋》中的浓缩型历史典故

　　汪洋恣肆、铺张扬厉是战国文风的一个重要特征，许多文章即使采用浓缩的方式用典，仍然体现出这种风格特征。其具体做法就是连续运用多种典故，把它们密集地排列在一起，用以增强作品的感染力。

　　先秦诸子著作中，较早用铺陈排比方式罗列浓缩型典故的篇目当推《墨子·所染》篇，其中写道：

　　　　舜染于许由、伯阳，禹染于皋陶、伯益，汤染于伊尹、仲虺，武

---

　　* 本节主要内容已发表。见《〈吕氏春秋〉对浓缩型历史典故的运用及其文学意义》，《北方论丛》2010 年第 10 期。

　　② 高亨：《周易大传今注》，齐鲁书社 2000 年版，第 116 页。

　　③ 同上书，第 237 页。

王染于太公、周公。此四王者所染当，故王天下，立为天子，功名蔽天地。举天下之仁义显人，必称此四王者。

夏桀染于干辛、推哆，殷纣染于崇侯、恶来，厉王染于厉公长父、荣夷终，幽王染于傅公夷，蔡公毅，此四王者，所染不当，故国残身死，为天下僇。举天下不义辱人，必称此四王者。①

这里所说的染，指所受影响、熏陶。关于《墨子·当染》篇的写作年代，清人汪中据文内提到宋康王而断定："宋康之灭在楚惠王卒后一百五十七年，墨子盖尝见染丝者而叹之，为墨之学者增成其说耳。"② 这个结论是正确的，《所染》一文应是墨子后学所作，写定于宋康王灭国（前286 年）之后。

《吕氏春秋》有《当染》篇，基本是照录《墨子·所染》上述段落，只是少量文字有差异。这段文字相继出现 8 个典故，每个典故都是一笔带过，没有进行具体叙述，采用的是紧缩的方式。《吕氏春秋》大段因袭原文，它对这种密集地排列和紧密型历史典故的做法非常认同，因此将上述文字几乎原封不动地纳入书中。

《庄子·外物》篇开头写道：

外物不可必，故龙逢诛，比干戮，箕子狂，恶来死，桀纣亡。人主莫不欲其臣之忠，而忠未必信，故伍员流于江，苌弘死于蜀，藏其血三年而化为碧。人亲莫不欲其子之孝，而孝未必爱，故孝已忧而曾参悲。③

这段文字出自庄子后学之手，《吕氏春秋·必已》开头一段基本是原封不动袭用《庄子·外物》篇的这段文字，只是个别地方存在差异。这段文字也是以密集的方式排列紧缩型历史典故，在有限的段落中涉及 10 位历史人物。《吕氏春秋·必已》全段采录《庄子·外物》篇这段文字，再次表明它对紧缩型历史典故的密集排列是欣赏的，并予以继承。

---

① 孙诒让：《墨子间诂》，中华书局 2001 年版，第 12—14 页。
② 同上书，第 11 页。
③ 郭庆藩：《庄子集释》，中华书局 1978 年版，第 920 页。

　　《吕氏春秋》对于先前典籍中以密集方式排列的浓缩型典故予以借鉴，另一方面，它本身所运用的这种类型的典故尤为后来的典籍所继承传写。《新序·杂事五》写道：

　　　　《吕子》曰："神农学悉者，皇帝学乎大真，颛顼学伯夷父，帝喾学伯招，帝尧学乎州支父，帝舜学许由，禹学大成执，汤学小臣，文王、武王学太公望、周公旦，齐桓公学管夷吾、隰朋，晋文公学咎犯、随会，秦穆公学百里奚、公孙支，楚庄王学孙叔敖、沈尹竺，吴王阖闾学伍子胥、文之仪，越王勾践学范蠡、大夫种。"①

　　这段话出自《吕氏春秋·尊师》，只是个别人名稍有差异。所列君王及其所师对象基本是按时间先后进行排序，构成一个好学君主的系列。《吕氏春秋·尊师》是把以往的历史传说和故事加以整合，开列出一个详备的好学君主的名单。

　　以密集方式排列的众多浓缩型典故，体现出双重属性。一方面，从单个典故而言，它是内敛的、凝练的，每个典故只用简短的一句话加以表述，可谓惜墨如金；另一方面，就整体而言，它又是铺张的，体现的是以多为美的风尚。否则，这些著作不会把如此众多的浓缩型典故如此密集地排列在一起。这种收敛与舒张、凝练与铺陈的有机结合，使得历史典故的效应得到充分的发挥。它提供的信息很丰富，并且集中释放出来，从而形成一种浩大的气势，有很强的说服力。

　　这类以密集方式排列的浓缩型典故，往往构成一个相对独立的板块，在作品中起着重要的作用，有的篇目甚至成为作品的主体。《吕氏春秋》的《当染》《尊师》，其主体部分就是以密集方式排列的浓缩型典故群落。

二　《吕氏春秋》浓缩型历史典故的结构形态

　　历史是现实的镜子，历史典故既能为当下提供可资借鉴的经验，又可提供令人警惕的教训。浓缩型历史典故往往从正反两方面说事，从而形成鲜明的对比。《国语·周语上》有如下一段：

---

　　①　石光瑛：《新序校释》，中华书局 2001 年版，第 650—659 页。

> 昔夏之兴也，融降于崇山；其亡也，回禄信于聆隧。商之兴也，梼杌次于丕山；其亡也，夷羊在牧。周之兴也，鸑鷟鸣于岐山；其亡也，杜伯射王于鄗。①

这段话出自周王朝大臣内史过之口，他熟悉先朝典故，对于夏、商、周三代兴亡的事象信手拈来。王朝兴盛时出现的是吉祥事象，王朝衰亡时出现的是凶险事象，而这形成鲜明的对比。内史过所述典故都以浓缩的形式出现，没有作过多解释。

《吕氏春秋》所运用的浓缩型典故，往往也构成对比关系。就其进行对比的内容而言，有的是性质相反，有的则是层次上有高低之分。

《吕氏春秋·当染》篇围绕所染当与不当，大量运用浓缩型典故进行对比，先是把夏、商、周明主与昏君加以对比，指出所染的当与不当。接着，又列举春秋、战国时期的典故，对两类不同的君臣进行对比：

> 齐桓公染于管仲、鲍叔，晋文公染于咎犯、郤偃，荆庄王染于孙叔敖、沈尹蒸，吴王阖闾染于伍员、文之仪，越王勾践染于范蠡、大夫种。此五君者所染当，故霸诸侯，功名传于后世。
>
> 范吉射染于张柳朔、王生，中行寅染于黄藉秦、高强，吴王夫差染于王孙雄、太宰嚭，智伯瑶染于智国、张武，中山尚染于魏义、椻长，宋康王染于唐鞅、田不禋。此六君者所染不当，故国皆残亡，身或死辱……②

这段文字基本因袭《墨子·所染》，采用的是正反对比的方式。提到的明主和昏君都是受两个朝臣的熏染，但所受的熏陶在性质上完全相反。这段由浓缩型典故组成的段落，呈现为前后性质相反的两个板块，形成鲜明的对比，是以相反的内容进行互补。

《吕氏春秋》有的由浓缩型典故所形成的对比，并不是彼此性质截然相反，而是突出彼此之间层次上的差异。《孟夏纪·尊师》篇开始运用一系列浓缩型典故，涉及的都是圣主贤臣相遇合的事象，表达出那个时代士

---

① 陈桐生译注：《国语》，中华书局2013年版，第32页。
② 陈奇猷：《吕氏春秋新校释》，上海古籍出版社2002年版，第97页。

人的理想。接着是如下一段文字:

> 子张,鲁之鄙家也;颜涿聚,梁父之大盗也,学于孔子。段干木,晋国之大驵也,学于子夏。高何、县子石,齐国之暴者也,指于乡曲,学于子墨子。索卢参,东方之钜狡也,学于禽滑黎。①

这里列举的儒、墨两家的几位弟子,拜师之前基础不好、起点很低,服膺儒墨之后成为天下名士。这几个浓缩型历史典故的主角都是改过自新的人物,和那些向贤臣求教的明主相比,不是属于同一层次,尽管如此,仍是作者肯定的对象。

以上所列举的由浓缩型典故所构成的对比,都写得比较铺张,是两组密集排列的浓缩型典故群落之间的对照。《吕氏春秋》还有的浓缩型典故之间的对比篇幅很短,构不成独立的板块,属于简约形态。如《审分览》如下文字:

> 尧舜之臣不独义,汤禹之臣不独忠,得其数也。桀纣之臣不独鄙,幽厉之臣不独辟,失其理也。②

这里也是用历史典故进行对比,但没有进行过多的罗列铺陈,所出现的君主数量较少,从而使得对比显得简约。再如《处方》篇的如下文字:

> 故百里奚处乎虞而虞亡,处乎秦而秦霸,向挚处乎商而商灭,处乎周而周王。③

这里是每两句构成一个对比,四句构成两个对比,每个对比的主角是同一个人物。浓缩型历史典故而又采用简约的对比方式,显得极为凝练。再如《知分》篇下面一段话:

---

① 陈奇猷:《吕氏春秋新校释》,上海古籍出版社2002年版,第208页。
② 同上书,第1040页。
③ 同上书,第1678页。

　　故晏子与崔杼盟而不变其义，延陵季子，吴人愿以为王而不肯，孙叔敖三为令尹而不喜，三去令尹而不忧。①

　　这里出现三个浓缩型典故，每个典故内部的事象形成对比。由此可见，《吕氏春秋》运用浓缩型典故进行对比，兼有铺张和简约两种形态，它们在文本结构中所起的作用是不同的，铺张方式的对比构成相对独立的板块，而约要型对比则是随之带过，其段落很短，不能独立存在。

　　《吕氏春秋》所运用浓缩型典故，更多情况采用的是同类单独相次的方式，并不进行相互的对比。《安死》篇写道：

　　尧葬于穀林，通树之。舜葬于纪市，不变其肆。禹葬于会稽，不变人徙。②

　　这里列举的都是丧葬事象，突出尧舜禹的节葬。三人都是传说中的圣王，又都不以丧葬扰民，属于同类人的同类事象，所以把三个浓缩型典故编排在一起。再如《贵因》篇的如下文字：

　　禹之裸国，裸入衣出，因也。墨子见荆王，锦衣吹笙，因也。孔子道弥子瑕见釐夫人，因也。③

　　这里出现三个浓缩型典故，也是属于同类相次。禹、墨子、孔子或为圣君，或为贤人，属于同类。大禹入裸国而脱衣，墨子见楚王而衣锦吹笙，孔子见卫灵公的宠臣和荡妇，都是在正常情况下不可能出现的举措，违背他们的本愿，是不得已而为之，这三种选择也属同类。不过，《吕氏春秋》在按同类相次的原则编排浓缩型典故过程中，往往在时间顺序上有所忽略。如《贵因》篇的典故，正常顺序应当是孔子在墨子之前，而不是置于墨子之后。大体而言，《吕氏春秋》对于舜、夏、商、周及其之前传说时代的典故，基本能按时间顺序进行排列。而对春秋、战国的典

　　①　陈奇猷：《吕氏春秋新校释》，上海古籍出版社2002年版，第1354页。
　　②　同上书，第543页。
　　③　同上书，第935页。

故，则往往排列失序。

三 　《吕氏春秋》浓缩型历史典故的文学史意义

大量运用浓缩型典故是战国普遍的文风。儒墨道法各家都有这方面的代表篇目：儒家有《荀子·非相》、墨家有《墨子·所染》、道家有《庄子·大宗师》的论道段落。至于成书年代与《吕氏春秋》相近的《韩非子》，浓缩型典故的运用更是超越前人，《内外储说》的经言部分 《难言》《有度》的部分段落，都是密集地排列浓缩型典故形成作品的重要特色。

运用浓缩型典故实际是以知识为文的开端，作品向人们显示的是知识的渊博，是以密集的方式传达以往的信息。《吕氏春秋·君守》篇写道：

> 奚仲作车，仓颉作书，后稷作稼，皋陶作刑，昆吾作陶，夏鲧作城。①

这里列举一系列具有发明创造之功的历史人物，可以说是一部简明的发明创造史。同属《审分览》的《勿躬》又写道：

> 大桡作甲子，黔如作虏首，容成作历，羲和作占日，尚仪作占月，后益作占岁，胡曹作衣，夷羿作弓，祝融作市，仪狄作酒，高元作室，虞姁作舟，伯益作井，赤冀作臼，乘雅作驾，寒哀作御，王冰作服牛，史皇作图，巫彭作医，巫咸作筮。②

这里连续列举 20 项发明创造及其主角，几乎综合了当时有关这方面的各种传说。特别应该指出的是，上述两段发明创造方面的浓缩型典故，都被安置在《审分览》中。显然，编者是有意为之，而不是出自偶然。《审分览·不二》篇还有如下文字：

> 老耽贵柔，孔子贵仁，墨翟贵廉，关尹贵清，子列子贵虚，陈骈

---

① 陈奇猷：《吕氏春秋新校释》，上海古籍出版社 2002 年版，第 1061 页。
② 同上书，第 1088 页。

贵齐，阳生贵己，孙膑贵势，王廖贵先，兒良贵后。①

这是用最精练的语言，对先秦诸子有代表性的 10 家学说加以概括和总结，每句话都是浓缩型的典故，显示出编者对各家学说的精辟理解和准确把握。《审分览》多次运用浓缩型的典故提供密集的古代信息，对文化史和思想史研究具有重要价值，也构成这组文章的鲜明特色。

浓缩型典故的代表形态是每句都有典故，或两句出示一个典故。连续运用典故是以知识为文，这种连续运用浓缩型典故的文风，在两汉依然延续。如邹阳的《狱中上梁王书》第二段：

> 昔卞和献宝，楚王刖之。李斯竭忠，胡亥极刑。是以箕子详狂，接舆辟世，恐遭此患也。愿大王孰察卞和、李斯之意，而后楚王、胡亥之听，无使臣为箕子、接舆所笑。臣闻比干剖心，子胥鸱夷，臣始不信，乃今知之。②

这段文字或是两段出示一个典故，或是句句用典，几乎全由典故组成，所用的典故都是浓缩型的，明显是继承战国文风。再如司马迁《报任安书》中的一段：

> 盖西伯拘而演《周易》；仲尼厄而作《春秋》；屈原放逐，乃赋《离骚》；左丘失明，厥有《国语》；孙子膑脚，《兵法》修列；不韦迁蜀，世传《吕览》；韩非囚秦，《说难》《孤愤》。③

这段文字也是由浓缩型典故组成，或每句 1 个典故，或两句 1 个典故，与邹阳的《狱中上梁王书》有相似之处。司马迁提到吕不韦作《吕览》，韩非子作《说难》《孤愤》，而他本人作《报任安书》。这段连续运用浓缩型典故的写法，继承的正是《韩非子》《吕氏春秋》的传统。

浓缩型典故还是后来某些文体生成的重要因素。首先应该关注的是连

---

① 陈奇猷：《吕氏春秋新校释》，上海古籍出版社 2002 年版，第 1134 页。
② 《史记》，中华书局 1982 年版，第 2471 页。
③ 《汉书》，中华书局 1997 年版，第 2735 页。

珠体与浓缩典故的关联。初创期的连珠体基本是由带有哲理的名言警句组成，见不到浓缩型典故。扬雄是连珠体的创始者，传世的代表作品有如下1首：

> 臣闻明君取士，贵拔众之所遗。忠臣不荐，善不废格而所排。是以岩穴无隙，而侧陋章显也。①

这段话语全是作者本人的议论，没有援引古代典故，是连珠体初创期的形态。

班固有《连珠体》5首传世，其中有3首运用典故，现列举两首如下：

> 臣闻公输爱其斧，故能妙其巧；明主贵其士，故能成其治。
> 臣闻听决价而资玉者，无楚和之名；因近习而取士者，无伯玉之功。故玙璠之为宝，非驵侩之术；伊吕之为佐，非左右之旧。②

这两则连珠都有浓缩型典故出现，这些典故或是发挥起兴的作用，以之引出下文；或是作为结论，置于尾部。这两首连珠体是作者的议论与浓缩型典故并存，二者平分秋色，这是连珠体的重要演变。

庾信有《拟连珠》44首，其中绝大多数都运用浓缩型典故，如第二、三首：

> 盖闻萧曹赞务，雄略所资；鲁卫前驱，威风所假。是以黄池之会，可以争长诸侯，鸿沟之盟，可以中分天下。
> 盖闻封豕之结，塞长蛇之源；必须制裳千里，歃血辕门。是以开百里之门，用陈平之一策；盟千乘之国，须季路之一言。③

这两首连珠体句句用典，用的都是浓缩型典故，它们是整个作品的全

① 林贞爱：《扬雄集校注》，四川大学出版社2001年版，第317页。
② 张溥辑，白静生注：《班兰台集校注》，中州古籍出版社2002年版，第111页。
③ 李兆洛编：《骈体文钞》，商务印书馆1937年《万有文库》本，第952页。

部构件，庾信本人的理念则蕴含在对典故的陈列之中。庾信的连珠体连续运用浓缩型典故，由此造成的阅读障碍较大。

与浓缩型典故关联密切的文体还有骈体赋，这种赋大量运用浓缩型典故，有的作品甚至通篇由浓缩型典故构成。较有代表的是庾信的《哀江南赋序》和徐陵的《玉台新咏序》。这两篇作品几乎句句用典，主要是由浓缩型典故充当构件。

连珠体、骈体赋都与浓缩型典故有很深的渊源。如果说在战国散文中浓缩型典故是历史的化石，那么，对于连珠体和骈体赋而言，浓缩型典故又是使这两种文体生成和最终定型的活性因素。

连珠体、骈体赋是介于诗和散文之间的文体，带有明显的诗的特征。诗是语言的加强形式，讲究用语凝练。浓缩型典故的语言表述正好与此相契，因此成为这两种文体的重要生成因素。其实，早在《楚辞·天问》中已经有许多紧缩型典故，它和后来的诗歌用典关联更为密切。浓缩型典故在后来的诗歌和近乎诗歌的连珠、骈体赋中发挥的作用更为明显，与它本身浓缩型属性密不可分。当然，后代诗文中出现的浓缩型典故，已不再保持《吕氏春秋》及其他战国散文的那种朴素平实，而是变得典雅华美，增添了许多人为的修饰成分。

第四节 《本味》篇的叙述特征及其文学意义

在《吕氏春秋》中，单篇文字量超过千字的只有《本味》篇，可谓独领风骚。同时，《本味》篇的行文风格，也与其余篇目有较大差异，可谓独树一帜。与此同时，《本味》还有很高的文化含量，涉及许多罕见的名物，《本味》篇还显示出清晰的思路、严密的逻辑，在形象展示美味食材过程中潜藏着抽象思维的作用。《本味》篇与《山海经》有很深的渊源，它借鉴《山海经》的相关记载而又有所超越。

《本味》的叙述特征不仅颇异于《吕氏春秋》其他诸篇，而且其对美味食材描写的风格特征亦异于同为先秦作品的《招魂》《大招》（后简称"二招"）。《本味》同"二招"共同影响了有汉以来的"七体"赋作的美味食材描写。

一　《本味》篇在《孝行览》中所处的特殊地位及寄托

《孝行览》开头写道："凡为天下，治国家，必务本而后末。……务本莫贵于孝。"这里把孝作为治国理政之本，而文中所说的孝，不仅指子女对父母的孝，而且还包括更广泛的内容：

> 居处不庄，非孝也。事君不忠，非孝也。莅官不敬，非孝也。朋友不笃，非孝也。战阵无勇，非孝也。

如此一来，就把孝拓展到社会生活的各个方面，把它放置在人际关系的网络中。《本味》篇的立论承接《孝行览》而来，也强调务本，开头写道：

> 求之其本，经旬必得；求之其末，劳而无功。功名之立，由事之本也，得贤之化也。非贤，其孰知乎事化？故曰：其本在得贤。

这里又把治国理政之本归结为得贤，《本味》篇就是围绕圣主贤臣遇合为话题，有具体论述，又有历史故事的叙述。从《本味》篇开始，《孝行览》后面的六篇也都有关于际遇方面的论述或故事，际遇时机成为《孝行览》后面七篇作品的一条线索，试列表如下：

表 2 - 3　　　　　　　　　**《孝行览》各篇的论点与历史故事**

篇名	表述方式	具体论述及传说故事
本味	论述	故贤主求有道之士，无不以也；有道之士求贤主，无不行也；相得然后乐
	援引历史传说	伊尹遇商汤，伯牙遇钟子期
首时	论述	天不再与，时不久留，能不两工，事在当之
	援引历史传说	太公望遇周文王、伍子胥见吴王夫差、田鸠见楚王
义赏	援引历史传说	雍季遇晋文公、高赦遇赵襄子，皆得赏识
长攻	论述	凡治乱存亡、安危强弱，必有其遇然后可成
	援引历史事实	桀纣遇汤武而亡、汤武遇桀纣而王

续表

篇名	表述方式	具体论述及传说故事
慎人	论述	舜遇尧，天也。禹遇舜，天也。汤遇桀、武遇纣，天也
	援引历史传说	公孙枝遇秦缪公、孔子困于陈蔡
遇合	论述	遇合，时也，不必待合而后行。遇合也无常，说适然也
	援引历史传说	孔子不遇、越王善野音、陈侯善恶人而楚王怒
必己	论述	君子必在己者，不必在人者也。必在己，无不遇也
	援引传说故事	庄子论述材与不材、孟贲渡河、孔子遇野人

从表 2-3 可以看出，围绕际遇、遭际进行论述，是《孝行览》所属七篇作品的一条线索，这贯穿于各篇之中。这条线索有时明显、有时隐晦，处于若断若续状态。贯穿《孝行览》所属七篇作品的这条线索，《本味》篇首发其端，由它开始引入这个话题。圣主贤臣遇合是古代士人的理想，成为大一统圣明天子的贤臣，则是《吕氏春秋》成书时期士人的普遍心理期待。《本味》篇的叙事重点是伊尹与商汤王遇合的故事，这在当时是普遍传播的盛事，是圣主贤臣遇合理想的寄托。因此作品写得铺张扬厉，在《吕氏春秋》中别具一格。

这篇作品以"本味"名篇，"本"字扣住了《孝行览》及《本味》篇提出的务本理念。至于伊尹以至味诱导商汤，固然是为了勉励他取得天子之位，同时还因为调味在先秦时期有特殊的寄寓。《左传·昭公二十年》有如下记载：

> 齐侯至自田，晏子侍于遄台，子犹驰而造焉。公曰："唯据与我和夫！"晏子对曰："据亦同也，焉得为和？"公曰："和与同异乎？"对曰："异。和如羹焉，水火醯醢盐梅以烹鱼肉，燀之以薪。宰夫和之，齐之以味，济其不及，以泄其过。君子食之，以平其心。君臣亦然。君所谓可而有否焉，臣献其否以成其可。君所谓否，而有可焉，臣献其可，以去其否。是以政平而不干，民无争心。故《诗》曰：'亦有和羹，既戒既平。鬷嘏无言，时靡有争。'先王之济五味，和五声也，以平其心，成其政也。"①

---

① 孔颖达：《春秋左传正义》，《十三经注疏》，中华书局 1997 年版，第 2093 页。

晏婴以调羹为例，用以说明和而不同的道理，把君臣之间的和而不同比作调理得恰到好处的和羹。以和羹比喻明君贤臣的相得益彰，是晏子陈说的巧妙手法，显得生动形象。

《本味》篇也有关于烹调的大段话语：

> 夫三群之虫，水居者腥，肉玃者臊，草食者膻。臭恶犹美，皆有所以。凡味之本，水最为始。五味三材，九沸九变，火为之纪。时疾时徐，灭腥去臊除膻，必以其胜，无失其理。调和之事，必以甘酸苦辛咸，先后多少，其齐甚微，皆有自起。鼎中之变，精妙微纤，口弗能言，志不能喻。若射御之微，阴阳之化，四时之数。故久而不弊，熟而不烂，甘而不哝，酸而不酷，咸而不减，辛而不烈，澹而不薄，肥而不䐑。

伊尹对于调味所作的陈述，和晏子叙述和羹的调制如出一辙，只是伊尹所作的陈述更加铺陈和夸张，把调味技艺说得神乎其神，已经超越实际操作的技艺层面，而进入道的境界。晏子是用调制和羹比喻和而不同的君臣关系，政治上的寄托一目了然。《本味》篇叙述伊尹陈述调味之道，没有直接与治国理政相沟通。实际上，他是以讲述烹调技艺为名，向商汤传授治国理政之道，展示天子的驾驭之术。伊尹以贤臣智者的角色出现，商汤对他予以接纳，实现了圣主贤臣的遇合，紧扣作品主题，也为《孝行览》所属其余六篇作品开启其端倪。

二 《本味》篇的类别划分

《本味》篇列举天下美味，并对这些美味进行类别划分。在《吕氏春秋》一书中，这篇作品所体现的类别划分理念最为明显。除《吕氏春秋》外，《礼记·内则》和《尔雅》也有对相关物类所作的划分，现将三种典籍对相关物品所作的类别划分列表如下：

表 2－4　　　《本味》《礼记·内则》《尔雅》对相关物类的划分

典籍名称	《吕氏春秋·本味》	《礼记·内则》	《尔雅》
对相关物类的划分	肉之美者	膳	鸟、兽、畜
	鱼之美者		鱼
	菜之美者		草
	和之美者	和	
	饭之美者	饭、羞、食	
	水之美者		水
	果之美者		木
		饮：醴、糟、浆、水	
		酒：清、白	
			虫

　　从表中可以看出，就类别划分的细致严密而言，《本味》篇与《尔雅》相近，而与《礼记·内则》差别较大。《吕氏春秋》将天下美好食材分为七大类，共四十种。各个类别之间不相交叉、重复，每个类别的食材确实属于同一系列，没有超出类别之外者。《尔雅》除了将水单列一类之外，将各种生物划分为七大类，以草、木、虫、鱼、鸟、兽、畜为序，逻辑非常严密，条理极其清晰。其中的鸟、兽、畜可与《本味》篇的肉之美者相对应，其余的鱼、草、水、木则分别与《本味》篇的鱼、菜、水、果四类一一对应。和《本味》篇及《尔雅》相比，《礼记·内则》的类别划分则不够严格。其中的"膳"包括家畜、飞禽和鱼类的肉，还有芥酱这类调料。其中的"羞"指谷物制品，而"食"则几乎包罗万象。只有调味品"和"、饮料及酒的类别比较清晰。《礼记·内则》与《吕氏春秋·本味》及《尔雅》的这种差异，是由类别划分对象的不同造成的。《本味》篇划分的对象是食材，及作为美食的各种原材料，对它们可以分门别类地进行罗列。《尔雅》划分的对象是各种物产，所涉及的动植物也有约定俗成的类别划分模式。《礼记·内则》却不同，它的划分对象是已经加工制作出来的食物，是人们进餐时所摆放的成品，由此而来，各种物类相互错杂的现象也就在所难免，很难作出清晰的类别划分，各类别之间难免有交叉、错杂。《尔雅》是中国古代第一部字书，作为通用的工具书，必须有严格的类别划分，否则，势必造成混乱，缺乏科学性和权威

性。《本味》篇是文学性很强的作品，他对食材所作的类别划分，其严格程度与《尔雅》相近，显示出作者具有严密的逻辑、清晰的理路，在对食材作形象的展开过程中不乏抽象思维的制约。

《礼记·内则》《尔雅》对上述物类所作的划分，基本上是立足于它们的现实存在，绝大多数是实有之物，而且比较常见。而《本味》篇进行类别划分的 40 种食材，则多是稀罕名贵之物，有的在现实中根本不存在，属想象之物。这样一来，《礼记·内则》《尔雅》与《本味》篇的类别划分又有虚实之别，《本味》篇很大程度上是以想象传说为基础，进行条理清晰的类别划分，形象思维和抽象思维相错杂，艺术想象和逻辑分类兼而有之。

楚辞的《招魂》和《大招》都有对美食的铺陈描写，相比之下，"二招"均无如此明确的食材类别意识。以《招魂》为例：

> 稻粢穱麦，挐黄粱些。大苦咸酸，辛甘行些。肥牛之腱，臑若芳些。和酸若苦，陈吴羹些。胹鳖炮羔，有柘浆些。鹄酸臇凫，煎鸿鸧些。露鸡臛蠵，厉而不爽些。粔籹蜜饵，有餦餭些。瑶浆蜜勺，实羽觞些。挫糟冻饮，酎清凉些。华酌既陈，有琼浆些。归来反故室，敬而无妨些。①

其中先后分别涉及五谷（饭）、五味（和）、肥牛（肉）、汤、胹鳖炮羔（肉）、鹄酸臇凫（肉）、饭、饮料。可见，对于所用的食材并没有清晰的分类，没有将同类食材进行规整，而是将各种食材和美味交错罗列。

与《本味》清晰的叙述层次相比，《招魂》显得极为杂糅。以《招魂》为例，便至少糅合了如下几种叙述方式：（1）食材+烹调手法+口味。如"肥牛之腱，臑若芳些"，"肥牛之腱"为食材；"臑"即"熟烂"②，也就是将之炖熟烂，可视为烹调手法；而"芳"则是对口味的描述。（2）食材+烹调手法。如"胹鳖炮羔，有柘浆些"，"胹""炮"均为烹调手段，"鳖""羔""柘浆"则为食材。鳖羔都是烹调过的，而且

---

① 洪兴祖：《楚辞补注》，凤凰出版传媒集团 2007 年版，第 184 页。
② 同上书，第 184 页。

又合同柘浆一同食用，又可视为一种进食之法。（3）糅合众食材和众味。如"稻粢穱麦，挐黄粱些""大苦咸酸，辛甘行些"。《招魂》多描述特殊的烹调手法和吃食之法，以及带来的特殊口感。所以严格说来，《招魂》的叙述并非罗列食材，也并非单纯铺陈烹饪之法，而是食材、烹饪和口味的糅合叙述。

同时也应看到，《本味》所列食材于类别也最为详尽，共有七大类40种。基本涵盖了当时美味食材的全部类别。"二招"及早期"七体"赋作鲜有完全涵盖者。如《招魂》所列即不涵盖"菜之美者""果之美者"和"鱼之美者"；《大招》不涵"鱼之美者"和"果之美者"。无怪清代翟灏有感："……尹说汤以至味，极论水火调剂之事，周举天下鱼肉之美，菜果之美，和之美，饭之美，水之美者，而云'非为天子不得具'割烹要汤之说，无如此篇之详尽者。……"①

三 《本味》篇的铺陈渲染

《本味》罗列食材有特定的方式，即根据食材的属性系列出示，强调食材的特定属性。如"猩猩之唇，獾獾之炙，隽觾之翠，述荡之擥，旄象之约"，列出的是这些动物的特定部位，突出食材的稀奇与珍贵。

除上述5种食材外，《本味》的其他35种食材中有32种②均突出了产地属性，即，产自特殊产地的食材，如"玄山之禾。不周之粟。阳山之穄。南海之糜""洞庭之鱄，东海之鲕"等。

当然除产地属性外，有时还会同时叙述其他属性，如："流沙之西，丹山之南，有凤之丸，沃民所食。"除产地属性外，"沃民所食"表明其特定受众；"醴水之鱼，名曰朱鳖，六足，有珠百碧。藿水之鱼，名曰鳐，其状若鲤而有翼，常从西海夜飞，游于东海。"除产地属性外，还交代其性状、习性。

《本味》突出产地属性，突出了食材的稀奇与难得。原因在于这些产地不仅挥斥域内而且还极四方之远，甚至为虚幻乌有之地。综观32种食材，共有30处产地（云梦和昆仑各出现两次），这些产地大致有如下三

---

① 王利器：《吕氏春秋注疏》，巴蜀书社2002年版，第1379页。

② 三种没有突出产地的是："菜之美者"之"寿木之华"，"和之美者"之"鳣鲔之醢"，和"果之美者"之"沙棠之实"。

种类型：

第一类：域内之地与实有之地。

"洞庭""东海""云梦（两次）"。"具区"，《吕氏春秋·有始览》列其为宇内"九薮"之一、"阳朴"，虽不十分具体，但高诱认为在蜀郡，姑认为实有。"大夏"，虽不具体，陈奇猷认为本属晋地。另外还有"南海""江浦""汉上"也为实有。这类产地共有9处，基本可视为域内实有或可能实有之地。

第二类：袭自《山海经》者。（具体可参看表2-5）

《本味》罗列食材与《山海经》关系甚密，34种食材产地中可以确定直接袭自《山海经》的有："醴水（朱鳖）""崑崙（蘋和井两处）""藿水（鳐）""阳华（芸）""招摇（桂）""不周（粟）""阳山（穄）""高泉之山"（具体情况参看表2-5）共8处。

不见于他处，而见于《山海经》者，如"长泽（卵）"和"中容之国（赤木、玄木）"不见它处仅见《山海经》；"流沙之西，丹山之南（有凤之丸）"，其"有凤之丸"可确定袭自《山海经》，但此产地有出入，此地名于《山海经》它处亦可见；"指姑之东，青鸟之所"其"青鸟之所"可见于《山海经·大荒东经》。这4处可看作借自《山海经》。

第三类：虚幻乌有之地。这类产地或者幽隐难考，或者纯为虚构。

幽隐难考者有："沮江之丘"；"余瞀之南，南极之崖"之"余瞀之南"；"浸渊（土英）"；"宰揭（露）"（不详）；"玄山（禾）"（不详）；"三危（露）"（高诱认为西极山名，但具体难考）；"曰山（水）"（不详）"越骆（菌）"（高诱认为国名，但具体难考）。共8处确所指不明，至今难考。

而"常山之北，投渊之上"，不见其他文献。"余瞀之南，南极之崖"之"南极之崖"则为虚构。而"流沙之西，丹山之南"若按照高诱解释"流沙"在"敦煌西八百里"，"丹山"在"南方"，则此地实在不能确定是在西亦或在南，实无确定方位。实际上，这是对于不确定地理位置的惯常表述方式，如《列子·黄帝》虚造一"华胥氏之国"，位于"弇州之西，台州之北，不知斯齐国几千万里；盖非舟车足力之所及，神游而已"①。《淮南子·地形训》说："正西弇州曰并土……西北台州曰肥土"②。则《黄帝》篇所说的国度在"弇州之西，台州之北"，是在极西的西边，在极西北的北边，实在没有一个确定的方位，其无非在于显示其为至远之地。此处有同工之妙。

以上解析难免不尽之处，但仍不难看出，这些产地体现了两个明显的特征：一是虚幻与幽隐，二是极四方之远。

第一类基本可以确定为实地（约不足30%），袭自《山海经》者大约40%，而幽隐虚幻之地则占约30%。

《本味》承袭《山海经》实非以可信之史视之。其对"有凤之丸""藿水之鳐"和"醴水朱鳖"附属属性的罗列，是有意重复《山海经》物产的奇异，目的是渲染食材之稀奇。同时，作者有意对《山海经》物产进行变名处理（详见表2-5之1、2、3、6、8条），没有严格缘本《山海经》。这些都能证明《本味》是以博物之书看待《山海经》，其借《山海经》之物产无非在于广列食材、渲染稀奇、逞现才华，以增强行文的感染力。所以，在一定程度上可以说，《本味》产地借自《山海经》者，无论其实有与否，《本味》篇的作者均非以实地视之。

这样，后两类产地共占了70%。基本可以认为《本味》食材的产地除了极少几个可以确定之外，多半是虚幻难知、幽隐不定的。或者说，多半产地作者并非以实地视之。有的出示大致方位，有的则并不清晰。

而从大致方位看，属于西方的有："流沙之西，丹山之南"之"流沙之西"（见于《大荒西经》）；"藿水"（见于《西山经》）；"崑崙"（见于《西山经》《海内西经》）；"大夏"；"不周"（见于《西山经》）；"三危"。以上共计6处。

东方者如："东海"；"箕山之东，青鸟之所"（见于《大荒东经》）；"醴水"（见于《东山经》）。以上共计3处。

南方者："流沙之西，丹山之南"之"丹山之南"；"洞庭"；"余瞀之南，南极之崖"；"云梦"；"具区"；"阳樸"；"招摇"（见于《南山经》）；"江浦"；"汉上"。以上共计9处。

北方："长泽"（见于《北山经》），仅1处。

① 杨伯峻：《列子集释》，中华书局1979年版，第41页。
② 《淮南子》卷4，《诸子集成》第7册，中华书局1954年版，第55页。

中部者：中部"高泉之山"（见于《中山经》），"阳华"（见于《中山经》），以上计2处。其中，阳山见于《北山经》又见于《中山经》；曰山等未详。很显然，这些产地在四方和中部均有分布，而西方和南方出现最多。从大致范围看，南方远达"南极"，西方远至"流沙之西"，东方极"青岛之所"，北方至于长泽。可谓遍及域内，远达四极。

从《本味》行文看，作者为了突出产地的驰骋、挥斥，在一定程度上避免了同一方向的产地过多地罗列在一处，使得行文更具西北东南四方游走驰骋的阅读效果。如"菜之美者"共8处产地，先后分别为：崑崙——寿木（崑崙）——指姑之东，中容之国——余瞀之南，南极之崖——阳华——云梦——具区——浸渊。大致方位次序为：西——西——东——南——中——南——南——未详。又如"饭之美者"共4处产地，先后分别为：玄山——不周——阳山——南海，大致方位次序为：未详——西——北——南。纵观《本味》行文，其在一定程度上顾及同一空间的方位特征，但是又没有按规则将各方位进行规整排列，这样就造成了四方游移驰骋的效果。其中一个重要原因在于，伊尹说汤在于劝诫其为天子、得天下，这样广大范围的地域自然只有天子可得。

但无论如何，《本味》食材的产地多半虚幻难定，而且有意极四方之远。这除了使产地本身具有虚幻驰骋的特点之外，无疑还强调了食材的难得与稀奇。

除了利用产地属性外，食材的其他属性同样也突出其稀奇与难得。

"醴水之鱼，名曰朱鳖，六足，有珠百碧。""藋水之鱼，名曰鳐，其状若鲤而有翼，常从西海夜飞，游于东海。""余瞀之南，南极之崖，有菜，其名曰嘉树，其色若碧。"这是描写食材的性状属性。而"常山之北，投渊之上，有百果焉，群帝所食"和"流沙之西，丹山之南，有凤之丸，沃民所食"则是指出受众属性。从性状属性看，鱼"六足""有翼"实属罕见，甚或虚构。而"沃民"为《大荒西经》所谓"有沃之国"的国民，他和"群帝"同属非凡。所以，这些附属属性突出的也是食材的难得、稀奇甚至奇异。

最后，作者为了进一步渲染食材的难得，还提供了特殊的摄取方式：

"所以致之，（马之美）① 者，青龙之匹，遗风之乘。"《周礼》曰："八尺以上为龙"，"遗风"高诱认为"行迅"者，允当。必需如此优异之马匹方可摄取这些食材，突出的是食材之难得。

四 从《山海经》的物产到《本味》篇的食材

《本味》篇的许多食材取自《山海经》，对于二者的关联，列表如下：

表 2-5　　　　　《本味》食材与《山海经》的对比

序号	《本味》食材描写	《山海经》相关记载	备注
1	醴水之鱼，名曰朱鳖，六足，有珠百碧	又南三百八十里，曰葛山之首，无草木。澧水出焉，东流注于余泽，其中多珠鳖鱼，其状如肺而四目，六足有珠，其味酸甘，食之无疠。（《东山经》）	"澧水"变"醴水"；"珠鳖"变"朱鳖"。《山海经》有味道描写"酸甘"
2	藿水之鱼，名曰鳐，其状若鲤而有翼，常从西海夜飞，游于东海	又西百八十里，曰泰器之山。观水出焉，西流注于流沙。是多文鳐鱼，状如鲤鱼，鱼身而鸟翼，苍文而白首赤喙，常行西海，游于东海，以夜飞。其音如鸾鸡，其味酸甘，食之已狂，见则天下大穰。（《西山经》）	"观水"变"藿水"；"文鳐鱼"变"鳐"。*《山海经》有味道描写"酸甘"
3	崑崙之蘋	西南四百里，曰昆仑之丘……有草焉，名曰薲草，其状如葵，其味如葱，食之已劳。（《西山经》）	"昆仑"变"崑崙"；"薲草"变"蘋"。《山海经》有味道描写"如葱"
4	寿木之华	西南四百里，曰昆仑之丘……有木焉，其状如棠，黄华赤实，其味如李而无核，名曰沙棠，可以御水，食之使人不溺。（《西山经》）	"寿木"之名得自"可以御水，食之使人不溺"。《山海经》有味道描写"其味如李"
5	招摇之桂	南山经之首曰鹊山。其首曰招摇之山，临于西海之上，多桂，多金玉。（《南山经》）	《山海经》无相关味道描写

---

① 俞樾认为"马之美"三字为衍文，至确。见陈奇猷《吕氏春秋新校释》，上海古籍出版社 2002 年版，第 770 页。

序号	《本味》食材描写	《山海经》相关记载	备注
6	余瞀之南，南极之崖，有菜，其名曰嘉树，其色若碧	又东七十里，曰半石之山。其上有草焉，生而秀，其高丈余，赤叶赤华，华而不实，其名曰嘉荣，服之者不霆。（《中山经》）	"嘉荣"变"嘉树"。《山海经》有功效"不霆"描写，但无相关味道描写
7	崑崙之井	昆仑之虚……方八百里，高万仞。上有木禾，长五寻，大五围。面有九井，以玉为槛。面有九门，门有开明兽守之，百神之所在。在八隅之岩，赤水之际，非仁羿莫能上冈之岩。（《海内西经》）	"昆仑" "崑崙"写法不同。《山海经》无相关味道描写
8	高泉之山，其上有涌泉焉，冀州之原	又东南五十里，曰高前之山，其上有水焉，甚寒而清，帝台之浆也，饮之者不心痛。其上有金，其下有赭。（《中山经》）	"高前之山"变"高泉之山"《山海经》有功效"不心痛"描写，但无相关味道描写
9	阳华之芸	又西九十里，曰阳华之山，其阳多金玉，其阴多青、雄黄，其草多藷藇，多苦辛，其状如榈，其实如瓜，其味酸甘，食之已疟。（《中山经》）	"藷藇"变"芸"。《山海经》记其味道"苦辛"
10	阳山之穄	又东三百里，曰阳山，其上多玉，其下多金铜。（《北山经》）又西三百里，曰阳山，多石，无草木。（《中山经》）	《山海经》无相关食材
11	不周之粟	又西北三百七十里，曰不周之山。北望诸毗之山，临彼岳崇之山，东望泑泽，河水所潜也，其原浑浑泡泡。爰有嘉果，其实如桃，其叶如枣，黄华而赤柎，食之不劳。（《西山经》）	《山海经》无相关食材
12	指姑之东，中容之国，有赤木、玄木之叶焉	有中容之国（《大荒东经》）	《山海经》无相关食材

续表

序号	《本味》食材描写	《山海经》相关记载	备注
13	长泽之卵	又东北七十里，曰咸山，其上有玉，其下多铜，是多松柏，草多茈草。条菅之水出焉，而西南流注于长泽。其中多器酸，三岁一成，食之已疠。（《北山经》）	《山海经》无相关食材
14	流沙之西，丹山之南，有凤之丸，沃民所食	有沃民之国，沃民是处。沃之野，凤鸟之卵是食，甘露是饮。凡其所欲其味尽存。（《大荒西经》）	凤鸟之卵相符。但《山海经》无具体方位

通过对比可以看出，1—9 和 14 条，10 条中《本味》食材承袭《山海经》，但是 1—4 有相关味道描写"酸甘""如葱""如李"，符合美味食材特征，14 亦沿承《山海经》可作为美味食材。而 5—8 条，《山海经》或有其功效描写，但均无相关味道描写，《本味》则取为美味食材。更甚者 9 条，藷蒬多苦辛，《本味》则亦取为美味。可见，《本味》食材有的取自《山海经》之美味，有的则是以《山海经》物产为蓝本进行嫁接、改造。

10—13 条，产地袭自《山海经》，而食材则不相关。14 条则是《山海经》的物产与不相关的虚幻产地的组合。

《本味》借鉴《山海经》相关记载，在用词上也有意进行陌生化处理。其主要方式有：

第一，改变名称。其袭自《山海经》者，如"文鳐鱼"变"鳐"；"嘉荣"变"嘉树"。《本味》为避免使用完全相同的名称，于是对之进行改造。

第二，音同、音近而变。其袭自《山海经》者，如"观水"变"蘴水"；"蕡草"变"蘋"；"高前之山"变"高泉之山"。可以说《本味》没有改变其名称，但是对字的写法却进行了修整，不同于所本的《山海经》。

第三，一词多种组合则更能表现其进行陌生化的意图。《山海经》"昆仑"两次出现在《本味》，而一为"崑崙（蘋）"，一为"崐崙（井）"。在组合上有意避免相同，造成陌生化，同时也将其逞才炫能的特点暴露无遗。

《本味》篇对《山海经》的相关记载，在借鉴过程中加以改造，其中很重要的一种方式就是，将《山海经》所出示的具有药物功能的自然物作为美味食材放入《本味》篇。统计表所列 14 项，其中第 1、2、3、4、5、6、8、9、10、13 项等都是如此，在 14 项中占了 10 项，占绝大多数。《山海经》所出示的自然物，有的虽然没有明确标示具有药物功能，但它的药物功能在那个时期已经得到人们的普遍认可。《南山经》和《本味》篇都提到招摇之桂，即招摇之山的桂树。桂在古代作为长生的药物被人传诵。《艺文类聚》卷 8931 古本《列仙传》记载："范蠡好食桂，饮水卖药，人世世见之。"今本《列仙传》没有直接记载范蠡食桂，但刘向所写的颂中透露出这个信息："范蠡御桂，心虚志远。"传说范蠡修炼成仙，他以桂为食是能够成仙的重要原因。既然如此，招摇之山的桂也同样具有药物功能，这是不言自明的事情，所以《南山经》也就没有标示。《南山经》所列产出于招摇之山的祝余、迷谷、狌狌、育沛，前两者是植物，后二者是动物，它们都具有药物功能。以此类推，同是出自招摇之山的桂，当然也具有药物功能。

再如，《海内西经》和《本味》篇都提到昆仑之井。昆仑山是传说中的仙境，《海内西经》记载那里有不死树。昆仑山是仙境，那里的物产也被认为具有长生功能。屈原的《九章·涉江》写道："登昆仑兮食玉英，与天地兮同寿，与日月兮争光。"昆仑之玉都可使人长生，那里的井水当然也不会例外。

再如不周之粟。《西山经》提到不周山的嘉果"食之不劳"，不周山作为昆仑仙境的组成部分，那里的嘉果具有药物功能，出自同一产地的粟亦当如此。

再如《本味》篇提到产自中容之国的"赤木、玄木之叶"，中容国见于《大荒东经》。高诱为《本味》篇所作的注写道："赤木玄木，其叶皆可食，食之而仙也。"[①] 赤木、玄木之叶，在传说中也是具有药物功能。

再如《本味》篇出现的长泽之卵，长泽见于《北山经》。那里所产的器酸"食之已疠"，由此看来，长泽之卵也当具有药物功能，因为长泽是出产药草的地方。

---

① 陈奇猷：《吕氏春秋新校释》，上海古籍出版社 2002 年版，第 762 页。

至于《大荒西经》和《本味》篇都提到的凤卵，更是作为具有药物功能的稀罕之物出现。凤鸟是古代传说中的吉祥鸟、长生鸟，以凤卵为食，自然能够长寿。《大荒西经》出现的有沃之国，是传说中的人间仙境，沃民食凤卵、饮甘露，过的是神仙生活。

从以上辨析可以看出，《山海经》中出现的许多药物，到《本味》篇成了具有美味的食材，是把药物转换成食材。《山海经》对于这些药物的描写，体现的是对自然生命的崇拜和长生不死的幻想，是自然存在物和人的自然生命之间的沟通，这些药物可以把它们的属性传输到人的身上，使人具有抗疾病、耐疲劳的能力，这种传输是生命能量的交流，是生命一体化的理念在起作用。到了《本味》篇，见不到对上述食材药物功能的提示，它所突出的是对天子之位的期待，是政治上的绝对统治地位。这种期待和追求使《山海经》那些自然存在物的药物功能被淡化和遮蔽，原有的生命哲学理念也变得极其稀薄，以至于使人很难觉察到。

五 《本味》篇食材描写的文学史意义

"七体"赋作描写音乐、饮食、车马、田猎等具有劝诫或招隐的功能。"七体"赋作一般均涉及饮食描写。从现存文献看，先后有西汉枚乘《七发》，东汉傅毅《七激》、张衡《七辩》、崔骃《七依》、李尤《七叹》、桓麟《七说》、桓彬《七设》，三国曹植《七启》、王粲《七释》、刘劭《七华》、晋傅玄《七谟》、陆机《七微》、张协《七命》、湛方生《七欢》、梁萧纲《七励》、萧统《七契》、何逊《七召》等，共17种作品在饮食描写方面保存较为完整，可资探索。

傅玄《七谟序》曾对之前"七体"有大致梳理：

> 昔枚乘作《七发》，而属文之士若傅毅、刘广世、崔骃、李尤、桓麟、崔琦、刘梁、桓彬之徒，承其流而作之者，纷焉《七激》《七兴》《七依》《七说》《七蠋》《七举》《七设》之篇，于是通儒大才马季常、张平子亦引其源而广之。马作《七厉》，张造《七辨》，或以恢大道而导幽滞，或以黜瑰侈而托讽咏，扬辉播烈，垂于后世者，凡十有余篇。自大魏英贤迭作，有陈王《七启》、王氏《七释》、杨氏《七训》、刘氏《七华》、从父侍中《七诲》，并陵前而邈后，扬清风于儒林，亦数篇焉。世之贤明多称《七激》为工，余以为未尽

善也。《七辨》似也，非张氏至思，比之《七激》，未为劣也。《七释》佥曰妙哉，吾无间矣。若《七依》之卓轹一致，《七辨》之缠绵精巧，《七启》之奔逸壮丽，《七释》之精密闲理，亦近代之所希也。①

傅氏对晋前的"七体"创作进行了一番梳理。首先，其对晋前"七体"创作进行了大致的时段划分：枚乘《七发》为鼻祖；傅毅、刘广世、崔骃、李尤之流摹而作之；之后张衡等人进一步发扬光大；继之，刘劭、曹植等人亦有新作。其次，傅氏对张衡和傅毅的作品进行了对比和自我认证，充分肯定了张衡的作品。再次，傅氏对其中个别篇目的风格特征进行了简要梳理。

傅氏的判断有一定道理，对于我们的梳理也具有重要的参考价值。但是，傅氏判断并非专论"七体"之饮食描写。而纵观先唐17篇"七体"赋作的饮食描写，大致可以分为如下四个阶段：

第一阶段：饮食描写的初创，即枚乘《七发》。主要受到"二招"影响。

"七体"赋作惟《七发》最早，亦是西汉仅有之作。其曰：

> 雏牛之腴，菜以笋蒲。肥狗之和，冒以山肤。楚苗之食，安胡之饭。抟之不解，一啜而散。于是使伊尹煎熬，易牙调和。熊蹯之臑，勺药之酱。薄耆之炙，鲜鲤之脍。秋黄之苏，白露之茹。兰英之酒，酌以涤口。山梁之餐，豢豹之胎。小饭大啜，如汤沃雪。此亦天下之至美也……②

可以看出，《七发》的基调和风格主要承自"二招"，其描写重实写而非虚写。其所列美味和食材没有通过产地及其他属性突出其难得与稀奇，更没有虚构和虚写。渲染的成分很少，而实写的倾向十分明显。

其开头至"抟之不解，一啜而散"为调和美味的罗列、"易牙调和"之后为食材的罗列，较之"二招"更条理清晰。这一点更像《本味》篇。

---

① 严可均：《全晋文》，中华书局1958年版，第1723页。
② 严可均：《全汉文》，中华书局1958年版，第238页。

但是总体看，其铺陈、实写的特征却没有变化。受"二招"影响的痕迹更为明显。

第二阶段：承源接流、广意探索。主要为东汉时期作品。

这时期的作品"承其（《七发》）流而作之"，《七发》的影响无疑是巨大的。但是从这一阶段的作品中亦能看出，"七体"并没有单承一流，而是在风格等诸方面也明显表现出对《本味》这一源头的承袭，表现出与《七发》较为不同的风格特征。这类作品以傅毅《七激》、崔骃《七依》为代表。

傅毅《七激》曰：

> 玄通子曰：单极滋味，嘉旨之膳。刍豢常珍，庶差异馔。凫鸿之羹，粉粱之饭。涤养之鱼，脍其鲤鲂。分毫之割，纤如发芒。散如绝谷，积如委红。芳甘百品，并仰累重。异珍殊味，厥和不同。既食日晏，乃进夫雍州之梨。出于丽阴，下生芷隰，上托桂林，甘露润其叶，醴泉渐其根。脆不抗齿，在口流液。握之摧沮，批之离坼。可以解烦悁，悦心意。子能起而食之乎？①

这段描写除了铺陈的特点之外，还有如下特征：（1）虚写。"单极滋味，嘉旨之膳。刍豢常珍，庶差异馔"。以及"芳甘百品，并仰累重。异珍殊味，厥和不同"。叙写食材之多之美，但是其绝非实写罗列，属于虚写。（2）渲染食材之难得与稀奇。"既食日晏，乃进夫雍州之梨。出于丽阴，下生芷隰，上托桂林，甘露润其叶，醴泉渐其根。"如果说产地属性"雍州"不足以突出其稀奇，则其附属的"出于丽阴，下生芷隰，上托桂林，甘露润其叶，醴泉渐其根"，明显是在渲染食材的稀奇。（3）其对口味的渲染也明显脱离了铺陈口吻。"脆不抗齿，在口流液。握之摧沮，批之离坼。可以解烦悁，悦心意"。特别是"可以解烦悁，悦心意"已经不是单纯的口味描写，而是渲染其神奇功效。这多为后之"七体"所沿承。

若结合崔骃《七依》，就会看到《本味》的影响更加直接：

> 客曰：乃导玄山之粱，不周之稻。万纂百陶，精细如蚁，砻以缔

---

① 严可均：《全后汉文》，中华书局1958年版，第706页。

绤，砥以柔韦。雍人调膳，展选百味。驾夫遗风之乘，游骐之騑，适糜四海，撮珍〇〇（已逸），洞庭之鲋，灌水之鳐，丹山凤卵，粤泽龙胎，炊以〇械之薪，〇〇〇〇〇〇，滋以阳朴之薑，蕨以寿木之华，蹉以大夏之盐，酢以越裳之梅，〇中黿〇，膳史信羹，甘酸得适，齐和有方，木酪昌菹，龂酒苏浆，成汤不及见，桓公所未尝。①

显见，其食材直接借自《本味》者共 8 处，分别为"玄山之粱""不周之稻""洞庭之鲋""灌水之鳐""丹山凤卵""阳朴之薑""寿木之华""大夏之盐"。而"驾夫遗风之乘，游骐之騑"则借自《本味》篇的"所以致之，（马之美）者，青龙之匹，遗风之乘"。

《七依》的叙述除了虚写渲染如"万繫百陶，精细如蚁"外，其风格特征主要表现在：着意渲染食材之稀奇难得，有较为明显的虚构倾向。从《本味》借用的八处均具产地属性，另外，"玄山之粱""不周之稻""灌水之鳐""丹山凤卵"等与《本味》一样具有虚构特征；"驾夫遗风之乘，游骐之騑"与《本味》有异曲同工之妙，也是用摄取之法渲染食材的难得。而文末的"成汤不及见，桓公所未尝"则鲜明地表示出其重要的意图：有意渲染这些食材比《本味》之食材更为稀奇难得。因为《本味》的食材实际上隐含着一种含义，就是成汤得为天子即可拥有，但是本文描述为"成汤不及见"，则意图在于显示这些食材比《本味》所列的更为难得。

从《七激》到《七依》，《本味》篇的影响渐次明显。而与此同时，"七体"还表现出新的发展迹象，展现出本时期"广意探索"的特点。代表作品为李尤《七叹》：

梁王青黎，卢橘是生。白华绿叶，扶疏冬荣。与时代序，孰不堕零。黄景炫炫，眩林曜封。金衣朱里，班理内充。滋味伟异，淫乐无穷。副以苜蔗，丰弘诞节。纤液玉津，旨于怡蜜。②

此文有散佚，但仅凭剩余文篇也可看出：本文除了具有虚写特征如

---

① 严可均：《全后汉文》，中华书局 1958 年版，第 714 页。
② 同上书，第 747 页。

"纤液玉津，旨于饴蜜"之外，最为明显的特征是对食材进行措辞摘采的细致雕画。"白华绿叶，扶疏冬荣。与时代序，孰不堕零。黄景炫炫，眩林曜封。金衣朱里，班理内充。滋味伟异，淫乐无穷。"洋洋洒洒所占篇幅一半有余，而其描绘对象却只是"卢橘"而已。这段文字从卢橘的色彩枝叶、神态风韵、时候特性、机理结构、滋味功效等多个方面进行了全面雕画，可谓不厌其烦，这为之前的"七体"作品所未曾有。《七叹》表现出较为明显的措辞摘采的特征，意味着"七体"作品在继承《本味》虚写、虚构渲染风格的基础上，具有了进一步追求文学性的特征，预示着未来"七体"发展的新方向。

第三阶段：文学性进一步加强，也是该题材文学性全面展开之前的过渡期。以曹植《七启》为代表，包括王粲《七释》、刘劭《七华》。虽然陆机《七微》和傅玄《七谟》各有发展，但是仍可纳入这个阶段。《七启》曰：

> 镜机子曰："芳菰精粺，霜蓄露葵。玄熊素肤，肥豢脓肌。蝉翼之割，剖纤析微。累如叠縠，离若散雪。轻随风飞，刃不转切。山鶃斥鷃，珠翠之珍。寒芳苓之巢龟，脍西海之飞鳞。曜江东之潜鼍，腾汉南之鸣鹑。糅以芳酸，甘和既醇。玄冥适咸，蓐收调辛。紫兰丹椒，施和必节。滋味既殊，遗芳射越。乃有春清缥酒，康狄所营。应化则变，感气而成。弹徵则苦发，叩宫则甘生。于是盛以翠樽，酌以雕觞。浮蚁鼎沸，酷烈馨香。可以和神，可以娱肠。此肴馔之妙也，子能从我而食之乎？"玄微子曰："予甘藜藿，未暇此食也。"[1]

《七启》一方面仍表现出虚写渲染的特征。如对烹调手法的渲染："蝉翼之割，剖纤析微。累如叠縠，离若散雪。轻随风飞，刃不转切。"真可谓出神入化、精妙绝伦。比之《七激》之"分毫之割，纤如发芒"，更具传奇特征。而"应化则变，感气而成。弹徵则苦发，叩宫则甘生"则是在《本味》对烹调精妙之道的虚化渲染的基础上的进一步生发，这正是得道的外现。沟通五音与五味，正与《列子·汤问》之"师文学琴"的得道境界有异曲同工之妙：

---

① 严可均：《全三国文》，中华书局1958年版，第1142页。

于是当春而叩商弦以召南吕，凉风忽至，草木成实。及秋而叩角弦，以激夹钟，温风徐回，草木发荣。当夏而叩羽弦以召黄钟，霜雪交下，川池暴沍。及冬而叩徵弦以激蕤宾，阳光炽烈，坚冰立散。将终，命宫而总四弦，则景风翔，庆云浮，甘露降，澧泉涌。①

这是对《本味》所言的"射御之道"和"口弗能言"的进一步生发。

另一方面，其在文学性的追求上有了进一步的发展。表现在：

第一，对仗性加强。其实，对仗的特点从《七发》就有所表现，但其罗列铺陈的特征更为明显。以至《七激》《七依》其对仗特征表现仍不明显。《七叹》在对卢橘进行刻画时对仗特征表现得较为明显，但是毕竟有所散佚，不能窥见全貌，不宜判断。而《七启》现存完整，为我们呈现出十分明显的对仗语言。除了食材的对仗性罗列之外，本文还有谓语动词、定语、状语、名词等多种句式的对仗。如"寒芳苓之巢龟，脍西海之飞鳞。臛江东之潜鼍，腾汉南之鸣鹑""累如叠縠，离若散雪"等。全文句子上下成对，正文18句，对仗句就有9句之多，占50%。

陆机《七微》的对仗性更加鲜明。正文14句，除起始句"奇膳玉食，穷滋致丰"，及"神皋奇稑，嘉禾之穗。含滋发馨，素颖玉锐"和"云沸渊涌，秋醪春酒"4句外，其余10句均为对仗句式，占71%。比之《七启》的50%又有大幅提高。

第二，韵律感增强。《七发》《七激》《七依》押韵句出现较为偶然。《七叹》中对"卢橘"刻画句子具有明显的押韵特征："白华绿叶，扶疏冬荣。与时代序，孰不堕零。黄景炫炫，眩林曜封。金衣朱里，班理内充。滋味伟异，淫乐无穷。"而《七启》则表现更为明显。诸如"累如叠縠，离若散雪。轻随风飞，刃不转切""乃有春清缥酒，康狄所营。应化则变，感气而成。弹徵则苦发，叩宫则甘生。"已经可以算作朗朗上口。而"山鸡斥鷃，珠翠之珍。寒芳苓之巢龟，脍西海之飞鳞。臛江东之潜鼍，腾汉南之鸣鹑。糅以芳酸，甘和既醇。玄冥适咸，蓐收调辛"更是一韵贯串5句。韵律感极强，绝非前作可比。而全文18句，有押韵的句

---

① 杨伯峻：《列子集释》，中华书局1979年版，第176—177页。

子有 14 句，占 78%。韵脚转换 5 次。

第四阶段：执意文学，全面开拓。自晋代以来的"七体"创作，在文学性上得到全面发展。陆机《七微》在对仗性上已大有发展，但大开局面者当以张协《七命》更为鲜明，梁萧纲《七励》也属此期。张协《七命》曰：

> 大夫曰：大梁之黍，琼山之禾，唐稷播其根，农帝尝其华。尔乃六禽殊珍，四膳异肴，穷海之错，极陆之毛，伊公爨鼎，庖子挥刀味重九沸，和兼勺药，晨凫露鹄，霜鹇黄雀，圃案星乱，方丈华错。封熊之蹯，翰音之跖，鹈髀猩唇，髦残象白，灵渊之龟，莱黄之鲐，丹穴之鹦，玄豹之胎，炬以秋橙，酤以春梅，接以商王之箸，承以帝辛之杯。范公之鳞，出自九溪，赪尾丹鳃，紫翼青鬐。尔乃命支离，飞霜锷，红肌绮散，素肤雪落，娄子之豪不能厕其细，秋蝉之翼不足拟其薄。繁肴既阕，亦有寒羞。商山之果，汉皋之榛，析龙眼之房，剖椰子之壳。芳旨万选，承意代奏。乃有荆南乌程、豫北竹叶，浮蚁星沸，飞华萍接，玄石尝其味，仪氏进其法，倾罍一朝，可以流湎千日，单醪投川，可使三军告捷。斯人神之所歆羡，观听之所炜晔也。子岂能强起而御之乎？[1]

单从篇幅规模看，其已显著扩展。前代"七体"规模较大的如《七启》的美食描写约为 200 字，而此篇达 340 余字，更是《七激》《七依》等所不及。

其主要原因还在于《七命》在文学性上的全面发展。

首先，其描写范围和食材尽量全面。纵观全文，其依次描写的对象至少有：饭、肉、烹调之人、和、肉、食器（商王之箸、帝辛之杯）、鱼、烹调技艺、饮料、果、味。共 11 项，涉及食材约 28 种。前代"七体"《七启》属较为全面者，而《七启》先后涉及：饭、肉、烹调技艺、肉、鱼、和、饮料、味、食器。共 9 项，食材约 20 种。虽相差不远，但足以说明《七命》在食材的种类与数量上是尽力保持全面的。

其次，《七命》更加注重渲染和修饰。

---

① 严可均：《全晋文》，中华书局 1958 年版，第 1954 页。

问题在于,《七命》比之《七启》食材种类和数量虽占优势,但是毕竟相差未多。而何以有篇幅规模的较大差距(字数上《七命》比《七启》多70%),其原因并不仅在于《七命》多写了几种食材,更是丰富的渲染修饰达到的效果。

此前"七体"重修饰和渲染之处一般集中在烹饪技巧和口味两个方面。如《七启》对烹饪技巧的渲染:"蝉翼之割,剖纤析微。累如叠縠,离若散雪。轻随风飞,刃不转切。"王粲《七释》:"名工砥锷,因皮却切。纤而不茹,纷若红绛。"傅玄《七谟》:"忽游水而长引,进飞羽之薄衍,细如蜀罽之绪,靡如鲁缟之线,脍锦肤,脔斑胎。飞刀浮切,豪分缕解,流采成文。烨若红绮,动从风聚,散如雾委。"

《七命》同样也有对烹饪技巧的渲染:"尔乃命支离,飞霜锷,红肌绮散,素肤雪落,娄子之豪不能厕其细,秋蝉之翼不足拟其薄。"

对口味的渲染,如《七启》:"应化则变,感气而成。弹徵则苦发,叩宫则甘生。于是盛以翠樽,酌以雕觞。浮蚁鼎沸,酷烈馨香。可以和神,可以娱肠。"《七释》:"参糅相半。软滑膏润,入口流散。"《七谟》:"○○○○,逸味横生。"

《七命》则曰:"浮蚁星沸,飞华荓接,玄石尝其味,仪氏进其法,倾罍一朝,可以流湎千日,单醪投川,可使三军告捷。斯人神之所歆羡,观听之所炜晔也。"可谓更加神奇。

除了对口味与烹饪技艺的渲染之外,这一时期的"七体"作品在对食材的渲染上也大大发展。《七命》:"唐稷播其根,农帝尝其华。"是对"大梁之黍,琼山之禾"的修饰;"赪尾丹鳃,紫翼青鬐"是对"范公之鳞"的描述。不仅使食材的性状更加详尽具体,而且突出了食材的稀奇难得。其渲染和虚构并不限于产地罗列。梁何逊《七召》于此贡献尤为明显,其笔下之食材,大多被修饰、夸张甚至虚构以多种属性:"蔗有盈丈之名,桃表兼斤之实。杏积魏国之贡,菱为钜野所出,衡曲黄梨,汶垂苍栗,陇西白榛,相南朱橘。荔枝沙棠,蒲萄石蜜。瓜称素腕之美,枣有细腰之质。"其既有产地属性,又有性状属性。其对性状的描绘明显具有夸张和虚构的特点:"盈丈"之蔗、"兼斤"之桃,"瓜称素腕之美,枣有细腰之质"更以人之美质以喻其精美达到极致。

除此之外,句式对仗和韵律感已经成为此时期"七体"的基本特征。这些表明,本时期的"七体"创作已经在文学性上进行了全面的开拓。

《本味》和"二招"作为先秦时期最早进行美味食材描写的文学作品，在风格上有着较为明显的差异。《本味》更重视虚写、"二招"更重实写；《本味》更重渲染、"二招"更重铺陈。

"七体"创作自《七发》始，在风格特征上主要受"二招"之影响。但东汉以来，"七体"受《本味》影响之痕迹愈见明显，如《七依》则直接袭借《本味》。重视渲染食材之稀奇、重视虚写和渲染。东汉时期有的作品还表现出对文学性的进一步追求。经过曹植《七启》等的过渡发展，"七体"虚构食材、渲染食材之稀奇，夸张、句式对仗、押韵等手法无所不用。实写和铺陈虽仍有出现，但已非"七体"本事。"七体"以实写铺陈开端，逐渐走上了一条重渲染、重逞才的道路，其中《本味》篇的开启之功和影响不可小视。

第三章 《吕氏春秋》的议论

《吕氏春秋》的绝大多数篇目均由历史故事和议论性文字组成，只有极少数篇目只有历史故事而没有议论。议论是《吕氏春秋》的作者们表达看法、组织篇章的重要手段。作为一部杂取众家的著作，《吕氏春秋》的议论与其他先秦诸子书有着重要的区别，各篇的作者在组织篇章时更加注重各种思想的包容性，使其中的议论与观点不至囿于一家之言。所以，《吕氏春秋》议论中所涉及的概念往往不以具体、深刻为能，而是更注重其宽泛性与相互包容性；议论也更具辩证性，其目的在于使这些观点更加全面、允当。当然，《吕氏春秋》中还有些篇目的议论颇具代表性，有较高的文学成就和较为深远的文学影响。现分别阐述如下：

第一节 《吕氏春秋》概念的宽泛性

《吕氏春秋》议论中出现的许多概念是十分宽泛的，编撰者往往对这些概念进行泛化处理，使之涵盖更大的范围，具有更大的容纳性。下面举例论之：

一 《吕氏春秋》论"兵"

《吕氏春秋》以"兵"为主要论题的篇章集中在"秋纪"中，这也切合于《吕氏春秋》"春生夏长秋收冬藏"的编撰理念。

"兵"本意为兵械或战争，《说文解字》曰："械也，从廾持斤并力之貌"，[①] 侧重其兵械含义，而《说文解字注》曰："持戈以戒不虞"，[②] 侧

---

① （汉）许慎：《说文解字》，中华书局 1963 年版，第 59 页。
② 段玉裁：《说文解字注》，中州古籍出版社 2006 年版，第 104 页。

重战争含义。其实，"兵"的概念有广狭之分，狭义的"兵"仅指兵械或两军间的持械争斗。《老子》《文子》等先秦文献延续的基本是狭义的"兵"概念，如《老子》有：

> 夫佳兵者不祥之器，物或恶之，故有道者不处。君子居则贵左，用兵则贵右。兵者不祥之器，非君子之器，不得已而用之，恬淡为上。（31 章）
> 以正治国，以奇用兵，以无事取天下。（57 章）

其中，"兵"或指兵械，或指两军争斗，都属狭义"兵"概念。《文子·道德》有：

> 文子曰：古有以道王者，有以兵王者，何其一也？曰：以道王者德也，以兵王者亦德也。用兵有五：有义兵，有应兵，有忿兵，有贪兵，有骄兵。诛暴救弱谓之义，敌来加己不得已而用之谓之应，争小故不胜其心谓之忿，利人土地，欲人财货谓之贪，恃其国家之大，矜其人民之众，欲见贤于敌国者谓之骄。义兵王，应兵胜，忿兵败，贪兵死，骄兵灭，此天道也。①

其中对"用兵"的类型进行了详细总结和划分，认为用兵的性质与特征各有不同，对"兵"的概念进一步明确，并且有所扩展。但是无论哪种用兵方式，仍局限于两军双方的争斗，还属狭义的"兵"概念。

先秦文献更注重将"兵"的概念进行扩展，使"兵"的内涵不仅局限于两军双方的争斗，还扩展至与两军相争相关涉的诸多方面。如《孙子兵法》有：

> 兵者，国之大事，死生之地，存亡之道，不可不察也。故经之以五事，校之以计，而索其情：一曰道，二曰天，三曰地，四曰将，五曰法。道者，令民于上同意，可与之死，可与之生，而不畏危也；天者，阴阳、寒暑、时制也；地者，远近、险易、广狭、死生也；将

---

① 李定生、徐慧君：《文子校释》，上海古籍出版社 2004 年版，第 202—203 页。

者，智、信、仁、勇、严也；法者，曲制、官道、主用也。凡此五者，将莫不闻，知之者胜，不知之者不胜。①

《孙子兵法》明确提出决定战争成败的五事，显然已经不仅仅局限于两军争斗、阵前对圆的范围。他认为民众是否一心于战事、天地的客观条件、将才是否道德高尚、是否有章法等都是决定战争胜负的重要因素，与战争相关的民意、仁德、智谋、客观条件、勇武等方面都被纳入"兵"的范畴。当然，《孙子兵法》一书仍然十分注重对"用兵之法"的探究，因而对智谋、军形、兵势、虚实、行军、地形等诸多作战技巧多有阐述。所以，《孙子兵法》之"兵"是以狭义为主，有时涉及广义之"兵"。

《荀子》论兵虽也有针对战事的狭义论述，但其明显已将"兵"的概念主要集中于广义上。《议兵》篇集中反映了荀子的军事思想，他认为"用兵攻战之本在乎壹民"，"在乎善附民"，将战争的民众基础与争取民众归附看得至关重要。荀子还认为要"附民"，就必须做到"隆礼""贵义""好士""爱民""政令信""赏重""刑威""权出一"，将战争之外的道德伦理、赏罚方式等也纳入"兵"的范畴。荀子军事思想的核心是"仁义"，不力主"权谋""势诈"等兵家之术，而是主张"禁暴除害"，"以德兼人"，反对"争夺"。所以，《荀子》论兵以广义为主，属非兵之兵。

《管子·七法》所言的"卫兵之数"，同样主张兵不出境而已胜于内：

> 为兵之数：存乎聚财，而财无敌；存乎论工，而工无敌；存乎制器，而器无敌；存乎选士，而士无敌；存乎政教，而政教无敌；存乎服习，而服习无敌；存乎遍知天下，而遍知天下无敌；存乎明于机数，而明于机数无敌。故兵未出境，而无敌者八。②

其论兵明显也以广义为主。但是，《吕氏春秋》所论之"兵"在诸多先秦文献中其范畴无疑是最为宽泛的。《荡兵》篇载：

---

① 孙星衍：《孙子十家注》，《诸子集成》第 6 册，中华书局 1954 年版，第 1—9 页。
② 黎翔凤：《管子校注》，中华书局 2004 年版，第 116 页。

　　且兵之所自来者远矣，未尝少选不用。贵贱长少贤者不肖相与同，有巨有微而已矣。察兵之微：在心而未发，兵也；疾视，兵也；作色，兵也；傲言，兵也；援推，兵也；连反，兵也；侈斗，兵也；三军攻战，兵也：此八者皆兵也，微巨之争也。今世之以偃兵疾说者，终身用兵而不自知悖，故说虽强，谈虽辨，文学虽博，犹不见听。故古之圣王有义兵而无有偃兵。①

　　其中将"兵"的范畴进一步泛化，其中所列的"疾视""傲言"等其实是十分宽泛的"对立"。《吕氏春秋》将与"对立"这一内涵相关的诸多物象均视为"兵"，认为"兵"各有表现，只是巨微差异。将三军攻战之外的"在心未发""疾视""作色"等均划入"兵"的范畴，这种宽泛性是其他先秦文献无可比拟的。

　　《荡兵》篇位于《孟秋纪》第二篇，也即纪首之下的第一篇，属于本单元的主要位置。在本篇中编撰者对"兵"的范畴进行无限泛化，这预示本单元论兵各篇也将以宽泛为主，而其后各篇的情况也正是如此，对"兵"的广义与狭义均有运用。

　　首先，《论威》篇有："凡兵，天下之凶器也；勇，天下之凶德也。"② 范耕砚解释为："兵与勇皆以杀人威人为事，故皆谓之凶"③，十分合理。其中"兵"的含义为战争、争斗，属于狭义的"兵"概念，但是这种情况在"秋纪"中并不多见。

　　其次，"秋纪"对为兵之术多有论载。如《论威》篇论道："其令强者其敌弱，其令信者其敌诎"，"急疾捷先"以及"夫兵有大要，知谋物之不谋之不禁也，则得之矣"。分别主张为兵当令行禁止、纪律严明；当以迅捷为务；当有虑及对方所不及的智谋。

　　《简选》篇又有：

　　　　故凡兵势险阻，欲其便也；兵甲器械，欲其利也；选练角材，欲其精也；统率士民，欲其教也。此四者，义兵之助也。④

---

① 陈奇猷：《吕氏春秋新校释》，上海古籍出版社 2002 年版，第 389 页。
② 同上书，第 435 页。
③ 同上书，第 440 页。
④ 同上书，第 446 页。

　　主张为兵当注意兵势、装备、精选以及教化，这些都是较为具体的为兵之术，直接目的是在战事中取得胜利。

　　再次，"秋纪"对非兵之兵也多有论述。如《怀宠》篇将"兵不接刃而民服若化"①视为理想境界，《论威》篇也主张战外服人："故古之至兵，才民未合，而威已谕矣，敌已服矣，岂必用枹鼓干戈哉？"②这都属非兵之兵。

　　义兵是"秋纪"单元论兵的基本主张，与此相应，这些篇章反对偃兵学说，也反对救守学说。义兵之"义"也表现出极强的宽泛性，这些篇章显然没有仅仅围绕"战争的正义"这一较为具体狭小的范畴展开对"义"的阐释。

　　《荡兵》篇讲道："兵诚义，以诛暴君而振苦民，民之说也，若孝子之见慈亲也，若饥者之见美食也。"③《怀宠》篇讲道："故兵入于敌之境，则民知所庇矣，黔首知不死矣。至于国邑之郊，不虐五谷，不掘坟墓，不伐树木，不烧积聚，不焚室屋，不取六畜。"④都是围绕战争的正义性阐述"义兵"的含义。

　　但在接下来的篇目中，编撰者明显已将义兵之"义"进一步泛化，《论威》篇："义也者，万事之纪也。君臣上下，亲疏之所由起也。治乱安危，过胜之所在也。"⑤将"义"定位为万事之纪，其不仅是战争兵事的基本准则，也是万事万物的纲纪。《决胜》篇讲："夫兵有本干：必义，必智，必勇。"⑥则又将兵事由义泛化扩展到智和勇。

　　至于《爱士》篇的记载：

　　　　衣，人以其寒也，食，人以其饥也。饥寒，人之大害也。救之，义也。⑦

---

　　①　陈奇猷：《吕氏春秋新校释》，上海古籍出版社2002年版，第418页。
　　②　同上书，第435—436页。
　　③　同上书，第389页。
　　④　同上书，第417页。
　　⑤　同上书，第435页。
　　⑥　同上书，第457页。
　　⑦　同上书，第464页。

则已经渐渐将义兵之"义",转移到较为普泛意义的"义",不再局限于"兵"的主题。经过这种普泛化的转移,仲秋纪的《爱士》、季秋纪的《顺民》《知士》等篇目已经将救困扶危、顺应民意、知遇贤士等都纳入其宽泛的"义"的范畴。

本单元的篇章结构与概念的宽泛性,可示如下表:

表3-1 "三秋纪"作品与相关概念的关系

篇名	概念	篇名	概念	篇名	概念
《荡兵》	"兵"以广义为主,并且主张"义兵"	《论威》	"义"泛化	《顺民》	"义"进一步泛化
《振乱》		《简选》	论"兵"	《知士》	
《禁塞》		《决胜》		《审己》	
《怀宠》		《爱士》	"义"进一步泛化	《精通》	

所以,"兵"含义的宽泛性,以及由此而来的"义"的普泛性,使得本单元的各篇章既有相对统一的主题,同时又获得其较为自由的转换余地,最终形成似断而连的相对紧密的整体。

二 《吕氏春秋》论"名"与"分"等

"分"的概念集中体现在《审分览》中。对于"分"字,《说文解字》曰:"刖也,从八从刀,刀以分别物也。"① 其本意为将物体进行切割,使各部分之间区分化、明确化。《审分览》中"分"的概念正有此意,其开篇论道:"凡人主必审分,然后治可以至。"对此,陈奇猷先生的解释较为合理,他说:"分,谓君臣上下之分。人主之分为执柄御下,人臣之分为尽职治事,此法治之要。"② 讲的正是君臣上下之间的区分与职责明确化,与"分"字的本意相合。

需要注意的是,《审分览》中有一概念等同于"分",那就是"名"。其中将两个概念统一化处理的论述很多,如:

> 正名审分,是治之辔已。故按其实而审其名,以求其情;听其言

---

① (汉)许慎:《说文解字》,中华书局1963年版,第28页。
② 陈奇猷:《吕氏春秋新校释》,上海古籍出版社2002年版,第1042页。

而察其类，无使放悖。夫名多不当其实，而事多不当其用者，故人主不可以不审名分也。不审名分，是恶壅而愈塞也。①

从这段论述可以看出，作者不仅将"正名"和"审分"并提，强调明确的权责区分对于治国理政的重要性，还直接组合为"名分"一词，反复提起。可见，对于"名"和"分"两个概念，作者是默认一致的。

将"名""分"并提，使两概念趋同化的做法仍可见于先秦其他文献。《尹文子·大道上》："大要在乎先正名分，使不相侵杂。然后术可秘，势可专。"②《庄子·天下》篇有："易以道阴阳，春秋以道名分。"③《管子·幼官》篇有："定府官，明名分"④，等等。这些文献都将"名分"并提，其大意均为使事物或官职之间区分明确，各有确定的职责与功能。

可见，"名""分"概念的混同在先秦已有事实，《审分览》的做法并非完全独创，而是受到之前思想家的影响。

先秦时期关于"分"的论述不多，但是关于"名"的论述则很多，先秦所论"名"的概念大都与对于名实关系的思辨相关。

先秦各家对于名实关系均有不同程度的论辩。大致说来，各家对于名实关系的论述有四种类型：一是循名责实，二是弃名责实，三是泯灭名实，四是名实统一。《论语》对于名实关系倾向于循名责实："名不正则言不顺，言不顺则事不成"，强调正名对于成事的重要意义。《列子·杨朱》篇等作品则基本上倾向于弃名责实：

> （杨朱）曰："管仲之相齐也，君淫亦淫，君奢亦奢，志合言从，道行国霸，死之后，管氏而已。田氏之相齐也，君盈则己降，君敛则己施，民皆归之，因有齐国；子孙享之，至今不绝。""若实名贫，伪名富。"曰："实无名，名无实。名者，伪而已矣。昔者尧舜伪以天下让许由善卷，而不失天下，享祚百年。伯夷叔齐实以孤竹君让而终亡其国，饿死于首阳之山。实、伪之辩，如此其省也。"⑤

① 陈奇猷：《吕氏春秋新校释》，上海古籍出版社 2002 年版，第 1040 页。
② 《尹文子》，《诸子集成》第 6 册，中华书局 1954 年版，第 2 页。
③ 郭庆藩：《庄子集释》，中华书局 1961 年版，第 1067 页。
④ 黎翔凤：《管子校注》，中华书局 2004 年版，第 153 页。
⑤ 杨伯峻：《列子集释》，中华书局 1997 年版，第 217—218 页。

此处杨朱所言的名和实有其特定的内涵。名是指名誉、声望，实是指人的实际的行为和行动，而非实际利益。基于此，杨朱得出结论："实无名，名无实；名者，伪而已矣。"杨朱将名和实完全对立起来。也就是说，有名声的并没有和他的名声相符合的真实的行为，而有实际行为的人不会有名声。在这则论对中，管仲不为名，田氏为名；伯夷、叔齐不为名，尧舜为名；管仲率性而行、顺物自然，田氏矫性求名；伯夷、叔齐真心实意辞让国君之位，尧舜则虚假禅让。

《杨朱》篇倾向于责实，即追求人生享受和逸乐的事实，而至于"名"如何，则完全看其是否服从于人生享受的"实"。对于没有名声的人来说，没有必有牺牲人生的欢乐去追求名声，当然对名声也并不拒绝；对于已经有名声的人而言，也不必故意抛弃、疏远名声，因为它能带来人生的逸乐、享受。

《庄子》则倾向于泯灭名实，认为名不足追求，实也不必刻意追求。《庄子·逍遥游》有：

> 许由曰："子治天下，天下既已治也，而我犹代子，吾将为名乎？名者，实之宾也，吾将为宾乎？"[1]

《人间世》有：

> 德荡乎名，知出乎争。名也者，相札也；知也者，争之器也。二者凶器，非所以尽行也。[2]

《庄子》借许由之口阐述其名实观，认为"名"和"知"都是导致争斗的凶器。享受其"实"是人生之殃，但是它也指出："苟有其实，人与之名而弗受，再受其殃。"[3] 也即，如果人已经无奈受到实之殃，若再刻意去除其"名"则是再受其殃。成玄英以比喻的方式对此理论进行了

---

[1] 郭庆藩：《庄子集释》，中华书局1961年版，第24页。
[2] 同上书，第135页。
[3] 同上书，第483页。

阐发："昨日汝唤我作牛，我即从汝唤作牛，唤我作马，我亦从汝唤作马，我终不拒。且有牛马之实，是一名也。人与之名，讳而不受，是再殃也。讥刺之言，未甚牛马，是尚不讳，而况非乎？"① 讲的正是实受其累，再避名讳而又受其累。所以，《庄子》虽也认为名为实之宾，但更倾向于泯灭名实。

《荀子》则倾向于将名实统一起来。荀子认为，事物的名是"约定俗成"的，但这种"约定俗成"又是以客观事物的实际内容为基础的，所以确定名称时要"稽实"，也即依据事实。另一方面，名虽然应服从于实，但名一经确定，又能对实际内容发生影响，即"名定而实辨"。

综观先秦典籍，对于名实关系的探讨十分普遍，而且观点各异。而在诸多论述中，对于"名"概念的运用，显然有广义和狭义之分。

狭义的"名"指事物的名称，《论语》中的"名"即以狭义为主。而随着名实关系探讨的深入和论述角度的转变，"名"的概念范畴逐渐扩大。《列子·杨朱》篇的"名"已不再仅指事物的名称，而具有了名誉、名声的含义。《尹文子·大道上》对于"名"进行了较为详尽具体的界定：

> 名有三科，法有四呈。一曰命物之名，方圆白黑是也；二曰毁誉之名，善恶贵贱是也；三曰况谓之名，贤愚爱憎是也。一曰不变之法，君臣上下是也；二曰齐俗之法，能鄙同异是也；三曰治众之法，庆赏刑罚是也；四曰平准之法，律度权量是也。②

其中认为名有三种内涵，也即："命物之名""毁誉之名"和"况谓之名"，也属对"名"的广义开掘。

但是应该看到，将"名"的概念直接纳入社会政治领域，给概念直接赋予政治含义的文献并不占多数。《荀子》曾有过尝试，将"正名"直接纳入社会政治领域，《正名》篇论道：

> 故知者为之分别制名以指实，上以明贵贱，下以辨同异。贵贱

---

① 郭庆藩：《庄子集释》，中华书局1961年版，第483页。
② 《尹文子》，《诸子集成》第6册，中华书局1954年版，第1页。

明，同异别，如是则志无不喻之患，事无困废之祸。此所为有
名也。①

荀子认为能"明贵贱""辨同异"，这也就是荀子强调"正名"的政
治内涵。

《吕氏春秋》对于"名"概念，兼用广义和狭义，而以广义为主。
《正名》篇是《先识览》的最后一篇，后与《审分览》相连。《正名》篇
中的"名"以狭义为主：

> 名正则治，名丧则乱。使名丧者，淫说也。②

其中"名"是与"实"相对的概念，明确指出：导致丧名的是淫说。
所以，此处的"名"是与说辩直接相关的概念，属于狭义范畴。而同时
应该看到，作者也将"名"与社会的治乱进行关联，使这个概念内涵有
所扩展，使之扩展至社会政治领域。

而至《审分览》中，编撰者将概念进行模糊转移，同时提出"名"
和"分"的概念，对两概念趋同化处理。其中的"分"（"名"）明显属
于广义概念。

> 凡人主必审分，然后治可以至，奸伪邪辟之涂可以息，恶气苛疾
> 无自至。夫治身与治国，一理之术也。今以众地者，公作则迟，有所
> 匿其力也；分地则速，无所匿迟也。③

其中讲到正名审分对于治乱的重要意义，十分直接地将"名"的概
念与社会政治进行关联，而且，还论道："夫治身与治国，一理之术
也。"④ 这样，就将所谓的"审分"与"术"的概念进行了关联，使审分
同时具有了治国之术的含义。

可见，《审分览》作为此览的首篇，承《先识览》末篇的"名"概

---

① 王先谦：《荀子集解》，见《诸子集成》第 2 册，中华书局 1954 年版，第 276 页。
② 陈奇猷：《吕氏春秋新校释》，上海古籍出版社 2002 年版，第 1029 页。
③ 同上书，第 1039 页。
④ 同上。

念而来，对此概念进行模糊化转移和宽泛化处理。不仅使用"分"的
概念进行宽泛的转移，还将名分的概念进行极大的泛化，使之直接与社
会政治及治国之术相关联。这样就使得本览在内容和篇章的安排上有较
大的自由度，一方面以《审分览》为首篇作为引导，成功安排进治国
方略的主题，另一方面完成了由《先识览》到《审分览》主题的自然
转变。

另外，如《孝行览》中"孝"的概念，也属广义。其中记载：

> 曾子曰："身者，父母之遗体也。行父母之遗体，敢不敬乎？居
> 处不庄，非孝也；事君不忠，非孝也；莅官不敬，非孝也；朋友不
> 笃，非孝也；战陈无勇，非孝也。五行不遂，灾及乎亲，敢不
> 敬乎？"①

这段话完全袭自《曾子大孝》，把庄、忠、敬、信、勇五种美德都纳
入孝的范畴，所秉持的是大孝的理念，即广义的孝，而不是只局限于对父
母长辈的孝。除此之外，《孝行》篇还以此为基础作了进一步发挥："人
主孝则名章荣，下服听，天下誉；人臣孝则事君忠，处官廉，临难死；士
民孝则耕芸疾，守战固，不罢北。"这是把孝说成君臣庶民都应必备的美
德，孝行应该涵盖修身、齐家、治国、理政各个领域。所以，《孝行览》
的"孝"属于广义范畴，这样就使得《孝行》篇所属各篇作品在选材上
具有广阔的空间，而不必局限于家庭伦理范围之内。

综上所述，《吕氏春秋》的概念范畴展现出十分明显的宽泛性，编撰
者一般都会对概念进行广义化和泛化处理，扩大其涵盖范围，而不必局限
于狭义确定的范围之内。对于宽泛概念的运用更多地体现在具有引导意义
的篇章之中，这样做是为了使各单元能容纳更多相关的思想内容和概念范
畴，使本书更具包容性。

第二节　《吕氏春秋》议论的辩证性及其君臣理念

辩证性是《吕氏春秋》的重要特点，这一特点体现在诸多方面。在

---

① 陈奇猷：《吕氏春秋新校释》，上海古籍出版社 2002 年版，第 736—737 页。

结构方面，不同的篇章之间形成互补和辩证关系，如：《孝行览》关于遭逢际遇的展示中，《长攻》与《慎人》的主题分别为"成败在于天"和"不慎其人则不可"，是从两个方面对遭逢际遇的阐释，形成辩证互补关系。除了在结构等方面的辩证性之外，《吕氏春秋》的议论性语言也表现出较为鲜明的辩证性特点。

一 《吕氏春秋》议论辩证性的表现

《吕氏春秋》在议论方面体现出的辩证性特点主要表现在如下几个方面：

首先，议论和评说兼及历史故事的双方当事人。

《吕氏春秋》所收录的历史故事和传说绝大多数都包含至少两方角色，在对历史故事叙述完毕之后，《吕氏春秋》有时会单从一方的角度进行议论评说，这种情况不在少数。如：《察微》篇中"郑公子归生率师伐宋"一事，作者在叙述完毕后仅从华元一方进行议论："夫弩机差以米则不发。战，大机也。飨士而忘其御也，将以此败而为虏，岂不宜哉？"① 对宋华元不能察微审势加以批评。这种议论一般都选择能紧扣篇章主题的一方作为评议对象，一般都能和篇章主题相切合。但是从作者的议论评述看，这种议论目的较为单一，缺乏辩证性。

除此之外，《吕氏春秋》有时还会从历史故事和传说所涉及的最主要的双方人物入手进行评说，使议论兼及两个方面、富于辩证性。

如：《贵生》篇有"鲁君礼颜阖"的故事，是这样叙述与议论的：

> 鲁君闻颜阖得道之人也，使人以币先焉。颜阖守闾，鹿布之衣，而自饭牛。鲁君之使者至，颜阖自对之。使者曰："此颜阖之家邪？"颜阖对曰："此阖之家也。"使者致币，颜阖对曰："恐听缪而遗使者罪，不若审之。"使者还反审之，复来求之，则不得已。故若颜阖者，非恶富贵也，由重生恶之也。世之人主多以富贵骄得道之人，其不相知，岂不悲哉？②

---

① 陈奇猷：《吕氏春秋新校释》，上海古籍出版社 2002 年版，第 1013 页。
② 同上书，第 75—76 页。

在故事叙述完毕后，作者立足于双方展开论述。一方面评述颜阖为由重生而恶富贵；另一方面则从人主的角度论述，认为人主当及时任用贤人。

这一则故事同时见于《庄子·让王》篇。《庄子》中故事的叙述与《贵生》篇大致相同，而作者对于故事和人物的议论则差异较大，《让王》篇这样评述："故若颜阖者，真恶富贵也。"① 很明显，《让王》篇是单从颜阖一方进行评述，而没有涉及另一方。相比之下，可以显见《吕氏春秋》在议论方面的辩证性。

又如《离俗览》，其中在讲述完"石户之农、北人无择、卞随、务光四人让位"的故事后，作者并没有单从四人角度进行论述，而是在赞扬四人的高尚品节后，又从让位者尧舜的角度展开论述："若夫舜、汤，则苞裹覆容，缘不得已而动，因时而为，以爱利为本，以万民为义。譬之若钓者，鱼有小大，饵有宜适，羽有动静。"② 其中认为虽然四士的行为高洁不污，但是尧舜的行为也并非如石户之农所认为的"以舜之德为未至也"，尧舜也是以万民为义，对尧舜的评价不应完全与对四士的评价标准相同。这一故事同时见于《庄子·让王》篇，但是立足尧舜的辨析和议论在《让王》篇中并没有出现，足见《离俗览》对这一历史故事的辩证观点。经过对双方人物的分别评述，一方面展示出四士的高尚品节，另一方面又给尧舜以恰当的定位与评价，避免了对尧舜的误读。

同样的情况仍有很多，如《乐成》篇中"魏襄王与群臣饮"一事，史起主动提出治漳水灌邺田，但是他对此事会暂时引起民愤早有预见，魏襄王毅然决然、坚持任用史起，最终取得成功。故事叙述完毕后，作者从史起与魏襄王双方展开论述："史起非不知化也，以忠于主也。魏襄王可谓能决善矣。"③ 一方面赞扬史起不仅有预见而且忠于主上，另一方面赞扬主上魏襄王能知人善任，议论富于辩证性。

另外如《审应览》中的"魏惠王使人谓韩昭侯"，其故事之后的议论也属此类。

有时故事后的议论只涉及一方，但是仍体现出十分明显的辩证性。这

---

① 郭庆藩：《庄子集释》，中华书局1961年版，第971页。
② 陈奇猷：《吕氏春秋新校释》，上海古籍出版社2002年版，第1243页。
③ 同上书，第1000页。

种议论方式从表面看只涉及其中一方，实际上对另一方的议论是因为过于明显、不再有直接说出的必要而被省略。

如：《直谏》篇"鲍叔牙进谏"一事即是如此：

> 齐桓公、管仲、鲍叔、宁戚相与饮酒酣，桓公谓鲍叔曰："何不起为寿？"鲍叔奉杯而进曰："使公毋忘出奔在于莒也，使管仲毋忘束缚而在于鲁也，使宁戚毋忘其饭牛而居于车下。"桓公避席再拜曰："寡人与大夫能皆毋忘夫子之言，则齐国之社稷幸于不殆矣！"当此时也，桓公可与言极言矣。可与言极言，故可与为霸。①

这则故事中，鲍叔牙属于直言进谏，他不仅进谏桓公，还对在座的管仲、宁戚等人直言不讳。故事叙述完毕之后，作者显然没有从鲍叔的角度进行议论，而是从桓公的角度，对桓公接纳进言大表赞赏。这里省略了对鲍叔牙直谏的评述，而直接对主上行为进行评说："当此时也，桓公可与言极言矣。"其主要原因是鲍叔牙的行为很明显属于直谏，可以完全切合本篇的主旨与题名，作者不再有重复的必要。从表面看，本则故事之后的议论只从主上——桓公一方面展开，但这实际是作者辩证性思维的省略表达方式。省略对一方人物的无必要的赘述，而对另一方人物加以评说。这则故事中，臣属勇于直谏、主上善于接纳进言，这也是对和谐君臣关系的辩证表达。

这则故事同时见于《管子·小称》和《新序·杂事四》。故事情节大致相同，但《管子·小称》在故事之后并没有相应的议论与评述，《新序·杂事四》在故事之后则这样议论道："此言常思困隘之时，必不骄矣。"② 三处文献相互对照，可以看出《直谏》篇十分兼顾从双方立论，通过省略的论述方式体现君臣间的辩证关系。

对于君臣关系辩证思考并采用省略表达方式，是《吕氏春秋》辩证性议论的重要形式，此类情况还可见于《不苟》篇和《似顺论》等篇章。

其次，《吕氏春秋》辩证性议论还表现为对同一对象转换评判标准。

同一对象面对不同的评判标准将出现不同的评判结果，而能以不同的

---

① 陈奇猷：《吕氏春秋新校释》，上海古籍出版社2002年版，第1555页。
② 赵仲邑：《新序详注》，中华书局1997年版，第126页。

评判标准对同一事物进行评价，则是评价辩证性的重要体现，《吕氏春秋》中有不少篇目在议论中就不时体现出这一特点。如《离俗览》中"宾卑聚梦辱"一事：

> 齐庄公之时，有士曰宾卑聚，梦有壮子，白缟之冠，丹绩之祠，东布之衣，新素履，墨剑室，从而叱之，唾其面，惕然而寤，徒梦也。终夜坐不自快。明日，召其友而告之曰："吾少好勇，年六十而无所挫辱。今夜辱，吾将索其形，期得之则可，不得将死之。"每朝与其友俱立乎衢，三日不得，却而自殁。谓此当务则未也，虽然，其心之不辱也，有可以加乎。①

故事中宾卑聚自杀以显示其不能受辱之节，作者最后对此加以评述："谓此当务则未也，虽然，其心之不辱也，有可以加乎！"显然，这一议论是以两种标准进行的评价。其一，从生命可贵的角度讲，为义自杀显然过于鲁莽；其二，从心之不可辱的角度讲，这种行为又值得推嘉，作者的这一议论具有辩证性。

再如：《不广》篇中"鲍叔、管仲、召忽三人相善"一段有相同的特点，

> 鲍叔、管仲、召忽三人相善，欲相与定齐国，以公子纠为必立。召忽曰："吾三人者于齐国也，譬之若鼎之有足，去一焉则不成。且小白则必不立矣，不若三人佐公子纠也。"管仲曰："不可。夫国人恶公子纠之母，以及公子纠；公子小白无母，而国人怜之。事未可知，不若令一人事公子小白。夫有齐国，必此二公子也。"故令鲍叔傅公子小白，管子、召忽居公子纠所。公子纠外物则固难必。虽然，管子之虑近之矣。若是而犹不全也，其天邪，人事则尽之矣。②

故事叙述完毕后，作者一方面认为"公子纠外物则固难必"，公子纠是否可以立为君主并不确定，另一方面又认为管仲的思虑更为近乎情理。

---

① 陈奇猷：《吕氏春秋新校释》，上海古籍出版社 2002 年版，第 1244 页。
② 同上书，第 925 页。

这里，作者对同一故事进行双重标准的评判，从万物无绝对必然的自然规律讲，公子纠未必可成为齐国君主；而从人的主观能动性不可忽视的角度讲，管仲的选择和判断又近乎情理，作者对同一则故事进行的是辩证性的议论和开掘。

又如《举难》篇中"魏文侯弟曰季成"一段：

> 魏文侯弟曰季成，友曰翟璜。文侯欲相之而未能决，以问李克。李克对曰："君欲置相，则问乐腾与王孙苟端孰贤？"文侯曰："善。"以王孙苟端为不肖，翟璜进之；以乐腾为贤，季成进之。故相季成。凡听于主，言人不可不慎。季成，弟也，翟璜，友也，而犹不能知，何由知乐腾与王孙苟端哉？疏贱者知，亲习者不知，理无自然。自然而断相过。李克之对文侯也亦过。虽皆过，譬之若金之与木，金虽柔犹坚于木。①

这段故事的梗概为：魏文侯咨询置相之事，李克进谏。故事很短小，但相比之下作者的议论却很充分。其中不仅对魏文侯的行为加以评价，而且还对李克的行为加以评价，这本身已经属于辩证性议论的表现。在对双方进行评述后，作者又说："虽皆过，譬之若金之与木，金虽柔犹坚于木。"陈奇猷先生解释说："如金、木皆不足于坚，然金仍坚于木也。"②那么，这句话的大意为：两人虽然都有过错，但若降低评价标准，则其中仍有一种做法比另一种做法更好。所以，作者对同一评价对象（两人的行为）采取了两种评价标准：一种是严格意义上的评价，两人均有过错；另一种是宽松意义上的评价，其中一种做法比另一种做法要好。

这种辩证议论方式是对同一对象进行不同标准的评价，所以，其表述一般都以"……，虽然，……"的形式出现，意为：虽然如此，但是……。"虽然"之前是一种标准之下的评价，"虽然"之后则是另一种标准之下的评价。

再次，《吕氏春秋》的辩证性还表现在以正反对比的方式展示故事的主旨。

---

① 陈奇猷：《吕氏春秋新校释》，上海古籍出版社2002年版，第1319页。
② 同上书，第1325页。

如《高义》篇有"墨子游公上过于越"一段,是这样记载的:

> 子墨子游公上过于越。公上过语墨子之义,越王说之,谓公上过曰:"子之师苟肯至越,请以故吴之地,阴江之浦,书社三百,以封夫子。"公上过往复于子墨子,子墨子曰:"子之观越王也,能听吾言、用吾道乎?"公上过曰:"殆未能也。"墨子曰:"不唯越王不知翟之意,虽子亦不知翟之意。若越王听吾言、用吾道,翟度身而衣,量腹而食,比于宾萌,未敢求仕。越王不听吾言、不用吾道,虽全越以与我,吾无所用之。越王不听吾言、不用吾道,而受其国,是以义翟也。义翟何必越,虽于中国亦可。"凡人不可不熟论。秦之野人,以小利之故,弟兄相狱,亲戚相忍。今可得其国,恐亏其义而辞之,可谓能守行矣;其与秦之野人相去亦远矣。①

《高义》篇的主旨在于赞颂和倡导士之高尚品节,这也合于篇名的含义。在故事叙述完毕之后,作者对墨子的高义加以评说。但是作者没有从正面直接赞扬和倡导墨子的高尚品节,而是从反面举出例子以与墨子形成对比:"秦之野人,以小利之故,弟兄相狱,亲戚相忍。今可得其国,恐亏其义而辞之,可谓能守行矣;其与秦之野人相去亦远矣。"秦之野人是墨子高义的反面,秦之野人的行为品质与墨子相去甚远,在对秦之野人的批驳评价之后自然显出墨子的高义、扣合本历史故事的主题。

本段故事选择这种方式进行主题阐释,其原因在于本故事的主题过于明确,加之本故事属于本篇的第二则故事,第一则故事之后的议论中已经对高义有直接正面的评述和议论。如果此处仍用正面议论,过多正面阐释势必造成冗赘和无谓的重复。所以,作者利用正反对比的议论方式再次揭示,以扣合故事主题。

再如《期贤》篇中"魏文侯过段干木之间而轼之"一段故事,其故事梗概为魏文侯敬重贤人段干木,秦人欲进军攻打魏国,但由于耳闻魏文侯敬重贤人而按兵不动。故事叙述完毕后,作者是这样议论的:"魏文侯可谓善用兵矣。尝闻君子之用兵,莫见其形,其功已成,其此之谓也。野人之用兵也,鼓声则似雷,号呼则动地,尘气充天,流矢如雨,扶伤舆

---

① 陈奇猷:《吕氏春秋新校释》,上海古籍出版社 2002 年版,第 1255 页。

死，履肠涉血，无罪之民其死者量于泽矣，而国之存亡、主之死生犹不可知也，其离仁义亦远矣！"① 作者首先对魏文侯的重贤、善用兵表示赞扬，尔后又从反面进行对比论述，认为野人用兵的种种行为和表现正与此相反。通过正反对比，作者提出的何为重贤、何为善用兵的问题无疑更加清晰了。

同样的情况还见于《慎行论》和《疑似》篇等篇目。

虽然从正反两方面论述是对同一主题的阐述和揭示，然而这是以辩证的方式对主题进行阐释。通过这种辩证方式的阐释，一方面可以避免直接正面阐释的冗赘和重复，另一方面则可以使议论更加清晰充分。

具体说来，这种正反辩证的议论方式又有先正后反和先反后正两种形式。所谓先正后反，即如上例《期贤》篇的议论方式，作者先从正面揭示主题，然后从反面加以论述。所谓先反后正，即如上例《高义》篇的议论方式，作者先举出反面例证、加以论述，然后从正面自然扣合主题。这种辩证的议论方式与单纯的正面阐释自然有所不同，辩证的议论方式既从正面扣合主题，对主题思想加以倡导；还能从反面加以警示，以避免失误和错误行为的出现，是对主题的深化和补充。

二 《吕氏春秋》议论中的君臣理念及其体现

在以上三类辩证性议论中，以第一类即从故事的双方进行议论与评述为最多。需要注意的是，此类情况中作者在议论和评述中所兼及的双方一般均是君臣关系。也即在故事涉及君臣双方时，作者经常从双方关系展开论述。如上例中鲁君与颜阖、尧舜与四士、魏襄王与史起、魏惠王与公子食我等均是如此，其原因除《吕氏春秋》收录的历史故事多涉及君臣外，还有一个重要原因就是：《吕氏春秋》的作者普遍对君臣关系持较为辩证的态度，对理想和谐的君臣关系普遍较为向往和期待。

在《吕氏春秋》中辩证的君臣关系一般涉及两个领域：一是臣属对于主上勇敢合理的进谏，二是臣属的节义行为，而臣属的这两种行为均需君主的善于知人和善于听谏与之相对应，从而形成辩证和谐的君臣关系。

如《贵直》篇"能意见齐宣王"一事中，能意见齐宣王后敢于以极其直接的言辞进谏齐宣王，作者在故事叙述完毕后是这样议论的：

---

① 陈奇猷：《吕氏春秋新校释》，上海古籍出版社 2002 年版，第 1458 页。

能意者，使谨乎论于主之侧，亦必不阿主。不阿主之所得岂少哉？此贤主之所求，而不肖主之所恶也。①

显然，作者对能意"不阿主"的直谏行为表示钦佩，这也切合本篇的主旨。但作者又从主上的角度进行评说："此贤主之所求，而不肖主之所恶也。"则很明显是提示君主应当成为贤主，应当求此直谏之士。在这里，作者将臣属敢于进谏、主上任贤纳谏作为和谐君臣关系的理想状态，体现出《吕氏春秋》在君臣关系上的辩证性思维特点。

臣属敢于进谏、主上善于听谏是和谐君臣关系的重要体现，而臣属的进谏除了勇于直言外，有时还表现为善于进谏，即以合理、明智的方式方法达到进谏的目的。

如《重言》篇"楚庄王立三年不听而好讔"一事中，庄王立三年不听进言，成公贾却以庄王喜好的方式——讔进谏，最终成公劝服庄王。故事叙述完毕后，作者这样议论道：

故《诗》曰："何其久也，必有以也。何其处也，必有与也。"其庄王之谓邪！成公贾之讔也，贤于太宰嚭之说也。太宰嚭之说，听乎夫差，而吴国为墟；成公贾之讔，喻乎荆王，而荆国以霸。②

其中"何其久也，必有以也。何其处也，必有与也"出自《诗经·邶风·旄丘》，其表达的是姑娘对心中所爱无尽思念的情感，原文为"何其处也？必有与也，何其久也？必有以也。"大意为姑娘怀疑男士移情别恋，许志刚先生翻译为："因何多日不出门呀？一定有了新伙伴呀！因何许久不相见呀？定有别情不肯说呀。"③是基本准确的。《旄丘》中的原文之意并不合乎此处上下文语境，这里显然属于断章取义，意为"为什么这么久没有行动呢，一定有其原因。为什么安然处之呢，一定有其原委"。④作者用这几句诗的字面意思表达对于庄王三年不听进言的赞赏。

---

① 陈奇猷：《吕氏春秋新校释》，上海古籍出版社2002年版，第1541页。
② 同上书，第1166页。
③ 许志刚主编：《诗经解析》，辽宁师范大学出版社2003年版，第74页。
④ 廖名春等：《吕氏春秋全译》，巴蜀书社2004年版，第236页。

《重言》篇的主旨为："人主之言，不可不慎"，故事之后引用《诗经》
用以评述庄王，正是赞赏庄王的慎于言行，可以说这已经切合主旨。但
是，作者在对庄王评述完毕后，又从臣属的角度对成公贾的进谏表示高度
赞扬，认为他的进言成就了楚国的霸主地位，意义非凡。可以看出，作者
对于臣属的进谏给予极高的期望，希望臣属都如成公贾一样善于进谏、明
智巧妙地进谏，从而使主上听谏如流，最终成就国家兴旺的大业。

　　又如《重言》篇"成王桐叶封弟"故事中，成王年幼时以桐叶封弟，
后来成王有反悔之意，周公循循善诱、循理进言，最终引导成王作出正确
的决定。《重言》篇的主旨是"人主之言，不可不慎"，而这则故事中，
成王和周公的言行可以分别从反面和正面切合"重言"主题，成王不重
言、周公重言。但作者的议论没有重复这一显而易见的主题，而是从善说
的角度对周公加以评价："周公旦可谓善说矣，一称而令成王益重言，明
爱弟之义，有辅王室之固。"这里的"善说"显然是指周公善于进谏，廖
名春等人就将此句解释为："周公旦可说是善于劝说了"①，是基本合理
的。作者对周公善于进谏表示赞扬，周公善于进言的结果是成王接受建
议、更加重言，而且彰显了成王的爱弟道义、使周王室更加巩固。

　　所以，综合看来，《吕氏春秋》的编撰者认为臣属进言、主上听言是
构建和谐君臣关系的重要形式，而臣属的进言既表现为不畏艰险、勇于直
言，而且还表现为高超的进言技巧。臣属的勇于进言、合理巧妙进言与主
上的善于听言在议论上形成辩证关系，也是编撰者的心目中所追求的和谐
的君臣关系。

　　臣属的节义行为和主上的知遇，也是经常出现于《吕氏春秋》议论
中的辩证话题。如《不苟》篇中"秦穆公见由余"一事中，秦穆公意欲
留住由余而苦于无法，希望蹇叔能够给出建议，但是蹇叔认为这是不义之
事，自己不愿为之，于是推举内史廖进言，结果秦穆公按照内史廖的建议
成功争取到由余。作者在故事之后的议论中这样讲道：

　　　　蹇叔非不能为内史廖之所为也，其义不行也。缪公能令人臣时立
　　其正义，故雪殽之耻而西至河雍也。②

———————————

　　①　廖名春等：《吕氏春秋全译》，巴蜀书社 2004 年版，第 235 页。
　　②　陈奇猷：《吕氏春秋新校释》，上海古籍出版社 2002 年版，第 1593 页。

作者对蹇叔的行为表示赞扬，同时也对穆公的行为表示赞赏，他认为穆公的可贵之处在于"令人臣时立其正义"，也即容许和接纳人臣对于节义的追求与坚持。可见，臣属的节义与主上的接纳知遇形成良性互动关系，也形成良好和谐的君臣关系。

臣士的节义是和谐君臣关系的一个重要方面，但主上的接纳和知遇也是形成和谐君臣关系的关键，《吕氏春秋》十分看重君臣之间的这种良性互动关系。如《知士》篇集中讲述靖郭君与剂貌辩之间的君臣知遇，靖郭君能够力排众议、坚持任用剂貌辩，剂貌辩能够为靖郭君临危赴难。作者对两人的关系进行了辩证性评述：

> 当是时也，静郭君可谓能自知人矣。能自知人，故非之弗为阻。此剂貌辩之所以外生乐、趋患难故也。①

显然，作者对剂貌辩的行为表示赞赏，但同时也认为靖郭君力排众议、知人善任是剂貌辩能够死人臣之义的重要前提。

所以，和谐的君臣关系是《吕氏春秋》编撰者思考的重要内容和重要的社会理想，和谐的君臣关系需要君臣双方的共同构建。《恃君》篇有"故忠臣廉士，内之则谏其君之过也，外之则死人臣之义也"。② 正是对臣属行为的明确概括，臣属当勇敢而合理巧妙地进谏其君，当坚持死人臣之义。除此之外，编撰者还从主上的角度，强调君主善听、善任的重要性，这种辩证性体现在对诸多故事的议论之中。

这种和谐君臣关系的理念在《吕氏春秋》中会以不同的方式不时闪现，对君臣双方的辩证议论是其基本形式；当然，对其中一方的省略议论也是重要形式。除此之外，作者还会通过议论与叙述的搭配，体现其对于君臣关系的辩证思考。

如《骄恣》篇中"魏武侯谋事而当"一事：

> 魏武侯谋事而当，攘臂疾言于庭曰："大夫之虑莫如寡人矣！"

---

① 陈奇猷：《吕氏春秋新校释》，上海古籍出版社 2002 年版，第 497 页。
② 同上书，第 1331 页。

立有间，再三言。李悝趋进曰："昔者楚庄王谋事而当，有大功，退朝而有忧色。左右曰：'王有大功，退朝而有忧色，敢问其说？'王曰：'仲虺有言，不穀说之，曰：诸侯之德，能自为取师者王，能自取友者存，其所择而莫如己者亡。今以不穀之不肖也，群臣之谋又莫吾及也，我其亡乎？'曰，此霸王之所忧也，而君独伐之，其可乎？"武侯曰："善。"人主之患也，不在于自少，而在于自多。自多则辞受，辞受则原竭。李悝可谓能谏其君矣，壹称而令武侯益知君人之道。①

　　魏武侯小有所得便大有喜色、表现得十分骄傲，此时李悝大胆进谏，以楚庄王的故事启发诱导魏武侯，最终魏武侯大悟。这则故事还见于《荀子·尧问》和《新序·杂事一》，故事情节大致相同，只是其中进谏者为吴起而非李悝。但这两处文献中，故事叙述完毕后均无作者的评述与议论。《骄恣》篇故事之后的议论有两层含义：一是对魏武侯的行为进行评述，即"人主之患也，不在于自少，而在于自多。自多则辞受，辞受则原竭。"显然，这一层议论是用以扣合本篇的主旨——"骄恣"，对人主的自多和骄恣进行集中批判；二是对臣属的进谏表示赞扬，即"李悝可谓能谏其君矣，壹称而令武侯益知君人之道。"

　　从篇章主题和题名看，故事后的第一层议论正切合本篇主旨。但作者在第一层议论后又加以第二层议论，对李悝的进谏行为大加赞赏，这仍然是作者君臣和谐理念的闪现。臣属勇敢而合理的进谏与主上的善于听谏是和谐君臣关系的基本形式，这则故事中臣属勇敢而合理的进谏行为，作者是通过议论进行评述和强调的；而主上的善于听谏则隐藏在故事的叙述中，李悝用楚庄王故事启发诱导魏武侯，最终"武侯曰：'善'"，这正是对主上善于听谏的叙述。所以，这则故事也体现出作者的君臣和谐理念，其通过叙述与议论配合的方式亦体现出辩证性。

　　可以看出，和谐的君臣关系是《吕氏春秋》编撰者们较为普遍的理念，这一理念会以不同方式不时闪现，这一特点在诸多先秦文献中独具特色。

　　先秦文献在涉及君臣关系时，有两种基本倾向：一是，倾向于较为宽

---

① 陈奇猷：《吕氏春秋新校释》，上海古籍出版社2002年版，第1413—1414页。

泛地陈述君臣之差异与分殊，主张君有君道、臣当臣道；一是，倾向于立足君主，认为君位至上，强调君主对臣属的驾驭之道。

强调君臣分殊、君臣各有其道在诸多文献中均有体现，《管子》中体现得尤为集中：

> 为人君者，修官上之道，而不言其中；为人臣者，比官中之事，而不言其外。① （《君臣上》）
>
> 不自以为所贵，则君道也；贵而不过度，则臣道也。② （《乘马》）
>
> 君人者制仁，臣人者守信。此言上下之礼也。③ （《君臣下》）
>
> 夫为人君者，荫德于人者也；为人臣者，仰生于上者也。为人上者，量功而食之以足；为人臣者，受任而处之以教。④ （《君臣上》）

其中多处君臣对举，但是并没有强调君臣的和谐与合作，而是强调君道与臣道的差异。这一倾向在《礼记》中仍然有十分鲜明的反映，其对于君臣关系的核心理念仍然是君臣有别，"天尊地卑，君臣定矣"（《礼记·乐记》）是其对君臣关系的基本表述。

立足君主、强调君主对臣属的驾驭之道，是先秦文献论述君臣关系时的另一重要倾向，这在《韩非子》《文子》《尹文子》《慎子》等著作中均有体现。如：

> 术者，人君之所密用，群下不可妄窥；势者，制法之利器，群下不可妄为。人君有术而使群下得窥，非术之奥者；有势而使群下得为，非势之重者。⑤ （《尹文子·大道上》）
>
> 故人君处权乘势，处所是之地，则人所不得非也。⑥ （《尹文子·大道上》）

---

① 黎翔凤：《管子校注》，中华书局2004年版，第545页。
② 同上书，第54页。
③ 同上书，第583页。
④ 同上书，第551页。
⑤ 《尹文子》，《诸子集成》第6册，中华书局1954年版，第1页。
⑥ 同上书，第7页。

　　由此观之，贤不足以服不肖，而势位足以屈贤矣。故无名而断者，权重也；弩弱而矰高者，乘于风也；身不肖而令行者，得助于众也。①（《慎子·威德》）

这些著作中，或主张君主用术，或主张用势，等等不一而足，但它们均是立足君主，强调君主的驾驭之道。

无论强调君臣异道，还是强调君主的御臣之术，都倾向于将君臣之间界定为对立的矛盾关系。这种矛盾关系有时被表述得较为隐蔽、并不明显，只是表现为君臣异道等；有时则表现得十分严苛，如《韩非子·爱臣》这样论道：

　　爱臣太亲，必危其身；人臣太贵，必易主位；主妾无等，必危嫡子；兄弟不服，必危社稷；臣闻千乘之君无备，必有百乘之臣在其侧，以徙其民而倾其国；万乘之君无备，必有千乘之家在其侧，以徙其威而倾其国。是以奸臣蕃息，主道衰亡。是故诸侯之博大，天子之害也；群臣之太富，君主之败也。②（《韩非子·爱臣》）

韩非认为，君主若无御臣之术必然导致臣属的犯上作乱，臣属势力日增则主上必然衰亡，甚至将君主"爱臣"看作一大禁忌，其中将君臣之间的对立与矛盾关系表述得十分露骨。

可以看出，在诸多先秦文献中，《吕氏春秋》的理念是较为独特的。其议论中不仅有君臣和谐的理念，而且对君臣和谐的形式还有较为明确的界定与表现。认为臣属当大胆、合理进谏，当死人臣之义；主上则应该善于听言、知人善任。

《吕氏春秋》在议论中表现出来的是君臣遇合的理念，其中寄寓着策士文人对于君臣关系的美好理想。而从臣属、策士的角度讲，这即是策士文人的政治理想的直接体现。他们希望君臣和谐，希望得到主上幸遇。这充分说明《吕氏春秋》的编著者——策士文人，已经不再将君臣关系看作单纯的政治话题，而是将之与个人遭际、个人命运及个人理想进行

---

① 《慎子》，《诸子集成》第5册，中华书局1954年版，第1—2页。
② 陈奇猷：《韩非子集释》，上海人民出版社1974年版，第60页。

关联。

《吕氏春秋》使君臣际遇成为重要的内心感受，这对于汉代文学，乃至整个后代文学影响深远。李炳海先生认为："遇与不遇这个富有哲学意味的人生课题，成为两汉文学的重要主题。它不但普遍存在于设辞类作品，而且贯穿于其他各类文学样式，是研究两汉文学不可忽视的一个侧面。"① 东方朔《答客难》、董仲舒《士不遇赋》、司马迁《悲士不遇赋》《报任安书》、王褒《圣主得贤臣颂》，乃至王充《论衡》等，均对君臣遇合主题有专意表现。士的遇与不遇，在汉代显然已经成为重要的文学主题，广大的文人策士习惯将"遇"或"不遇"这一重要的内心体验，在各类文体中加以体现，这一主题在汉代得以极大地拓展和升华。

特别值得注意的是，汉代文士对于"遇"和"不遇"内涵的理解，与《吕氏春秋》的编著者颇有一致之处，从中足可看出其承续影响。王褒曾作《圣主得贤臣颂》：

> 故世必有圣知之君，而后有贤明之臣。故虎啸而冽风，龙兴而致云，蟋蟀竢秋唫，蜉蝤出以阴。易曰："飞龙在天，利见大人。"诗曰："思皇多士，生此王国。"故世平主圣，俊艾将自至，若尧舜禹汤文武之君，获稷契皋陶伊尹吕望，明明在朝，穆穆列布……故圣主必待贤臣而弘功业，俊士亦俟明主以显其德。上下俱欲，懽然交欣，千载一合，论说无疑。翼乎如鸿毛遇顺风，沛乎如巨鱼纵大壑。其得意若此，则胡禁不止，曷令不行？化溢四表，横被无穷，遐夷贡献，万祥毕溱。②

李先生认为，王褒所说的遇有两个前提："一是士人本身贤明，具有良好的素质，否则无所谓遇与不遇；二是君主圣智，不然的话，贤臣就永无出头之日。"③ 从中不难看出，王褒对于君臣遇合的理解同《吕氏春秋》十分相近，两者均认为君臣遇合是种理想状态，均需要辩证看待。对于臣

---

① 李炳海：《汉代文学的情理世界》，东北师范大学出版社 2000 年版，第 19—20 页。
② 严可均：《全汉文》，中华书局 1958 年版，第 358 页。
③ 李炳海：《汉代文学的情理世界》，东北师范大学出版社 2000 年版，第 26 页。

属而言，能否遂愿而遇，取决于君臣双方：君要知人善任、臣要贤能。从对于君臣关系的辩证性上看，《吕氏春秋》和汉代文学有重要的承续影响关系。

第三节 《有始览》的议论及其文学意义

《有始》位于"八览"第一览的首篇，其中多有原论天道之语，吕思勉说："古人论政，原诸天道；而一国之政，君若臣实共司之。此篇因论天地开辟之宇宙论，而及于君若臣所以自处之道，及其所当务也。"① 这个论断基本合于事实。《吕氏春秋》中原论天道的篇章还有《圆道》和《尽数》，但相比之下，《有始》是最为特别的一篇。其不仅有原论天道的大段文字，更有对天地结构的罗列，分别列举了"九野""九州""九山""九塞""九薮""八风""六川"，共 7 组。是对先秦天地观的感性显现，也是系统的总结，在文学史上意义重大。

一 天地之道的感性显现

吕思勉先生"古人论政，原诸天道"的说法是有道理的，《吕氏春秋》有较为集中的反映。"十二纪"之"纪首"分十二月分言各月所宜，实有以天道统摄人道之意，《有始》作为"八览"之首，也有此意。《圆道》曰："天道圜，地道方，圣王法之，所以立上下。"更是明言人主应当师法天地。

《有始》篇也有相关议论："天地有始，天微以成，地塞以形。天地合和，生之大经也。以寒暑日月昼夜知之，以殊形殊能异宜说之。夫物合而成，离而生。知合知成，知离知生，则天地平矣。平也者，皆当察其情，处其形。"它将"天地合和"作为"生之大经"。"平"字高诱解释为"成"，而陈奇猷先生解释为"有秩序"。实际上两种说法相近，只是陈先生的说法较具体、准确，这里取陈说。而要达到"平"，就要"察其情，处其形"，"处"高亨先生注为"审"，陈奇猷同。② 此说合理，也即要成事就要认真审视天地运行的情实和其形态。

---

① 王利器：《吕氏春秋注疏》，巴蜀书社 2002 年版，第 1219—1220 页。
② 陈奇猷：《吕氏春秋新校释》，上海古籍出版社 2002 年版，第 666 页。

　　《有始》篇随之对天地结构和其形态进行描述，分别列举"九野""九州""九山""九塞""九薮""八风""六川"七组事物，是对天地之道的感性显现。

　　首先，《有始》篇展现了天体的结构形态，即所谓"九野"说：

　　　中央曰钧天，其星角、亢、氐。东方曰苍天，其星房、心、尾。东北曰变天，其星箕、斗、牵牛。北方曰玄天，其星婺女、虚、危、营室。西北曰幽天，其星东壁、奎、娄。西方曰颢天，其星胃、昴、毕。西南曰朱天，其星觜巂、参、东井。南方曰炎天，其星舆鬼、柳、七星。东南曰阳天，其星张、翼、轸。

　　其描述模式为：方位—某天—其星。从表面看，其仅交代了九野，包括其名称和星宿。但实际上整段的叙述感性地展现了天的运行规律。《逸周书·周月解》写道："日月俱起于牵牛之初，右回而行。月周天起一次，而与日合宿。日行月一周天，历舍十有二辰，终则复始，是谓日月权舆。"① 这里所说的十二辰即《有始》篇所提到的二十八宿。

　　从叙述顺序看，其方位先后为：中央—东方—东北—北方—西北—西方—西南—南方—东南。首列"中央"，次列的八个方位是从东方止于东南的逆时针次序排列。其依次所串联的二十八星宿正是：角、亢、氐、房、心、尾、箕、斗、牛、女、虚、危、室、壁、奎、娄、胃、昴、毕、觜、参、井、鬼、柳、星、张、翼、轸，起自角而终于轸。

　　这种排列整齐规则，为逆时针方向。"古人以恒星为背景来观测日月五星的运行，而二十八宿都是恒星。"② 《有始》篇"九野"的排列次序当是日、月、五星（金木水火土）（又合称为"七政"或"七曜"）运行方向的感性显现。随着时节的推进，日月五星会按照逆时针方向（由西向东）依次经过上述二十八星宿。《逸周书·周月解》所说的日月"右回而行"，指的正是逆时针方向运行。古代以东为左，西为右。"右回而行"是自东向西旋转而行，是逆时针方向运行。

　　① 黄怀信、张懋镕、田旭东：《逸周书汇校集注》，上海古籍出版社2007年版，第575—576页。

　　② 王力：《古代汉语》，中华书局1999年版，第835页。

古代，对于星空分区还有所谓的"四象"和"十二次"的方法。《礼记·曲礼上》曰："行，前朱鸟（雀）而后玄武，左青龙而右白虎，招摇在上。"郑玄注曰："以此四兽为军陈，象天也。"① 四物象天，用以表示分布四方的 28 宿，每象 7 宿。即：东方苍龙：角、亢、氐、房、心、尾、箕；北方玄武：斗、牛、女、虚、危、室、壁；西方白虎：奎、娄、胃、昴、毕、觜、参；南方朱雀：井、鬼、柳、星、张、翼、轸。（《史记·天官书》称谓略有差异，记为："东宫苍龙""南宫朱鸟""西宫咸池""北宫玄武"）按照四方平均分配 28 宿，每一个方位 7 宿，十分规整。

"十二次"的划分方法则较为明显地体现了纪时的目的性。其把黄道附近的周天按照由西向东的方向平均进行了划分，分为 12 份。这样，由于 28 宿排列在距离和方位上并不完全规则，疏密不均，加之 28 宿并不可以为 12 平分。所以，不可避免地出现了一种现象：各次的起止并非为星宿的分界②，有的星宿分跨两次。按照《汉书·律历志》的记载，可作如下排列：1. 星纪：斗、牛、女；2. 玄枵：女、虚、危；3. 诹訾：危、室、壁、奎；4. 降娄：奎、娄、胃；5. 大梁：胃、昴、毕；6. 实沈：毕、觜、参、井；7. 鹑首：井、鬼、柳；8. 鹑火：柳、星、张；9. 鹑尾：张、翼、轸；10. 寿星：轸、角、亢、氐；11. 大火：氐、房、心、尾；12. 析木：尾、箕、斗。这种十二次的分法主要是适应"七政"之一的"岁星"运行规则，"岁星"（木星）每十二年绕周天运行一周，每年都经过特定的区域，便标志相应的时年。如《左传·襄公二十八年》："岁在星纪，而淫于玄枵。"杜预注："岁，岁星也，星纪在丑，斗牛之次，玄枵在子，虚危之次。"杜预的说法"岁为岁星"是正确的，只不过其在注释中又参用了干支法（子丑寅卯等）。这样，为了岁星纪时的方便划分为 12 份。这与"太岁"纪法不同，《汉书·天文志》《史记·天官书》《淮南子·天文训》分别出现了"太岁"纪法，《汉书》称之为"太岁"、《史记》称为"岁阴"、《淮南子》称为"太阴"。因为岁星由西向东运行，和人们熟悉的由东向西的十二支（子丑寅卯等）运行正好相反，

---

① 《礼记正义》，《十三经注疏》，上海古籍出版社 1997 年版，第 1250 页。
② 28 宿，并非 28 颗星，而是 28 个星座，如"亢"就由 4 颗星组成，"氐"也是由 4 颗星组成。

于是设想出一个假岁星即"太岁"，让它和十二支运行方向相符，而与岁星正好背道而驰，用以纪年。①

所以，"十二次"的分法体现了岁星的运行方式，而其主要目的是纪时，实用目的性十分明确。

与"四象法"和"十二次法"相比，"九野"说体现出如下特点：

第一，规整性。

"十二次"的分法是把黄道附近的周天按照 12 等份由西向东平均划分，划分中客观承认了 28 宿的分布情况。所以 28 宿在十二次中分布不均，并且普遍存在"一宿两分"的情况，如："女"分在星纪和玄枵，"危"分在玄枵和诹訾等。

相比之下，"九野"说则十分规整。"九野"说以方向为界划分了 28 宿，除中央外，分别为东方、东北、北方、西北、西方、西南、南方、东南八方。其中，除北方玄天为 4 宿外，其余均为 3 宿，达到了最大可能的平均，较为规整。也没有出现"十二次"划分中的"一宿两分"的情况，保证了每宿（一组星）的完整性。

《淮南子·天文训》也有相似描述：

> 何谓九野？中央曰钧天，其星角、亢、氐。东方曰苍天，其星房、心、尾。东北曰变天，其星箕、斗、牵牛。北方曰玄天，其星须女、虚、危、营室。西北方曰幽天，其星东壁、奎、娄。西方曰颢天，其星胃、昴、毕。西南方曰朱天，其星觜巂、参、东井。南方曰炎天，其星舆鬼、柳、七星。东南方曰阳天，其星张、翼、轸。②

这一说法明显和《吕氏春秋·有始》的叙述一脉相承，但仍有细微差异：《天文训》八方的叙述方式分别是：东方—东北—北方—西北方—西方—西南方—南方—东南方。两者实际意义相同，但是其表述明显没有《有始》篇规整，《淮南子·天文训》中"西北方""西南方""东南方"均用了三字，而"东北"又没有和它一致，是二字、三字杂用。而《有始》则除了在内容意义上的规整性之外，在形式上也叙述规整，其八方

---

① 相关说法可参考王力《古代汉语》，中华书局 1999 年版，第 852 页。

② 何宁：《淮南子集释》，中华书局 1998 年版，第 180—183 页。

无一例外的均为二字的表述方式，体现出鲜明的追求规整的特点。

第二，较强的理念性。

在九野划分中方向十分规整（为八方），对于八方的叙述又尽量保持工整的形式，同时避免星宿分布不均的事实，而尽量保证星宿的完整和九个区域分布的均匀，都充分说明《有始》篇的目的并非只是在于客观地描述周天，而是为了表达一定的理念，有多种目的。

从上论述可知，"十二次"的分法目的性十分明确，体现了岁星的运行方式，纪时的实用性很清楚。相比之下，"九野"说以中央和八方标界，其纪时的目的性并不明确，只是表现了天象的运行方式，显得较为宽泛。《圆道》也说："角与轸属，圆道也。"圆道也即天道，"九野"说正是体现了这一"圆道"理念。

当然，《有始》这种鲜明的理念性还体现在诸多方面，尤其是其对于"中央—钧天"的设计，体现出鲜明的天有中心的理念。

《有始》对天地中心的观念进行了较为充分的体现，认为天地有中心。

"九野"有意对周天进行划分，设计出所谓的"中央—钧天"。所谓的"中央—钧天"（其星角、亢、氐）并非实在周天之中央，二十八宿的排列也绝非"角、亢、氐"居于中，而其余二十五宿分列八方，其布局完全出自作者的主观设计。《汉书·律历志》所记，28 宿（包括角、亢、氐）实都位于周天黄道带，"十二次"分法充分承认了 28 宿的实际分布情况。角、亢、氐三宿被分于第 10 寿星和第 11 大火中，并未处于中心位置。"四象"（苍龙、白虎、朱雀、玄武）的分法中将每 7 宿平均配于四方，而"角、亢、氐"三宿则位于"东方苍龙"（偏向东南），也没有处于中心位置。

根据现代西方天文学理论：角宿为"仅有二星，均属室女座（virgo）。其第一星即此座 α，一等星，色白"[1]；亢宿为"其四星皆属室女座（virgo）"[2]；氐宿为"其四星氐一、氐二、氐三、氐四，即天秤座（libra）α、ι、γ、β。此四星构成一等腰梯形，甚易辨识"[3] 其中角亢二宿属于室女座，氐宿属于天秤座，其均属黄道十二宫，并不位于周天之中央。

---

① 陈奇猷：《吕氏春秋新校释》，上海古籍出版社 2002 年版，第 427 页。
② 同上书，第 245 页。
③ 同上书，第 623 页。

　　《吕氏春秋·有始》把属于东方苍龙七宿的角、亢、氐说成钧天，位于天的中央，反映的是先秦时期的天体观念，即认为东方是天宫、天帝所在之处，那里是天体的中央所在之处。《周易·说卦》称："帝出乎震"，"震，东方也"，[①] 这里的帝指天帝、上帝，认为天帝出自东方。石申是战国时期的天文学家，曾著有《石氏星表》，他对角、亢、氐三星有如下说明："角者，天之府庭也。""亢者，庙也。亢者，天帝庙宫，亢为天府。""氐，天子行宫也，一名天庙，一名天府。"[②] 从上述话语可以看出，至迟从战国时期开始，先民已经把角、亢、氐三宿说成天界的中央，和石申对于它们的解说完全一致，可以相互印证。

　　天帝所居之处称为钧天，《史记·赵世家》曾经提到钧天：

　　　　赵简子疾，五日不知人，大夫皆惧。……居二日半，简子寤。语大夫曰："我之帝所甚乐，与百神游于钧天，广乐九奏、万舞，不类三代之乐，其声动人心。"[③]

　　据《赵世家》记载，春秋时期的秦穆公和赵简子做过类似的梦，也是梦中升天见到天帝，他也曾经梦游钧天。钧，有时指造陶器用的转轮，因此《庄子·齐物论》中称自然造化为天钧。天帝所居之处称为钧天，意谓那里统辖四方，生出万物，犹如陶器的转轮能够造出陶器。《周易·说卦》先是说"帝出乎震"，后面又说："万物出乎震，震，东方也。"[④] 震指雷，与东方相配，那里既是天帝所出之处，又是生出万物的地方，是在震动中生出万物，这和钧天所具有的文化内涵是相通的。

　　综上所述，《吕氏春秋·有始》把角、亢、氐所在的东方天界称为钧天，寄托的是天帝为中心的理念。天帝所居的区域就是天界的中心，那里是天庭所在之处，因此被称为钧天。

　　其次，《有始》篇除感性显现了天之中心观念外，对于地之中心也有直接表述：

---

　　① 高亨：《周易大传今注》，齐鲁书社 2000 年版，第 456 页。

　　② 瞿昙悉达：《唐开元占经》，中国书店 1989 年版，第 420—422 页。

　　③ 《史记》，中华书局 1982 年版，第 1787 页。

　　④ 高亨：《周易大传今注》，齐鲁书社 2000 年版，第 456 页。

　　凡四极之内，东西五亿有九万七千里，南北亦五亿有九万七千里。极星与天俱游，而天极不移。冬至日行远道，周行四极，命曰玄明。夏至日行近道，乃参于上。当枢之下无昼夜。白民之南，建木之下，日中无影，呼而无响，盖天地之中也。

　　《有始》篇将"天地之中"定于"白民之南，建木之下"。"白民之国"见于《山海经·海外西经》，属于极内海外之国："白民之国，在龙鱼北，白身被发。"① 《海外西经》的条目是按照"自西南陬至西北陬"的顺序进行排列，共二十二项，其中白民国居于第十九位，后面是慎肃之国，在白民之国的北方。由此判断，传说中的白民之国应该位于西北。"天地之中"在"白民之南"，应是位于西方。《淮南子·地形训》亦有载："凡海外三十六国：自西北至西南方，有修股民、天民、肃慎民、白民、沃民、女子民……"，属于海外三十六国之一，两文献确定的大致方位为西方。而《大荒东经》也有所谓的白民："帝俊生帝鸿，帝鸿生白民。"对此，袁珂先生认为："此白民国在《大荒东经》与《海外西经》之白民方向迥异，是否即是一国，所未详也。"②

　　建木者，《海内南经》载："有木，其状如牛，引之有皮，若缨、黄蛇。其叶如罗，其实如栾，其木若蓝，其名曰建木。在窫西弱水上。"③《海内南经》的条目是"海内东南陬以西者"，从东南向西依次推移。基本可以确定其大致方位在西南方。而同时《山海经·大荒西经》又载："有寿麻之国。南岳娶州山女，名曰女虔。女虔生季格，季格生寿麻。寿麻正立无景，疾呼无响。爰有大暑，不可以往。"④ 与《有始》篇"日中无影"的记载十分相近。据此可以推断，《有始》篇所言"白民"当在西方，"建木"当在西南方，而作为天地中心的"白民之南，建木之下"，当在西南方向。

　　值得注意的是，"九野"说中被列为"中央钧天"的星宿实为东方苍龙宫的首三宿，大致方位为周天之东南方向，而与天地中心位于西南方向的判定有较大差异。其真正原因在于：《有始》篇对于"中央钧天"方位

---

①　袁珂：《山海经校注》，上海古籍出版社 1980 年版，第 225 页。
②　同上书，第 347 页。
③　同上书，第 279 页。
④　同上书，第 410 页。

的认定，沿袭的是战国时期天文学家的看法，而对"天地之中"的判定则明显是沿用《山海经》的记载。两种判定所依据的材料来源不同，因此，得出的结论相互矛盾。《淮南子·地形训》称："建木在都广，众帝所自上下，日中无景，呼而无响，盖天地之中也"①，《山海经·海内经》说"西南黑水之间，有都广之野"。看来，《淮南子》承继了《山海经》《有始》篇天地之中位于西南的判断，但是也无意中将本在海外极内的天地之中移到了海内的西南黑水之间，仿佛离中土更近了，离我们越近造成的感觉的虚幻性越小。而相比之下，《有始》篇虚幻性更大，表现了更强的理念性。

《周礼·地官·大司徒》："日至之景，尺有五寸，谓之地中。"郑玄注曰："土圭之长，长有五寸，以夏至之日，立八寸之表，其景适与土圭等，谓之地中。今颍川阳城地为然。"② 这是意义完全不同的另外一种测定地之中心的方式。此种方式所测的对象是实际地理意义上的区域，无涉于海内海外等概念；测定的目的很具体，就是要测定"地"之中心，并不包括天；最终测定的位置更是非常具体——阳城③。

《周礼·地官·大司徒》将大地的中心确定在颍川阳城，即今河南嵩山地区，这是以东周建都洛阳为根据得出的结论，是帝都中心论的产物。从西周时期开始，人们就把洛阳视为九州大地的中心区域，因此营造洛邑。《周礼·大司徒》则是进一步把处于九州大地中心区域的洛阳，认定为整个大地的中心。

把洛阳所在的嵩山一带认定为整个大地的中心，这样一来，就与角、氐、亢为天之中心的认定不再相互矛盾，而是逐渐趋于一致。《史记·天官书》写道：

> 左角，李；左角，将。大角者，天王帝廷。其两旁各有三星，鼎足句之，曰摄提。摄提者，直斗杓所指，以建时节，故曰摄提格。亢为疏庙，主疾。其南北两大星，曰南门。氐为天根，主疫。④

---

① 高诱：《淮南子注》，《诸子集成》第7册，中华书局1954年版，第57页。
② 贾公彦：《周礼注疏》，《十三经注疏》，上海古籍出版社1997年版，第704页。
③ 当然也有异议，如马融认为是洛阳。但无论位于何处，并不影响这一测定具体性的特点。
④ 《史记》，中华书局1982年版，第1297页。

司马迁继承战国时期天文学家石申的看法，认定角、亢、氐三宿是天王帝廷所在之处，是天界的中心区域。《史记·天官书》还写道"二十八舍主十二州"，[①] 意谓天上二十八宿与汉代版图的十二州相对应，其中，"角、亢、氐，兖州。"[②] 作为天庭所在的角、亢、氐三宿，与它们相对应的汉代行政区域是兖州。兖州所辖地域在当时黄河以东，北起山东泰安，南到今河南尉氏。其南境陈留郡所属的尉氏县，距离嵩山附近的阳城已经很近，直线距离不过一百公里。作为天界中心的角、亢、氐三宿，与处于西汉版图中心的嵩山地区，已经初步建立起上下对应的关系。

到了班固的《汉书·地理志》，最终实现了天界中心与地之中心的整齐对应。其中写道：

> 韩地，角、亢、氐之分野也。……及《诗·风》陈、郑之国，与韩同星分焉。郑国，今河南之新郑，本高辛氏火正祝融之虚也。及成皋、荥阳，颍川之崇高、阳城，皆郑分也。[③]

与角、亢、氐相对应的分野包括郑地，而被认定为地之中心的阳城，正处于郑地。这样一来，天之中心和地之中心就形成整齐的上下对应，而不再存有偏移。

班固对于角、亢、氐三星的解说，基本是沿用《史记·天官书》的看法："左角，理；右角，将。大角者，天王帝坐廷。……亢为宋庙，主疾。……氐为天根，主疫。"[④] 显然，班固也认为角、亢、氐三宿是天界的中心，是天庭所在之处，把角、亢、氐三宿与郑地相对应，是天帝中心区域的上下相对。

《汉书·天文志》又称："角、氐、亢，兖州。"[⑤] 兖州原为鲁地，鲁灭于楚，郑灭于韩，这与《汉书·地理志》的表述稍有差异，但并无大的矛盾。

---

① 《史记》，中华书局 1982 年版，第 1364 页。
② 同上书，第 1330 页。
③ 班固：《汉书》，中华书局 1997 年版，第 1651 页。
④ 同上书，第 1276 页。
⑤ 同上书，第 1288 页。

《有始》开篇便说："天地有始。天微以成，地塞以形。天地合和，生之大经也。"以天、地对言，认为天地合和是万物根本。天地参配、合和，成为宇宙大道。这篇作品还通过天圆地方理念来展现天地参配。

《圆道》所言"天道圆，地道方"的理念当时已十分盛行。《有始》篇设计出起自东方终于东南的周天运行方式，是十分典型的圆形运行轨迹。

"地道方"在《有始》有直接表述：

> 凡四海之内，东西二万八千里，南北二万六千里，水道八千里，受水者亦八千里，通谷六，名川六百，陆注三千，小水万数。凡四极之内，东西五亿有九万七千里，南北亦五亿有九万七千里。

四海之内的范围是："东西二万八千里，南北二万六千里"。而据《管子·地数》："地之东西二万八千里，南北二万六千里"；《管子·轻重乙》："地之东西二万八千里，南北二万六千里。天子中而立国之四面，面万有余里。"《尸子》："八极之内，有君长者，东西二万八千里，南北二万六千里。"《山海经·中山经》："天地之东西二万八千里，南北二万六千里。"《广雅·释地》："夏禹所治四海内地，东西二万八千里，南北二万六千里。"各处记载没有大的差异。

而"四极"的幅员则出现了诸多不同：

《山海经·海外东经》："帝命竖亥步，自东极至于西极，五亿十选九千八百步。竖亥右手把算，左手指青丘北。一曰禹令竖亥。一曰五亿十万九千八百步。"[①]

《淮南子·地形训》："禹乃使太章步自东极至于西极，二亿三万三千五百里七十五步；使竖亥步自北极至于南极，二亿三万三千五百里七十五步。"[②]

张衡《灵宪》："八极之维，径二亿三万二千三百里，南北则短减千里，东西则广增千里。"[③]

---

① 《山海经》，中华书局2009年版，第200页。
② 何宁：《淮南子集释》，中华书局1998年版，第321页。
③ 严可均：《全后汉文》，中华书局1958年版，第776页。

《诗含神雾》："天地东西二亿三万三千里，南北二亿三万一千五百里。"①

《广雅·释天》："天圆广南北二亿三万三千五百里七十五步，东西短减四步。"

《晋书·地理志》："八极之广，东西二亿三万一千三百里，南北二亿三万一千三百里"。

经比对，不难看出，虽然具体数字和计量单位有所不同，但是最大的差异却在于：《山海经》为代表的"五亿"余与《淮南子》为代表的"二亿"余的差别，这一差异十分明显。

根据差异和各著作的大体时代②，基本可以断定：《有始》篇的四极中的东西两极的长度是沿自《山海经》。但是《山海经》并未出示南北极之间的距离，表示东极到西极距离所用的测量单位是步，而不是里。而《有始》篇明确将东西极和南北极的距离数字稍作调整（下调），均设定为"五亿有九万七千里"，并且将计量单位由步变成里。于是，将四极划定为正方形。这一地是方形的模式影响了《淮南子》，其仍将四极定为正方形，但是《淮南子》却也陡然把其尺寸缩减了一半有余，由《山海经》和《有始》的"五亿"变成了"二亿余"，并且采用的计量单位是步，而不是里。这一变化又进一步影响了其后诸说，其后或将四极定为正方形（张衡），或定为长方形（近于正方形）（《广雅》《晋书》），但总不脱"二亿余"的尺度，并且还有逐次减少的迹象。

"四极"的虚幻特征本来已经十分浓厚，测量方式更为虚幻。《淮南子》的删减缩小了四极的空间范围，相比之下《有始》则保留了《山海经》中阔大的想象空间，并设计为正方形。

后代在《淮南子》的影响下进一步缩减四极空间，而且还有诸多文献将之定为长方形。这意味着人们想象空间的逐渐远离阔大和虚幻，进一步走向具体和可感。

《有始》通过设计的"天圆"和"地方"的天地构造形态，通过具体的空间距离展示出当时普遍流行的理念，即天地的形态不同，有圆和方的差异。天圆地方理念在先秦典籍中见于《管子·内业》《大戴礼记·曾

---

① 《诗含神雾》，转引自袁珂《山海经校注》，上海古籍出版社1980年版，第258页。
② 《广雅》为三国魏时张揖撰；《诗含神雾》为汉代纬书。

子天圆》等篇。

综上所述，周天划分主要有"四象"法、"九野"法和"十二次"法。

"四象"法将 28 宿平均分配，以标示其大体方位；"十二次"则为纪时方便。"九野"说既认定 28 宿是天象的主要体现，保证了完整性，同时也有十分规整的方向观。所以，以方向为主进行了划分，尽量做到规整的平均分配，没有出现"十二次"的"一宿两分"现象，体现了较强的理念性。

与"四象"法相比，"四象"标以四方、每方 7 宿。"四象"为四方，"九野"说则扩之八方，并非在方向上的简单具体化，而是对于数字"九"的追求。中央＋八方的九野，在数字上与下文的"九州"相配。"九州"的说法由来已久（后有详述），为了做到天地相配，《有始》篇只好设计和改造天野，"中央＋八方"的方式既保证了数字九的运用，同时还体现了鲜明的天地中心观，可谓一举两得。同时需指出，正是此说的理念性过于强烈，缺乏具体性、实际性和实用性，所以后代便很少用及此说了。

二　《有始》篇"九州说"的特征

"九州说"由来已久、影响巨大，而《有始》篇对于"九州"的描述独具特点，影响深远。关于"九州"的较早记载见于《尚书·禹贡》：

> 冀州：既载壶口，治梁及岐。……济、河惟兖州。……海、岱惟青州。……海、岱及淮惟徐州。……淮、海惟扬州。……荆及衡阳惟荆州。……荆、河惟豫州。……华阳、黑水惟梁州。……黑水、西河惟雍州。

其依次所载的九州为：冀州、兖州、青州、徐州、扬州、荆州、豫州、梁州、雍州。《尚书》的"九州说"有如下特点：

第一，九州的主要标界物为山和水。

如标界青州、冀州、徐州、荆州、梁州时用到了山（梁、岐、岱、荆等）。同时，江河也是重要标界物，如河、济、淮、黑水、西河等均被用以标界，这与《禹贡》的内容十分吻合。《禹贡》称"禹别九州，随山浚川，任土作贡。禹敷土，随山刊木，奠高山大川。"① 九州的出现与大禹通山治水紧密相联，因而不难理解其标界物为山与水。这一特点与"州"字的本义也十分吻合，《说文解字》记载："水中可居曰州，周绕其旁，从重川。昔尧遭洪水，民居水中高土。或曰九州。诗曰在河之州。"② 讲的正是"州"的最初含义，和《尚书》的记载相通。所以《禹贡》篇九州的标界物还带有典型的早期特征。

"衡阳""华阳"为地名，只是辅助的次要标界物，同时，这两个地名本身也是以山（衡山、华山）标界的。

第二，值得注意的是，《禹贡》九州的排列有了初步的次序，同时体现出帝都至尊的观念。

九州依次为：冀州、兖州、青州、徐州、扬州、荆州、豫州、梁州、雍州。作者没有明确展示其在方向上的次序观念，但根据其总体范围与各州位置以及其他地理情况，其大致可判定为：北（冀）—东北（兖）—东（青）—东南（徐）—东南（扬）—南（荆）—中（豫）—西南（梁）—西（雍）。若别除豫州，基本为顺时针次序。可以看出作者在叙述中存在一定的空间次序观念，只是还较为模糊而已。

《禹贡》九州排在首位的是冀州，为什么作这样的安排？对此，清人孙星衍有深入的辨析：

> 郑康成曰："两河间曰冀州。不书其界者，时帝都之，使者广大然。……"云"时帝都之者"，《春秋左氏》哀六年《传》引《夏书》曰："惟彼陶唐，有此冀方。"注云："唐虞及夏周都冀州。"疏云："尧治平阳。"在冀州也。《地理志》云："河东，本唐尧所居，《诗·风》唐、魏之国也。"又平阳，应劭曰："尧都也，在平河之阳。"《郡国志》："太原晋阳，本唐国。"注云："《毛诗谱》曰尧始都于此，后迁河东平阳。"平阳故城，今山西临汾县西南。③

孙星衍的辨析向人们表明，《禹贡》之所以把冀州列为首位，因为那

---

① 孔颖达：《尚书正义》，《十三经注疏》，上海古籍出版社1997年版，第146页。
② （汉）许慎：《说文解字》，中华书局1963年版，第239页。
③ 孙星衍：《尚书今古文注疏》，中华书局1986年版，第138页。

里是尧、舜、禹都城所在之地，是原始社会末期的政治中心。正因为如此，《禹贡》对冀州的界域未作标示，明显有别于对其他八州所作的表述。《禹贡》反映的是尧、舜、禹时期中土的行政区划和政治格局，冀州作为政治中心而被置于首位，实是后来帝都至尊、帝都中心理念的滥觞。

《禹贡》的九州说是奠基石，直接启迪了《有始》篇的"九州说"：

> 何谓九州？河、汉之间为豫州，周也。两河之间为冀州，晋也。河、济之间为兖州，卫也。东方为青州，齐也。泗上为徐州，鲁也。东南为扬州，越也。南方为荆州，楚也。西方为雍州，秦也。北方为幽州，燕也。

《有始》篇的九州说在数量上仍沿承"九"，但是进行了如下调整：

第一，九州的名称和次序由"冀州、兖州、青州、徐州、扬州、荆州、豫州、梁州、雍州"变为了"豫州、冀州、兖州、青州、徐州、扬州、荆州、雍州、幽州"。去掉了"梁州"，增加了"幽州"；将豫州提前置于九州之首。

第二，九州的标界物包括江河、方位和国度（诸侯国）。除了河、汉、济等外，还运用方位词：东方、东南、南方、西方、北方。此外，其后还有相应国度进一步加以说明。

首先，《有始》篇的这一调整显示了较为鲜明的时代特点。

可以看出疆域的北扩，"九州"中增加了"幽州"，周平殷以来幽州属燕。《史记·燕召公世家》载："召公奭与周同姓，姓姬氏。周武王之灭纣，封召公於北燕。"这是大禹时代所未有的。

值得注意的是，《有始》篇的九州增加了幽州，但是将梁州删除。战国时代梁州的广大区域部分属秦、部分属楚。其在"荆州"和"雍州"中分别标界以"楚也""秦也"，当已把此区域纳入九州之中，但是这仍然十分鲜明地显示了作者的理念：保持总体数字为"九"。因为《禹贡》以来的"九州"说法影响巨大，数字"九"具有了相对固定性。也正因为如此，这也同时影响到了周天划分的"九野说"。

其次，《有始》篇同样凸显了帝都中心的观念。

《有始》篇与《禹贡》的"九州说"相比，《禹贡》把冀州列在首位；而《有始》篇把"豫州"提前，置于首位。

《有始》篇把豫州置于九州之首，用以突出它的特殊地位。东周建都洛阳，在豫州版图之中。《有始》篇把豫州排在首位，实际是标示它在九州中的独尊地位，是帝都至上、帝都至尊理念的体现，和《禹贡》的做法一脉相承。《禹贡》九州的排列顺序反映的是尧、舜、禹时期的行政区划和政治格局，《有始》篇九州的顺序所显示的则是东周时期的行政区划和政治格局。《有始》篇明确指出："河汉之间为豫州，周也。"作者标明豫州是周地，凸现它作为东周王朝首都所在地的特殊地位。

《有始》篇所列的九州，都明确标示它们所对应的国度。值得注意的是，所出现的国度除了"周"比较特殊，是一个王朝，其余都是诸侯国。但是，作为战国时期的大国赵、魏、韩均未在文中出现。相反，战国时期的弱国卫国、鲁国、越国，却占有一席之地。至于在《有始》篇撰写时已经被楚国灭掉的越国，也把它写入文中，与扬州相对应。鲁国在公元前256年灭于楚。《有始》篇的出现确定无疑是在鲁、越灭亡之后，可是，这两个诸侯国在所列九州中却各有所属。由此可见，《有始》篇对九州及其所属国度的表述，反映的是春秋时期的诸侯国分布情况和政治格局，所绘出的地图并未反映出战国阶段七雄相争的历史事实。从中不难看出，《有始》篇的作者对于赵、魏、韩持疏远和排斥的态度，不承认它们疆域的合理性，因此，只用"晋也"概括言之，不把三国列入相应的州。与《有始》篇形成对照的是《汉书·地理志》，它依次提到的地域是秦、魏、周、韩、赵、燕、齐、鲁、宋、卫、楚、吴、越，是兼顾春秋和战国时期的诸侯分立格局。

《有始》篇所列的九州，有五州明确标示出所处东、南、西、北方位，其余四处则指出其地理位置，没有用东南西北这类方位词。出现这种情况的原因是由各州所处地理方位决定的。有的州处于中土周边，能够用方位词加以标示。有的州处于中土腹地，无法用方位词进行表述。有鉴于此，《有始》篇采用两种表述方式：处于中土腹地的豫州、冀州、兖州、徐州，用黄河、汉水、济水、泗水加以标明；处于中土周边的青州、扬州、荆州、雍州、幽州，则用具体的方位词明示：东方为青州，东南为扬州，南方为荆州，西方为雍州。表述的顺序是按照东—东南—南—西—北的次序依次推移，是顺时针方向旋转。当时五行说已经确立，以四方配四季，四方是按照东南西北的顺序依次推移，以与春夏秋冬四季相配。《有始》篇标示方位词的各州排列顺序，符合五行说的体系，可与书中的十二纪相互印证。

三 《有始》篇"九州说"的文学意义

《禹贡》确立"九州说"之后，除《有始》篇之外，先秦两汉时期的"九州说"大致以《淮南子》为界分为前后二期：前期"九州说"主要包括《周礼》《逸周书》《尔雅》。《周礼》时代至今没有定论，郑玄、刘歆等人认为是周公遗作，但多数现代学者认为《周礼》成书年代偏晚，约作于战国后期。《逸周书》时代也未定论，刘向、刘知几等人认为孔子删《书》之余，多数现代学者认为可能晚之战国中后期。《尔雅》有人认为是孔门作品，也有人认为是周公作品，现代学者多认为是秦汉时人作。后期"九州说"则主要是《淮南子》和《河图·括地象》①。

前期"九州说"有四个基本特点：

第一，九州排列明显杂乱无序。

虽然《禹贡》的排列显示了一定的次序，但次序观念比较模糊。除此之外，前期的"九州说"更多体现出杂乱无序。

如：《周礼·夏官·职方氏》所记九州次序为："东南曰扬州"，"正南曰荆州"，"河南曰豫州"，"正东曰青州"，"河东曰兖州"，"正西曰雍州"，"东北曰幽州"，"河内曰冀州"，"正北曰并州"②。《逸周书·职方解》所记与《周礼》近乎全同，《汉书·地理志》曰："殷因于夏，亡所变改。周既克殷，监于二代而损益之，定官分职，改禹徐、梁二州合之于雍、青，分冀州之地以为幽、并。故《周官》有职方氏，掌天下之地，辩九州之国。"指出了《周礼》的时代特征，但是《周礼》和《逸周书》所述九州明显没有一定的方位次序。

《尔雅·释地》曰："两河间曰冀州，河南曰豫州，河西曰雝州，汉南曰荆州，江南曰杨州，济河间曰兖州，济东曰徐州，燕曰幽州，齐曰营州。"其所记的九州名称与《有始》最为相近，除"齐之营州"于《有始》称为"青州"外，其余州名均同③。尽管如此，但差异十分明显，《尔雅》各州的排列呈现的是无序的状态。

---

① 《河图》为汉代谶纬书。

② 贾公彦：《周礼注疏》，《十三经注疏》，上海古籍出版社1997年版，第862—863页。

③ 当然有字异的情况，如"雝州""杨州"，于《有始》分别为"雍州""扬州"。

第二，九州中心观念或明或暗。

《周礼》《逸周书》列在首位的是扬州，曾经作为政治中心而存在的冀州、豫州错杂于九州中间没有置于特殊地位。《尔雅》把冀州、豫州放在前面的首位和第二位，保留了《禹贡》和《有始》篇的痕迹。

第三，标界物的使用兼采《禹贡》和《有始》篇。

《禹贡》曾以山、水、地名等标界。《周礼·夏官·职方氏》所用的标界物包括方位词和地名。用及方向词者如："东南—扬州""正南—荆州""正东—青州""正西—雍州""东北—幽州""正北—并州"，共六处。用及地名者如："河南—豫州""河东—兖州""河内—冀州"，共三处。（当然，这些地名也可看作以河标界）

《尔雅》则没有用及方位词，而用江河、地名和国度。如："两河间""河南""河西""汉南""江南""济河间""济东"可看作江河标界（或可看作地名），而"燕""齐"则为国度。

所以总体看，其标界物兼取《禹贡》和《有始》篇，多种方式并用。

第四，"九州"为海内九州。

广阔天下曾被认为有远近多个层次，《尔雅·释地》曰："东至于泰远，西至于邠国，南至于濮铅，北至于祝栗，谓之四极。觚竹、北户、西王母、日下，谓之四荒。九夷、八狄、七戎、六蛮，谓之四海。"郭璞注为："四极，皆四方极远之国；四荒，皆四方昏荒之国，次四极者；四海，次四荒者。"[1] 明确将天下分为三个层次，由近及远为：海内、荒内、极内。

前期"九州"均为海内之地无疑。

与之相对，晚期"九州说"也有四个新特点：

第一，九州排列明显次序化。

《淮南子·地形训》曰：

> 何谓九州？东南神州曰农土，正南次州曰沃土，西南戎州曰滔土，正西弇州曰并土，正中冀州曰中土，西北台州曰肥土，正北泲州曰成土，东北薄州曰隐土，正东扬州曰申土。

---

① 郭璞：《尔雅注》，转引自王利器《吕氏春秋注疏》，巴蜀书社 2002 年版，第 1266 页。

九州次序起自"东南"终于"正东",次序为顺时针。

《后汉书·张衡传》注引《河图》曰:

> 天有九部八纪,地有九州八柱。东南神州曰晨土,正南昂州曰深土,西南戎州曰滔土,正西弇州曰开土,正中冀州曰白土,西北柱州曰肥土,北方玄州曰成土,东北咸州曰隐土,正东扬州曰信土。①

其记载州名称谓与《淮南子》有异,但同样起自"东南"终于"正东",次序为顺时针。

《初学记》引《河图·括地象》曰:

> 天有九道,地有九州。天有九部八纪,地有九州八柱。昆仑之墟,下洞含右;赤县之州,是为中则。东南曰神州,正南曰迎州一曰次州,西南曰戎州,正西曰拾州,中央曰冀州,西北曰柱州一作括州,正北曰玄州一曰宫州,又曰齐州,东北曰咸州一作薄州,正东曰阳州。②

其记载州名与《后汉书·张衡传》注所引有异同。但亦起自"东南"而顺时终于"正东"。

第二,有明确的中心观念。

《淮南子》没有将"正中冀州"置于首位,但明确表述为"正中",且置于九州名中间,前后各四州,两处所引《河图·括地象》亦沿用此法。中心观念可谓明了。

第三,标界物统一方位词。

如上,《淮南子》和两处所引《河图》无一例外、十分规整地运用了方位词以标界九州。

第四,所谓"九州"很难确认为海内之地。

其所列的九州,地理方位具有很强的虚幻性和理念性。如《淮南子·地形训》所谓的"正南次州曰沃土",高诱注为:"五月建午,稼穑

---

① 范晔:《后汉书》,中华书局1995年版,第1922页。
② 徐坚:《初学记》,京华出版社2000年版,第257页。

盛张，故曰沃土也。"① 或有一定道理，但是有一点是确定的："次州—沃土"的命名并非按照实有的海内地理位置，而是充分显示了其虚幻和想象的特点，其中或伴有某种理念。其余各州也是如此。

杨树达在《邹衍九州考》② 中认为，《淮南子》所举九州除正中冀州与《禹贡》九州之冀州偶同外，馀皆名号差异；其称东南神州，与邹衍所称中国名曰赤县神州者相合；疑该篇乃取自邹衍之书，所举九州之名即邹衍所称之九州。

若杨氏说胜，则《淮南子》的"九州"便是邹衍之"大九州"。邹衍的"大九州"是"裨海环之"的九州。

所以，《淮南子》的"九州说"体现了强烈的虚幻性，并非中土实有地域的描绘，而是范围更加广大。

上述一一对应的区别足以将"九州说"界为二期。若将《有始》纳入，其影响与意义便可即刻现出：《有始》篇在前期较明确地表现出方位次序观和中心观，直接影响了汉代的"九州说"。

《有始》篇展现了较为明确的方位次序的帝都中心观念，《淮南子》和《河图》进一步发展了方位次序观和帝都中心观，而其理念性发展尤甚。

《淮南子》的九州方位依次为：东南—正南—西南—正西—正中—西北—正北—东北—正东。完全是按顺时针方向推移，《有始》篇所缺的"西南""西北"在这里得以填补，同一方向重叠多州的现象得到了彻底解决。

如此的规整设计，势必造成与实际地理位置的不符。为了弥合方向和相应州的位置矛盾，《淮南子》将很多州进行了虚化。

具体说来，《淮南子》对九州虚化，受到了《有始》篇和邹衍海外观的影响。

《有始》的九州中心为"豫州"，但是在同篇中其认定的"天地之中"又在"白民之南，建木之下"，大致在海外之西南方向。（前已详述）出现了明显的抵牾。原因在于："豫州"为海内九州中心，"白民之南，建木之下"为四极之中心。其"九州说"沿自《禹贡》，而其"天地之

---

① 何宁：《淮南子集释》，中华书局1998年版，第312页。
② 杨树达：《积微居小学述林》，中华书局1983年版，第244—245页。

中"的理论则是沿自《山海经》。

《史记·孟子荀卿列传》概述邹衍学说及其学术特征：

> 先列中国名山大川，通谷禽兽，水土所殖，物类所珍，因而推之，及海外人之所不能睹。称引天地剖判以来，五德转移，治各有宜，而符应若兹。以为儒者所谓中国者，于天下乃八十一分居其一耳。中国名曰赤县神州，赤县神州内自有九州，禹之序九州是也，不得为州数，中国外如赤县神州者九，乃所谓九州也，于是有裨海环之，人民禽兽莫能相通者，如一区中者，乃为一州，如此者九，乃有大瀛海环其外，天地之际焉。

值得注意的是，邹衍虽然推衍了"大九州说"，但是，除了明言"赤县神州"这一近者外，其他却一概未有明言和具体命名。

《淮南子》所列九州，均有命名，但是除"正中冀州"恰同于海内九州之一的"冀州"，"东南神州"略同于邹衍的"中国"—"赤县神州"外，均不同于之前文献。

《有始》篇的"九州说"是海内九州，命名具体，而对"天地之中"的认定则体现了如同邹衍的海外九州观念，这对《淮南子》产生了巨大的影响。《有始》一方面直接沿袭了《禹贡》以来的海内"九州说"，另一方面又将视野扩展到中土之外，因而其说法有一定的矛盾性和驳杂性。但同时也使明显受其影响的《淮南子》一方面继续具体以命名展现九州，另一方面又全面扩张视野，展示出更加广大的九州版图，它又进一步对《河图》《十洲记》等产生了重要影响。

第四节　《任地》等三篇的议论及其文学意义

《吕氏春秋》之《上农》《任地》《辩土》《审时》四篇，从描写特点上看，与《吕氏春秋》其他篇章有较大差异。既无寓言故事，也没有人生哲理和治国理论的阐释，而是对较为专业的农业知识的议论与阐述。有的学者认为这四篇取材于后稷农书，如夏纬瑛《〈吕氏春秋·上农〉等四篇校释后记》曰："大致取材于后稷农书。《任地篇》一开始，就用'后稷曰'的口气提出来十项问题，以下则是解答。但是《任地》一篇并没有解答明白，而是在《辩土》《审时》两篇中作了补充或申论，才算解答完成。由此可见，《任地》《辩土》《审时》三篇都该是后稷农书上的东西。"① 陈奇猷先生对此观点深信不疑："夏氏此说，颇有见地。"② 或有一定道理。先秦农家可见于《汉书·艺文志》记载"九家，百一十四篇"，但均无传世。《上农》所涉农业知识和理论甚少，与《任地》等三篇有较大差异，暂不讨论。

本书只着意探究《任地》《辩土》《审时》（后简称《吕》三篇）对于农事的议论特征。

一 辩证思维与人的主观能动性的统一

先秦典籍涉及农业理论或与之相关者亦可见于《诗经》农事诗；《尚书·禹贡》；《管子》之《地员》《度地》《幼官》《四时》《五行》《轻重己》等篇。综合考察，《吕》三篇在农事描写上特点较为鲜明：

（一）充分而鲜明的辩证思维特征

辩证思维的特点是《吕》三篇字里行间普遍透露的特点，而最典型的莫过于其对耕之大方的阐释：

> 凡耕之大方：力者欲柔，柔者欲力。息者欲劳，劳者欲息。棘者欲肥，肥者欲棘。急者欲缓，缓者欲急。湿者欲燥，燥者欲湿。（《任地》）

土地的干湿、松紧、刚柔、耕休、高低、肥瘠等，都有一定的分寸，要把握好。其中涉及 5 对相互矛盾的特征：力—柔、息—劳、棘—肥、急—缓和燥—湿。《吕氏春秋》描述的耕之大方显然不是越力、越肥越好，而实际是要在土地的两极特征间求得合适协调。这种辩证思维方式更多呈现为两两相对而言的表述形式，上下、高低、先后等，往往为两两而言、一并托出。这在《吕》三篇中比比皆是，具有典型的辩证思维特征，而这也是《吕》三篇的基本农业理念。

《吕》三篇的辩证思维以三个层次体现出来。

---

① 陈奇猷：《吕氏春秋新校释》，上海古籍出版社 2002 年版，第 1720 页。
② 同上书，第 1720 页。

第一层，语言表述层。《吕》三篇在语言表述、篇章组织上充分体现了其辩证思维的特点。

首先，两两相对而言的表达形式涉及农业生产全过程。《吕》三篇描述的农事大致含三大阶段：土壤整治、种植管理和作物形态。（后有详论）其语言表述也大致可以三方面视之。

而对土壤的记论中涉及的辩证关系主要有：

高一下："子能以窒为突乎"（《任地》）"窒"为底下洼地，"突"为相对之意，指丰高之处。"上田弃亩，下田弃畎"（《任地》）"上田则被其处，下田则尽其污"（《辩土》）夏纬瑛认为"上田"为高旱田，"下田"为低湿田①，较为合理。行文以高下相对，意在高下间辩证协调。

亩一畎：夏纬瑛认为"亩是地经耕整后田中所起之高垄，畎是垄和垄间凹下之小沟"，② 基本合实。可见，亩是高上之地，而畎是凹下之沟。《吕》三篇表述中，亩畎对举也很普遍。如"是以六尺之耜，所以成亩也；其博八寸，所以成畎也"（《任地》）；"故亩欲广以平，畎欲小以深，下得阴，上得阳"（《辩土》），当然，其中仍包含高下和阴阳辩证。

湿一燥："人肥必以泽。使苗坚而地隙；人耦必以旱，使地肥而土缓。"（《任地》）此句陈奇猷先生释为"凡是人工施肥，必在土地湿润之后，大旱之极，不可施肥"③。除草在干旱时较为合理。其中湿燥并举。

肥一棘："地可使肥，又可使棘。"（《任地》）肥棘并举。

尘一坚："稼欲生于尘，而殖于坚者"（《辩土》）"尘"为蓬松软土，"坚"为厚实硬土。

种植管理中涉及的辩证关系有：

先一后："凡耕之道，必始于垆，为其寡泽而后枯；必厚其靯，为其唯厚而及。"（《辩土》）王利器先生译为："开始必定要先耕刚强的垆土，因为它是水分少而表层干枯得厚了；必定要后耕耎弱的土，因为虽然后耕它，还是来得及的"④，较为合理。其中先后并举，当然隐含的辩证关系还有湿燥和刚弱。"是以先生者美米，后生者为粃"（《辩土》）亦是先

---

①　陈奇猷：《吕氏春秋新校释》，上海古籍出版社 2002 年版，第 1768 页。
②　同上书，第 1747 页。
③　同上书，第 1753 页。
④　王利器：《吕氏春秋注疏》，巴蜀书社 2002 年版，第 3114 页。

后并举。

疏—密："慎其种，勿使数，亦无使疏。于其施土，无使不足，亦无使有余。"（《辩土》）其中对举疏密，当然还有土壤之不足与有余的辩证关系。"树肥无使扶疏，树墝不欲专生而族居。肥而扶疏则多秕，墝而专居则多死"（《辩土》）也是疏密对举，同时也有土壤之肥墝关系。

纵—横："衡行必得，纵行必术"（《辩土》），这是对作物排列的要求。

兄—弟："长其兄而去其弟"（《辩土》），这里的兄弟指的是农作物的大小苗，是为大小苗对举。

作物形态中涉及的辩证关系主要表现为："得时—先时—后时"。

得时与失时为对举辩证关系。然而，《审时》更将失时具体分为"先时"与"后时"的辩证关系，进行对举，最终形成"得时—先时—后时"的形式。《审时》先后 5 次对"禾""黍""稻""菽""麦"进行了描述，其形式均为"得时之＊……先时者……后时者……"

总括看来，以两两相对形式表述的辩证关系至少共有 10 种。

其次，这种辩证思维还有丰富的延伸表现。

辩证的、两相对举的思维特点，除了直接表现为如上的形容词对举之外，还表现为更为宽泛的叙述特征，如：

"今兹美禾，来兹美麦"（《任地》）；"有年瘗土，无年瘗土"（《任地》）；"弗除则芜，除之则虚"（《辩土》）；"望之似有余，就之则虚"（《辩土》）；"农夫知其田之易也，不知其稼之疏而不适也；知其田之际也，不知其稼居地之虚也"（《辩土》）；"不除则芜，除之则虚"（《辩土》）。

均为两两相对的句式，但是其很难在农业理论上形成辩证关系，其句式完全是文字的表述特征，并不承载或很少承载理论内容。其中如"农夫知其田之易也，不知其稼之疏而不适也；知其田之际也，不知其稼居地之虚也"。句式为两两相对，但若去掉"知其田之易也"，"知其田之际也"，并不影响其理论内容的表达。文本如此表达完全可以看作其语言组织和表述之特征。而此特征实属于《吕》三篇鲜明的辩证思维的延伸表现。

除此，《吕》三篇正反论证的特征也十分明显。如：

　　知贫富利器，皆时至而作，渴时而止。是以老弱之力可尽起，其用日半，其功可使倍。不知事者，时未至而逆之，时既往而慕之，当时而薄之，使其民而郄之。民既郄，乃以良时慕，此从事之下也。操事则苦，不知高下，民乃逾处。种稺禾不为稺，种重禾不为重，是以粟少而失功。（《任地》）

　　凡耕之道……所谓今之耕也，营而无获者。……（《辩土》）

分别从正反两方面进行论述。从正反两方面进行论述是《吕氏春秋》较为普遍的特点，很多篇章都有正面理论阐述，然后进行反面论述。但是，《吕》三篇由于其辩证思维和两两相对的特征甚为鲜明，其正反两方面进行论述的特征正可与此相得益彰，也可看作其辩证思维的延伸表现。

以上是《吕》三篇鲜明的辩证思维在语言表述层上的表现。

第二层，农业理念层。

《吕》三篇在充分而鲜明的语言表现特征背后，有着较为深刻的农业理念。总结看来，其传达的最为深刻的农业理念不外如下三点：

第一，高下辩证与湿燥辩证。

《任地》所列耕之大方："力者欲柔，柔者欲力；息者欲劳，劳者欲息；棘者欲肥，肥者欲棘；急者欲缓，缓者欲急；湿者欲燥，燥者欲湿。"五组辩证，在其土壤学上均有所体现，但是其中体现最为深刻的却是湿燥辩证。湿燥关系是《上农》等三篇土壤学的基本理念，与湿燥自然相成的是高下辩证（高者燥，下者湿）。

高者为燥，下者为湿。"上田弃亩，下田弃畎"（《任地》），"上田则被其处，下田则尽其污"（《辩土》），上田避免干旱、下田避免过涝，其中隐含的主要的农业理念便是土壤之湿与燥、高与下的辩证关系。当然，如果湿燥和高下辩证处理不当，则会造成严重后果："操事则苦，不知高下，民乃逾处"（《任地》）；"其为亩也，高而危则泽夺……"（《辩土》）。

需进一步说明的是，亩畎的辩证协调在这三篇中被赋予极其重要的意义。它是保证不丧本茎的关键："稼欲生于尘，而殖于坚者。慎其种，勿使数，亦无使疏。于其施土，无使不足，亦无使有余。熟有耰也，必务其培。其耰也植，植者其生也必先。其施土也均，均者其生也必坚。是以亩广以平，则不丧本茎"。而且，违背畎亩之制则必遭其害："夫四序参发，大圳小亩，为青鱼胠，苗若直猎，地窃之也"直为"三盗"之一。同时，还会造成水土流失、倒伏、枯萎、早死等后果。所述篇幅极大。

从亩畎的规格与具体尺度的描述可以看出："六尺之耜，所以成亩也；其博八寸，所以成畎也"，"故亩欲广以平，畎欲小以深；下得阴，上得阳，然后咸生"。"亩"是为了得"阳"，"畎"则是为了得"阴"。其基本的理念便是土壤的高与下、湿与燥的辩证协调。

高下、湿燥的辩证关系基本占据了其土壤学内容的绝大部分。其关于土壤肥棘、急缓、柔力、不足有余等的记论所占甚少，并且有的还与土壤之湿燥相互联系。如："人肥必以泽，使苗坚而地隙；人耰必以旱，使地肥而土缓。"其中土地的肥棘、急缓便是和湿燥关系紧密联系，或者说，是在湿燥的辩证关系的统摄之下的。

所以，有理由认为《吕》三篇的农业理念之土壤学，展示最为充分的是高下、湿燥的辩证协调。

第二，在种植管理中，体现的主要农业理念是疏密辩证。

《辩土》关于种植管理记论中，充分梳理了疏密辩证的重要性。疏密辩证的理念要求进行纵横行种，要求"三以为族"的簇生之法，还能保证田野"通其风"，保证"茎生有行，故速长；弱不相害，故速大"。当然，违背这一理念则"肥而扶疏则多秕，墝专居则多死"。

第三，要保证作物良好的形态和收成，其体现的主要农业理念便是"得时"。具体言之，便是"时至而作，渴（竭）时而止"。

以上为《吕》三篇所展示之最为主要的农业理念。

第三层，哲学理念层。

完全可以肯定，《吕》三篇通过语言和文字的表述展示出辩证思维的特征，同时也传达出相应的农业理念。但同时也不可否认，这三篇在其农业理念的背后仍隐含着更为深刻的哲学理念。

阴阳辩证是《吕》三篇所明示的哲学理念："故亩欲广以平，畎欲小以深，下得阴，上得阳，然后咸生。"（《辩土》）其中"咸"字，高诱注曰"皆也"欠妥。结合上文，"知其田之际也，不知其稼居地之虚也；不除则芜，除之则虚，此事之伤也。故亩欲广以平，畎欲小以深；下得阴，上得阳，然后咸生"。若解为"皆"，则所指甚为不明，若强指庄稼与秽草更为不妥。

《荀子·大略》："《易》之《咸》见夫妇。夫妇之道，不可不正也，君臣父子之本也。咸，感也，以高下下，以男下女，柔上而刚下。"曾将"咸"解为"感"；《象》曰："咸，感也。柔上而刚下，二气感应以相与。"乌恩溥先生也认为："咸卦的卦爻辞，是以东咸、西咸的星象为基础构筑起来的。……两咸为日、月、五星的通道，为阴阳交会之处，故曰：筮遇此卦，娶女则吉。"①结合《咸》卦爻辞"初六，咸其拇。……六二，咸其腓。……九三，咸其股……""咸"确为男女交感之意，则"咸"确有感义。结合文本，若为"下得阴，上得阳，然后感生"阴阳感生，则是指庄稼就可以良好生长，较合理。

阴阳辩证、协调感生的哲学理念在先秦时期已成大观。《吕》三篇在农业领域沿用此理论亦属自然。

本书从畎亩之制引发出阴阳感生的哲学理念，在文本中直接体现的对应关系为：阴一阳、下一上、畎一亩、小以深一广以平。结合上文论述仍可继续作如下对应：阴一阳、湿一燥。至此，基本可以确定，这三篇中关于土壤学的论述确有阴阳辩证协调的哲学理念为其根本。

而种植管理中，所体现的疏密辩证的农业理念则并没有对其背后的哲学理念进行明示。

"时至而作，渴时而止"的农业理念所隐含的哲学理念便是天地人三位一体。这在文本中亦有明示："夫稼为之者人也，生之者地也，养之者天也。""天下时，地生财，不与民谋。"其哲学内涵包括：首先，天时是客观存在不可逆转的。同时，它又是万物生长不可或缺的必要前提。其次，地是生长万物的具体承载者，它也要遵循天时的制约。再次，人是生产活动的作用者。要遵循天时，也要遵循地利。

农业生产就是要三者之间的密切配合，充分显示了天地人三位一体的理念。同时，作者赋予天时以不可或缺的重要意义。不仅人的生产活动不可违背，而且地的承载生长万物也要遵循。因此，《吕》三篇以三种形式呈现了这种理念：

第一种，以作物形态对比的形式阐述得时之得与失时之失。《审时》一篇充分显示了这一特点，并且将失时具体分为先时与后时，分别对其作物形态进行描绘对比，（前已详述）充分阐述了顺应天时的必要性。

第二种是"何时—何物生—人做何"模式：

---

① 乌恩溥：《周易——古代中国的世界图示》，吉林文史出版社1988年版，第67页。

> 草諯大月。冬至后五旬七日，菖始生。菖者，百草之先生者也。于是始耕。孟夏之昔，杀三叶而获大麦。日至，苦菜死而资生，而树麻与菽，此告民地宝尽死。凡草生藏日中出，猹首生而麦无叶，而从事于蓄藏，此告民究也。(《任地》)

展示的是天时对于"地生财"的影响与制约，对人的活动的制约。

第三种是从正反两方面对得时必要性和失时的危害进行论述：

> 知贫富利器，皆时至而作，渴时而止。是以老弱之力可尽起，不知事者，时未至而逆之，时既往而慕之，当时而薄之，使其民而郄之。民既郄，乃以良时慕，此从事之下也。(《任地》)

第一种是通过作物的具体形态对比体现得时的必要性，此种则是直言得时之利与失时之害。这些都充分显示了顺应天时对于农业生产的重要意义。

先秦其他文献中，顺应天时也同样被看作农业和政治活动的重要原则。

如：《吕氏春秋·十二纪》的纪首和《管子·四时》基本模式均为"某时—相应农事—相应行政—错行有相应灾害"，《管子·轻重己》则更重"某时—相应行政—相应禁忌"的匹配。所以，顺应天时、天地人三位一体参行在先秦时期已是一种基本理念。

但是，《吕》三篇对于此理念的表现形式却与以上文献并不相同，这三篇将这一理念进一步具体为农业生产领域，而未涉及天子行政领域。至于不得时而致的相应灾害也远比以上文献更为具体：作物出现茎叶异常、农业生产事倍功半，等等。如：

> (稻) 先时者，本大而茎叶格对，短秱短穗，多秕厚糠，薄米多芒。后时者……

从茎叶、籽实、米糠等方面进行描述甚为具体。

这三篇正因为是在更为具体的农业领域阐释天地人的关系，所以才导致其理论的表述也有其具体性的特点："夫稼为之者人也，生之者地也，养之者天也。"人—地—天的叙述模式，突破了先秦文献中常见的"天—地—人"模式，充分显示人在农业生产中的能动性。"生之者地也"的说法也不同于众文献中"天—生，地—养"的表述模式，如《吕氏春秋·本生》："始生之者，天也。养成之者，人也。"（侧重"成"，也就是"为"）《春秋繁露·立元神》云："何谓本？曰：天、地、人，万物之本也。天生之，地养之，人成之，天生之以孝悌，地养之以衣食，人成之以礼乐。三者相为手足，合以成体，不可一无也。""生"一般被赋予"天"，而《审时》"夫稼为之者人也，生之者地也，养之者天也。"的表述将"生"赋予"地"，显然为农业生产中土地的直接功能。此处"地"具有形而上的含义，但是形而下的含义（土壤、土地）更为明显。

顺应天时、"天地人三位一体"的理念，在《吕》三篇中层次性并不明显，既是农业理念同时也是哲学理念。可理解为贯穿始终的理念。

《吕》三篇辩证思维的特点以三个层次呈现出来，既有鲜明的文字表达上的辩证特点，又有农业理念上的辩证协调，同时也有哲学理念上的阴阳辩证作为其思想基石。通观全文，天地人三位一体的理念并没有明显的层次呈现，但是其作为一种基本理念始终贯穿三篇始终。《任地》《辩土》《审时》三篇均有相关表述，主要以上述的三种形式阐述了顺应天时的必要性。可以说，以多个层次全面而充分呈现的是其辩证思维的特点，而在哲学理念层上则是辩证思维和顺应天时两线并进。

《管子·地员》的土壤学知识可谓丰富，其对土壤形态和类型的描述中有一十分重要的特点：重视水源和水泉，重视水在土壤中和植物生长中的重要作用。

《管子·地员》首先对土壤水泉进行了详尽分类，有着较为深入的认识。模式为："土壤形态—宜木草—几施—水（音、色、味）—民性"。

> 黄唐无宜也，唯宜黍秫也，宜县泽，行廧落，地润数毁，难以立邑置廧，其草宜黍秫与茅，其木宜櫄樵桑。见是土也，命之曰三施，三七二十一尺，而至于泉。呼音中宫，其泉黄而糗，流徙。[①]

① 黎翔凤：《管子校注》，中华书局2004年版，第1072—1073页。

可见，"几施"的分类方法，其直接指向为水泉之地，而且对水的形态、性状、颜色、气味、功效花费笔墨做了详尽描绘。作者认为水土相应，"水者，地之血气，如筋脉之通流者也"（《管子·地员》），水在其中意义重大、颇受重视。

其描绘的18类土壤中，其中第二类是"五沃之土"，就是因为其水源优良而成为优质土壤：

> 粟土之次曰五沃，五沃之物，或赤、或青、或黄、或白、或黑、五沃五物，各有异则，五沃之状，恋剽囊土，虫易全处，恋剽不白，下乃以泽，其种大苗细苗，秫茎黑秀，箭长。五沃之土，若在丘在山，在陵在冈，若在陬陵之阳，其左其右，宜彼群木，桐柞枎櫄，及彼白梓，其梅其杏，其桃其李，其秀生茎起，其棘其棠，其槐其杨，其榆其桑，其杞其枋，群木数大，条直以长，其阴则生之楂藜，其阳则安树之五麻，若高若下，不择畴所，其麻大者如箭如苇，大长以美，其细者如藋如蒸，欲有与各，大者不类，小者则治；揣而藏之，若众练丝。五臭畴生，莲与蘼芜，槁本白芷。其泽则多鱼，牧则宜牛羊。其泉白青，其人坚劲，寡有疥骚，终无痟醒。五沃之土，干而不斥，湛而不泽。无高下，葆泽以处，是谓沃土。[①]

五沃之土上景象神奇：草木繁盛、人民安居、庄稼形态美好丰收、物产丰富、各业繁兴。作者对之赞美有加，喜爱之情溢于言表。原因就是这种土壤："恋剽不白，下乃以泽"；"干而不斥，湛而不泽。无高下葆泽以处"。也即沃土"常润湿而不干白"[②]，无论高下，水泽总是沁润其地。看来，作者认为充足的水分是造就这片乐土的重要原因。

《管子·水地》把水描绘得更加神奇，基本可以看作一篇水颂。首先，水是万物之本原："水者何也？万物之本原也，诸生之宗室也，美恶、贤不肖、愚俊之所产也。""人，水也。男女精气合，而水流形。"其次，水是地之血脉："地者，万物之本原，诸生之根菀也。美恶、贤不肖、愚俊之所生也。水者，地之血气，如筋脉之通流者也。"再次，水集于玉

而出九德："是以水集于玉，而九德出焉"。最后，水还决定了民性民俗。"夫齐之水，道躁而复，故其民贪麤而好勇。楚之水，淖弱而清，故其民轻果而贼。越之水，浊重而泊，故其民愚疾而垢。……"

所以，《管子》将土地和水紧密相连也就不足为奇了。然而这里需要说明的是《吕》三篇对农业理论的论述中也表现出对于水的重视。即所谓的"湿者欲燥，燥者欲湿"，这是两者的相通之处。《吕》三篇也把湿燥关系作为主要农业理念进行展现，看来，先秦时期认为水是植物和作物生长的重要土壤环境的认识是较为普遍的。

然而两者的差异也是明显的，《吕》是将水放在"湿燥"的辩证协调中看待其重要作用，并没有一味进行水源的赞美。同时，《吕》的辩证关系属于农业生产操作层的辩证关系，也即要求人在改造土地的过程中体现出湿燥协调的辩证关系，是对人提出的要求。而《管子》对水土的描述也有辩证的特点，如"五沃之土，干而不斥，湛而不泽"，也即理想的水土并不极端，不会"斥"（过干）和"泽"（过湿）。但这种辩证属于认识层的辩证关系，是对土壤形态的客观描述，没有体现农业生产的特点和人的改造作用。

（二）辩证中充分显示人的主观能动性。

《吕》三篇辩证思维特征中充分显示了人的主观能动性。《任地》开始就以后稷言（十个问句）总领本篇，但纵观《吕》三篇，《任地》并未将十个问题全部解答，而是将解答也延伸到《辩土》《审时》两篇。所以后稷言实为提纲了《吕》三篇：

> 子能以洼为突乎？子能藏其恶而揖之以阴乎？子能使吾土靖而圳浴土乎？子能使保湿安地而处乎？子能使雚夷毋淫乎？子能使子之野尽为泠风乎？子能使藁数节而茎坚乎？子能使穗大而坚、均乎？子能使粟圆而薄糠乎？子能使米多沃而食之强乎？无之若何？

十个问题有提纲挈领之效，而十个问题按农业生产过程看，其无非涉及了三个重要环节：一为土壤整治。"能以洼为突乎？子能藏其恶而揖之以阴乎？子能使（吾土）靖而圳浴土乎？子能使保湿安地而处乎？"均从土壤学角度进行提问。

二为种植管理。"子能使餧（夷）〔黄〕毋淫乎？子能使子之野尽为泠风乎?"从字面看包括除草与田地通风。

三为收成。"子能使藁数节而茎坚乎?子能使穗大而坚、均乎?子能使粟圆而薄糠乎?子能使米多沃而食之强乎?"

而这三个环节均充满了对人的主观能动性的肯定与强调。

首先,从字面看,十个问题均使用相近的句式:"子能使……乎?"其主语均为"子",充分显示了人在农事活动中的作用,"使"更是人类活动的改造作用。可以说,句句充溢着人的改造之功。这也预示着后文的议论将充满对人的能动性的肯定与强调。

其次,结合后文对此的解答和展开,也确时刻充满了人为之功。

其一,对土壤的利用和改造,强调因地而制宜。

《任地》对耕之大方的表述为:"力者欲柔,柔者欲力。息者欲劳,劳者欲息。棘者欲肥,肥者欲棘。急者欲缓,缓者欲急。湿者欲燥,燥者欲湿。""力者"土壤应该使之更"柔","柔者"土壤应该使之更"力",也即在认识和掌握土壤原有特性形态的基础上进行改造和制宜,从而达到合适。王利器先生也认为:"古农家为了达到其丰产的目的,对于生产对象,提出严格要求,往往使用'欲'字,'欲'之云者,犹今言'要'或'要求'也。"① 实际也是看到了文本对于改造之功的强调。

具体言,对土壤的利用和改造,作者既提出了总体原则和要求,同时也提出了具体的操作方式与尺度。"耕之大方"是原则,"是以六尺之耜,所以成亩也;其博八寸,所以成圳也"等便是操作方式。

其二,种植过程,强调人为之功。

种植过程主要体现于《辩土》篇。具体言,其涉略种植过程中的四个重要环节:

一者,慎种。"慎其种,勿使数,亦无使疏。"注意播种的疏密协调。

二者,纵横行种。"茎生有行,故速长;弱不相害,故速大。衡行必得,纵行必术。正其行,通其风,央心中央,帅为泠风。"保证了通风和速长。

三者,簇生。"苗,其弱也欲孤,其长也欲相与居,其熟也欲相扶。是故三以为族,乃多粟。"保证了多粟。

四者,择苗。"凡禾之患,不俱生而俱死。是以先生者美米,后生者

① 王利器:《吕氏春秋注疏》,巴蜀书社2002年版,第3079页。

为秕。是故其耨也，长其兄而去其弟。树肥无使扶疏，树墝不欲专生而族居。肥而扶疏则多秕。墝而专居则多死。不知稼者，其耨也去其兄而养其弟，不收其粟而收其秕"。兄弟（大小苗）间的去留把握好，根据土质掌握好疏密，即可保证丰收。

慎种、纵横行种、簇生、择苗四者均为人为之功无疑。

所以，《吕》三篇充分显示了人的主观能动性和人为之功。

而《管子·地员》主要成就在其土壤学。但就《吕》三篇的土壤学看，相比之下，《诗经》《尚书》《地员》等就有着不同的表述特征。

《尚书·禹贡》对各地不同土质和不同物产等有所归纳，但十分简略，如：

> 济河惟兖州。九河既道，雷夏既泽，灉、沮会同。桑土既蚕，是降丘宅土。厥土黑坟，厥草惟繇，厥木惟条。厥田惟中下，厥赋贞，作十有三载乃同。厥贡漆丝，厥篚织文。浮于济、漯，达于河。①

可见，《禹贡》的重心在于对贡赋进行配定，其土壤学知识并不是本篇专意所在。其土壤学基本理念为：不同地域—不同土质—适宜不同草木。很显然，既是对不同地域不同贡赋的描述，也是对土壤天然形态的客观陈述。没有体现辩证思维的特点，也没有体现人为之功。

《管子·地员》首先对土壤水泉进行了详尽分类，其基本模式为：土壤形态—宜木草—几施—水（音、色、味）—民性。而其基本理念则为：相应的土壤基本形态适宜相应的草木生长，则是土为 * 施，有相应泉水。对于泉水有十分详尽的描述和分类。（前已有述）

《地员》还对18种土壤（均称为五 * 之土）进行了详细描述，有完全和省略两种形式：

完全形式为："五 * 之土：物（色）—状—种—种性状—位置——宜木—泽、牧—宜草—民性—泉"如：

> 群土之长，是唯五粟，五粟之物，或赤、或青、或白、或黑、或黄，五粟五章，五粟之状，淖而不肕，刚而不觳，不泞车轮，不污手

---

① 孔颖达：《尚书正义》，《十三经注疏》，上海古籍出版社1997年版，第147—148页。

足，其种大重细重，白茎白秀，无不宜也。五粟之土，若在陵在山，
在陵在衍，其阴其阳，尽宜桐柞，莫不秀长，其榆其柳，其檿其桑，
其柘其栎，其槐其杨，群木蕃滋，数大条直以长。其泽则多鱼，牧则
宜牛羊，其地其樊，俱宜竹箭、藻龟楢檀，五臭生之，薛荔白芷，蘪
芜椒连。五臭所校，寡疾难老，士女皆好，其民工巧。其泉黄白，其
人夷姤。五粟之土，干而不挌，湛而不泽，无高下，葆泽以处，是谓
粟土。①

省略形式："状—种—种性状—宜木"。如：

> 隰土之次曰五壤，五壤之状，芬然若泽若屯土，其种大水肠，细
> 水肠，秫茎黄秀，以慈忍，水旱无不宜也。蓄殖果木，不若三土以十
> 分之二，是谓壤土。②

无论何种形式，其基本理念均为：相应的土壤类型有不同的性状、位
置，同时决定了不同的植被情况、民性、水泉等。

综合看来，《地员》的土壤学主要是对土壤类型的认识，将特定的土
壤类型和相应的性状、植被等进行联系结合。归根到底，这是认识意义上
的表述，并没有突出人对土壤的改造和人的主观能动性。这种区别是明
显的。

《诗经》的农事诗很多都体现了人的生产生活场景，但是关乎生产过
程一般都采用较为简略的叙述和虚写形式。如：

> 三之日于耜，四之日举趾。同我妇子，馌彼南亩，田畯至喜
> （《七月》）

其中虽有劳动耕种之意，但是并没有对劳动过程和耕作进行具体的
描述。

---

① 黎翔凤：《管子校注》，中华书局 2004 年版，第 1100—1101 页。
② 同上书，第 1124 页。

> 诞实匍匐，克岐克嶷，以就口食。蓺之荏菽，荏菽旆旆。禾役穟穟，麻麦幪幪，瓜瓞唪唪。

> 诞后稷之穑，有相之道。茀厥丰草，种之黄茂。实方实苞，实种实褎，实发实秀，实坚实好，实颖实栗。即有邰家室。(《生民》)

其中虚写了后稷进行农业生产的全过程："实方实苞，实种实褎，实发实秀，实坚实好，实颖实栗"，从发芽一直到结实。充满了对后稷功业的赞美之情，"禾役穟穟，麻麦幪幪，瓜瓞唪唪"等均是。属于虚写，并未对农业知识和农业理论进行阐述。

> 畟畟良耜，俶载南亩。播厥百谷，实函斯活。或来瞻女，载筐及筥。其馌伊黍，其笠伊纠。其镈斯赵，以薅荼蓼。荼蓼朽止，黍稷茂止。或之挃挃，积之栗栗。(《良耜》)

同样也是在极短的文字中书写了从耕以至收获的过程。但是，诗歌书写的重点却不在其生产的过程以及其劳动的专业，而是通过这些活动表达对主人公的赞美之情。不同于《吕》三篇对于农事的详尽说明。

所以，《吕》三篇是以说明和议论的口吻，表现了辩证思维的特征，同时又充分显示了人的主观能动性。不同于《尚书》《管子》认识意义上的描述，也不同于《诗经》农事诗虚写农事以表达赞美之情。

二　普遍的理论指导性和具体的操作指导性相统一

从《吕》三篇的记论及《任地》篇首提纲的后稷言看，这三篇涵盖了：土壤耕作—种植（包括除草、通风等）—收成（作物长成情况）。应该说基本涵盖了农业生产的全过程。

但是需要指出的是，其在农事描写中却只是选取了其中最为代表性的关键环节，而没有面面俱到。

这些代表性环节包括：畎亩之制、慎种、纵横行种、簇生、择苗等。而实际论述中，作者着力展开的却主要是畎亩之制和种植疏密及兄弟苗问题。

同时，《吕》三篇虽是农事著作，但其描述的农具、农作物种类却并不多。《管子》书中可以明确的农具至少有 15 种，分别为：耒、耜、臿、耨、镈、铚、镰、铫、枪、耰、櫄、刈、椎、铚、犁，此外还有诸多农具需进一步考证。而《吕》三篇中明确提到的农具只有一种：耜，远不及《管子》丰富。

这也与《诗经》的农事诗形成鲜明对比。《七月》"三之日于耜""女执懿筐，遵彼微行""取彼斧斨，以伐远扬"等都涉及农具的描写；《良耜》也涉及诸多农具："良耜"、"其镈斯赵"（锄头）、"载筐及筥"。当然，作者显然不是用这些农具描述农业知识或农业理论的，而是作为表情意象。

《管子》之农作物种类繁多："穀" 211 见，"粟" 127 见，"禾" 6 见，"稷" 5 见，"黍" 7 见，"麦" 10 见，"稻" 3 见，"秫" 3 见，"粱" 1 见，"秬" 2 见，"麻" 1 见，"菽" 11 见。

《诗经》提及的农作物则各有特点：《七月》涉及较多，除桑、兽等广义农产品外，种植类农产品还有："六月食郁及薁，七月亨葵及菽。八月剥枣，十月获稻。""七月食瓜，八月断壶，九月叔苴。采荼薪樗，食我农夫。""九月筑场圃，十月纳禾稼。黍稷重穋，禾麻菽麦"。本诗以赋法列举诸多农产品，目的是表述劳动者的诸多生产活动，并非农业知识层面的物象。《生民》则涉及农产品较少："诞降嘉种，维秬维秠，维穈维芑。恒之秬秠，是获是亩。恒之穈芑，是任是负"，同时虚写农作物生长的过程和长势的喜人："实方实苞，实种实褎，实发实秀，实坚实好，实颖实粟。"其中作物有"秬""秠""穈""芑"，然而这些作物目的是赞美后稷的种植之功。所以，总体看，《诗经》农事诗中的农具和农产品虽是当时农业生产现状的反映，但是，这些物象的根本目的和用途并不在于传达专业的农业知识，而是以物象承载主人公的活动，从而达到表情的目的。

《审时》提及的农作物有五种：黍、稻、麻、菽、麦。在数量上明显不及《管子》，同时又和《诗经》有着鲜明的差异。这说明《吕》三篇关涉的是农业生产的专业理论和知识，但与《管子》相比，显示其在生产资料、农作物的具体性上并不突出，更加注重农业生产的理念。

结合上文之论述，具体说来，《吕》三篇有农业生产操作层面的知识表述，如土壤耕作中畎亩的具体尺度、种植管理中如何进行行种等。但同时，这些操作层的知识背后还有更为深刻而普遍的农业理念，甚至是哲学理念。作者选择了畎亩之制、耜之尺度、行种等进行了实际操作层面的规定和描述，但这些环节显然只是农业生产中的仅有的关键环节而已，绝非全部。这些关键环节背后则是普遍的农业理念和哲学理念。

由于篇幅的局限，这三篇不可能将操作层面的知识详尽表述，这促使作者选择了其中的关键环节：畎亩之制、慎种、纵横行种、簇生、择苗等。而有限的环节又要使之具有普遍的理论指导性，则促使作者运用若干层面的表达方法，以农业理念层和哲学理念层弥补其指导性的不足，同时也在高度上把农业知识提升为具更为普遍指导意义的农业理念。

这证明，《吕》三篇既不是耕种工具书和农学百科全书，同时也不是单纯的农业理论的表述，而是达到了普遍的理论指导性和具体的操作指导性的统一。

三　农业理念与农业知识的深化和具体化

《吕》三篇是关于农业生产的专业理论和知识，它在农业的理念和知识上的确也比其他文献更为具体和深化。这里但从土壤形态和作物形态两方面做一论述。

在土壤形态方面。《吕》三篇的土壤学在耕之大方中表述明确：

> 凡耕之大方：力者欲柔，柔者欲力。息者欲劳，劳者欲息。棘者欲肥，肥者欲棘。急者欲缓，缓者欲急。湿者欲燥，燥者欲湿。（《任地》）

很明显，其对于土壤学的认识至少是从五个方面展开的：土壤的力柔（刚柔）、息劳、肥棘（肥沃程度）、急缓（地力）和湿燥。而后文的展开中，虽以湿燥关系论述最为充分，但五方面都曾涉略，在这五个方面做好辩证协调也是耕作的根本原则。

《管子·地员》对土壤形态描述不少，但其对于土壤形态的认识被统称为"状"，如：

> 五粟之状，淖而不肕，刚而不觳，不泞车轮，不污手足。（从软硬程度判断土壤）
> 五沃之状，剽怸橐土，虫易全处，怸剽不白，下乃以泽。（"剽，

坚也；悇，密也。橐土，其土多窍穴。"① 从外形、软硬判断土壤）

五位之状，不塥不灰，青悇以菭，及。（"塥，谓坚不相著；色青而细密。"从软硬、颜色和外形判断土壤）

五靁之状，黑土黑菭，青怀以肥，芬然若灰。（"芬然，壤起貌"。从外形、颜色判断土壤）

五壤之状，芬然若泽若屯土。（"言其土得泽则坟起为堆"。从外形判断土壤）

综合看来，《管子·地员》主要从软硬、外形、颜色三方面认识土质。而这具有十分明显的感性特征，也即这三方面都是可以通过感官直接感知的。在《地员》前段曾以所长植被判断此地为几施，虽不是对土壤形态的认识，但是通过植被定位土壤也具有相通的感性特征。

《尚书·禹贡》这一特点则更为明显，主要从两个方面认识土壤，即颜色和软硬：

如："厥土惟白壤"（冀州）；"厥土黑坟"（兖州）；"厥土青黎"（梁州）均从颜色判断土壤。而"厥土惟涂泥"（扬州）；"厥土惟壤，下土坟垆"（豫州）则是从软硬进行判断。但主要角度还是颜色，更鲜明体现出感性认识的特点。

而《吕》三篇的五组辩证原则中土壤的"力柔（刚柔）、息劳（休劳）、肥棘（肥沃程度）、急缓（地力）和湿燥"。没有利用《管子》《尚书》的颜色的视角，其感性的特点表现得也很不明显，至少息劳、急缓、肥棘三组是无法以感官快速感知的。这充分说明《吕》三篇在土壤学上，很大程度上摆脱了感性的特点，是更为深入、更为具体的土壤学知识和理念。

在作物形态方面。《审时》对于得时和失时作物的形态有具体细致的描述。

以黍为例：

得时之黍，芒茎而徼下，穗芒以长，抟米而薄糠，舂之易，而食之不噎而香；如此者不饴。先时者，大本而华，茎杀而不遂。叶藁短

① 戴望：《管子校正》，《诸子集成》第5册，中华书局1954年版，第313页。

穗。后时者，小茎而麻长，短穗而厚糠，小米钳而不香。

而综观全文，《吕》对作物形态的认识至少具体到 7 个方面：芒茎形态（芒茎而徽下）、叶之形态（叶藁）、穗芒形态（穗芒以长）、籽实形态（抟米）、糠之形态（薄糠）、制作食物时的感觉（春之易）、味道（食之不噎而香）。而且描写全为实写，具体而细致。

相比之下，《管子·地员》对于作物形态的描述则主要集中在：茎、秀之颜色：

> 五粟：其种大重细重，白茎白秀，无不宜也。（茎秀颜色）
> 五沃：其种大苗细苗，秫茎黑秀，箭长（茎秀颜色和形态）
> 五位：其种大苇芒，细苇芒，秫茎白秀。（茎秀颜色）
> 五隥：其种櫺葛，秫茎黄秀恚目，其叶若苑。（茎秀颜色，叶之形态）

茎秀颜色为主要视角，偶或涉及秀及叶之形态。同样也有较强的感性特征。

《诗经》农事诗则更侧重在虚写作物形态，渲染作物之美好。如《生民》："蓺之荏菽，荏菽旆旆。禾役穟穟，麻麦幪幪，瓜瓞唪唪。""实坚实好"其中"旆旆：上扬貌。""穟穟：下垂貌。""幪幪：茂盛的样子。""唪唪：茂盛貌。"[①] 其中或以上扬、低垂形容作物之健壮、成实，或虚写渲染作物之美好，都没有具体到茎叶等部位进行具体作物性状的描述。属于完全不同的行文特征。

所以，从作物形态看，《吕》三篇不仅描述具体详尽，而且对于先时和后时作物的形态也有相似描绘，体现出其在农业知识和理论方面的深化和具体。

综上所述，《吕氏春秋》之《任地》《辩土》《审时》三篇是专业的农业生产知识和理论，有着专业性和人的主观能动性，不同于《管子》《尚书》在认识意义上的叙述。农业生产中它强调辩证思维的重要作用，这不同于《诗经》农事诗的表情特征。

---

① 相关校释参看李炳海《〈诗经〉解读》，中国人民大学出版社 2008 年版，第 412 页。

　　篇幅所限，这三篇选取了农业生产中的关键环节进行了操作性的指导，但是，其背后包含的丰富的农业理念和哲学理念则具有普遍的指导意义，弥补了操作层面的不足，使文本同时具有了现实的操作指导性和普遍的理论指导性。使之有别于单纯的农业理论著作，又区别于农业百科全书。

　　通过与先秦其他农业文献的对比，可见，《吕》三篇的农业知识和理念得到了进一步的深化和具体化。是一部具有操作指导意义同时也颇具理念的专业的农业著作。

第四章 《吕氏春秋》与其他文献的关系

  《吕氏春秋》为集体编著而成，众文人组织篇章之时多有采录其他文献的情况，因而其与其他文献间的关系十分密切。通过文献间对比，可以梳理清楚《吕氏春秋》与其他文献的同异，进而见出《吕氏春秋》在故事采录、文字组织、编排结构、篇幅处理等多方面的艺术特点与技巧。现选取几组典型文献资料为例，分别论述如下。

第一节 从"管仲病重进言"的故事看

  "管仲病重进言"一事见于先秦两汉多处文献。《吕氏春秋·知接》《吕氏春秋·贵公》《管子·小称》《管子·戒》《列子·力命》《庄子·徐无鬼》《韩非子·十过》《韩非子·难一》《史记·齐太公世家》《说苑·权谋》等均有记载。

一 故事的发展流脉

  通观各处记载可以看出，"管仲病重进言"故事所指称的对象主要有两类：即贤臣和佞人。这些故事表现为两种类型：一为，管仲疾病，齐桓公问病并且问政将何属，管仲对隰朋与鲍叔牙进行评价，并荐举隰朋。二为，管仲疾病，齐桓公问病，管仲进言桓公劝诫他务必疏远小人。第一类故事体现在《庄子·徐无鬼》《列子·力命》《吕氏春秋·贵公》，第二类故事体现在《管子·小称》《韩非子·难一》《吕氏春秋·知接》《史记·齐太公世家》《说苑·权谋》。另外，糅合两类故事于一体的为《管子·戒》和《韩非子·十过》。其中，第二类故事往往连接"桓公死而暴尸不得葬"的情节。（《史记》略去此情节）糅合两类故事的《管子·戒》和《韩非子·十过》也有此情节。

其中，《管子·戒》虽糅合了两类故事，但是情节段落还是较为清晰的，可供梳理：

管仲寝疾，桓公往问之曰："仲父之疾甚矣，若不可讳也，不幸而不起此疾，彼政我将安移之？"管仲未对。桓公曰："鲍叔之为人何如？"管子对曰："鲍叔，君子也。千乘之国，不以其道予之，不受也。虽然，不可以为政，其为人也，好善而恶恶已甚，见一恶终身不忘。"桓公曰："然则孰可？"管仲对曰："隰朋可，朋之为人，好上识而下问，臣闻之：以德予人者，谓之仁；以财予人者，谓之良；以善胜人者，未有能服人者也。以善养人者，未有不服人者也。于国有所不知政，于家有所不知事，则必朋乎。且朋之为人也，居其家不忘公门，居公门不忘其家，事君不二其心，亦不忘其身，举齐国之币。握路家五十室，其人不知也，大仁也哉，其朋乎！"

公又问曰："不幸而失仲父也，二三大夫者，其犹能以国宁乎？"管仲对曰："君请矍已乎，鲍叔牙之为人也好直。宾胥无之为人也好善，宁戚之为人也能事，孙在之为人也善言。"公曰："此四子者，其孰能一人之上也？寡人并而臣之，则其不以国宁，何也？"对曰："鲍叔之为人，好直而不能以国诎，宾胥无之为人也，好善而不能以国诎。宁戚之为人，能事而不能以足息。孙在之为人，善言而不能以信默。臣闻之，消息盈虚，与百姓诎信，然后能以国宁，勿已者，朋其可乎！朋之为人也，动必量力，举必量技。"言终，喟然而叹曰："天之生朋，以为夷吾舌也，其身死，舌焉得生哉？"管仲曰："夫江、黄之国近于楚，为臣死乎，君必归之楚而寄之。君不归楚，必私之，私之而不救也则不可，救之则乱自此始矣。"桓公曰："诺。"

管仲又言曰："东郭有狗啀啀，旦暮欲啮，我猥而不使也，今夫易牙，子之不能爱，将安能爱君？君必去之。"公曰："诺。"管子又言曰："北郭有狗啀啀，旦暮欲啮，我猥而不使也。今夫竖刁，其身之不爱，焉能爱君？君必去之。"公曰："诺。"管子又言曰："西郭有狗啀啀，旦暮欲啮，我猥而不使也。今夫卫公子开方，去其千乘之太子而臣事君，是所愿也得于君者，是将欲过其千乘也，君必去之。"桓公曰："诺。"管子遂卒。卒十月，隰朋亦卒。

桓公去易牙、竖刁、卫公子开方。五味不至，于是乎复反易牙。

官中乱，复反竖刁。利言卑辞不在侧，复反卫公子开方。桓公内不量力，外不量交，而力伐四邻。公薨，六子皆求立，易牙与卫公子，内与竖刁，因共杀群吏而立公子无亏，故公死七日不敛，九月不葬，孝公奔宋，宋襄公率诸侯以伐齐，战于甗，大败齐师，杀公子无亏，立孝公而还。襄公立十三年，桓公立四十二年。①

其段落层次大致可以分为：第一段评价鲍叔牙和隰朋，并举荐隰朋——第二段桓公问诸大夫"犹能以国宁乎"，管仲对鲍叔牙、宾胥无、宁戚、孙在之四人进行评价，表示均有缺瑕，并对隰朋再表赞扬，预测其不久于人世而表叹息——第三段管仲进言桓公务远小人（易牙、竖刁、卫公子开方三人）。其中，第二段对四人的评价和对隰朋的赞扬，以及对自己的预测其他文献没有记载。而就第一和第三段看，两个故事主体还是十分疏离的。即第一段桓公问政而管仲举朋反鲍；第三段管仲进言务远小人，桓公不听而导致最终暴尸不葬。

相比之下，《韩非子·十过》则完全打破了两大故事指称对象的疏离，将两个故事的指称对象糅合一处：

奚谓过而不听于忠臣？昔者，齐桓公九合诸侯，一匡天下，为五伯长，管仲佐之。管仲老，不能用事，休居于家，桓公从而问之曰："仲父家居有病，即不幸而不起此病，政安迁之？"管仲曰："臣老矣，不可问也。虽然，臣闻之：知臣莫若君，知子莫若父。君其试以心决之。"君曰："鲍叔牙何如？"管仲曰："不可。鲍叔牙为人刚愎而上悍。刚则犯民以暴，愎则不得民心，悍则下不为用，其心不惧。非霸者之佐也。"公曰："然则竖刁何如？"管仲曰："不可。夫人之情莫不爱其身，公妒而好内，竖刁自獖以为治内，其身不爱，又安能爱君！"公曰："然则卫公子开方何如？"管仲曰："不可。齐、卫之间，不过十日之行，开方为事君，欲适君之故，十五年不归见其父母，此非人情也。其父母之不亲也，又能亲君乎！"公曰："然则易牙何如？"管仲曰："不可。夫易牙为君主味，君之所未尝食唯人肉耳，易牙蒸其子首而进之，君所知也。人之情莫不爱其子，今蒸其子

---

① 黎翔凤：《管子校注》，中华书局 2004 年版，第 519—527 页。

以为膳于君，其子弗爱，又安能爱君乎！"公曰："然则孰可？"管仲曰："隰朋可。其为人也，坚中而廉外，少欲而多信。夫坚中则足以为表，廉外则可以大任；少欲则能临其众，多信则能亲邻国。此霸者之佐也，君其用之。"君曰："诺。"居一年余，管仲死，君遂不用隰朋而与竖刁。刁莅事三年，桓公南游堂阜，竖刁率易牙、卫公子开方及大臣为乱，桓公渴馁而死南门之寝，公守之室，身死三月不收，虫出于户。故桓公之兵横行天下，为五伯长，卒见弑于其臣而灭高名，为天下笑者，何也？不用管仲之过也。故曰：过而不听于忠臣，独行其意，则灭其高名，为人笑之始也。①

《韩非子·十过》中桓公问"政安迁之？"管仲依次对五个人加以评价：鲍叔牙、竖刁、卫公子开方、易牙和隰朋，最终否定前四者而举荐隰朋。故事的结局为桓公"不用隰朋而与竖刁"，刁莅事三年率众叛乱，致使桓公不葬。

从先秦各处文献可以看出，第一故事的背景为桓公问政，是寻找管仲的接班人。而第二故事的背景为管仲临终警告远佞。很显然，《韩非子·十过》将两大故事进行了糅合加工。将故事背景均设定为桓公问政，对鲍叔牙、隰朋和小人（竖刁、卫公子开方、易牙）五人并列评价，这是所有文献中绝无仅有的。《韩非子·难一》是典型的第二类型的故事，是管仲的警告远佞，与《十过》的叙述有出入。为了弥合这一差异，《十过》将故事背景设定为"管仲老，不能用事，休居于家，桓公从而问之"，将《难一》的背景设定为"管仲有病，桓公往问"。这样虽然在表面上弥合了两处记载的出入和差异，但是《十过》的故事背景却仍然是桓公问政、寻找管仲的接班人，属于第一故事的背景。是在第一故事中融合了第二故事的人物，将佞人也同隰朋、鲍叔牙合为一起，共同成为管仲死后的候补人选。

《韩非子·十过》对故事背景的改造在一定程度上影响到《史记》和《说苑》，两书虽然没有将两大故事进行糅合、并列五人加以评价，但是均将第二故事的背景模糊设定为桓公问政。《史记·齐太公世家》记为：

---

① 陈奇猷：《韩非子集释》，上海人民出版社1974年版，第194—195页。

"管仲病，桓公问曰：'群臣谁可相者？'"① 《说苑·权谋》记为："管仲
有疾，桓公往问之，曰：'仲父若弃寡人，竖刁可使从政乎？'"②

纵观各文献，若抛除《韩非子·十过》，这一故事的主体流脉还是十
分清晰的，第一类型和第二类型应当属于较为分疏的故事。

二 《吕氏春秋》对之前文献的继承

《吕氏春秋》对两大故事主体均有呈现，《贵公》呈现的是第一类型、
《知接》呈现的是第二类型。

《吕氏春秋》对故事的继承表现如下：

首先，在故事的背景上继承《韩非子·十过》之外的其他先秦文献。

《韩非子·十过》将两大故事主体的背景进行模糊糅合，进而将两组
人物：隰朋、鲍叔牙和竖刁、卫公子开方、易牙并列评价，表现出其独一
无二的创造。《吕氏春秋》并没有沿承此举，而是在《贵公》和《知接》
中分疏地表现两大故事主体。且背景交代较为明了，《贵公》篇将管仲反
鲍举朋的背景表述为："管仲有病，桓公往问之，曰：'仲父之病矣，渍
甚，国人弗讳，寡人将谁属国？'"③ 是桓公问政，寻找管仲的接班人，颇
类于《庄子·徐无鬼》和《列子·力命》的交代："管仲有病，桓公问之
曰：'仲父之病病矣，可不讳云，至于大病，则寡人恶乎属国而可？'"④
《知接》篇将远佞的背景表述为："管仲有疾，桓公往问之曰：'仲父之疾
病矣，将何以教寡人？'"⑤ 并没有明确表述为问政和寻找接班人，于是管
仲因势进言远佞。这颇类于《管子·小称》对背景的交代："管仲有病，
桓公往问之曰：'仲父之病病矣，若不可讳而不起此病也，仲父亦将何以
诏寡人？'"⑥《吕氏春秋》这两篇作品对管仲事的叙述是较为分殊清
晰的。

其次，管仲的推脱模式，受到《韩非子》的影响。

桓公问病进而问言，各文献表现的管仲的反应方式并不相同，现胪列

---

① 司马迁：《史记》，中华书局 1959 年版，第 1492 页。
② 向宗鲁：《说苑校证》，中华书局 2000 年版，第 320 页。
③ 陈奇猷：《吕氏春秋新校释》，上海古籍出版社 2002 年版，第 45 页。
④ 郭庆藩：《庄子集释》，中华书局 1961 年版，第 844 页。
⑤ 陈奇猷：《吕氏春秋新校释》，上海古籍出版社 2002 年版，第 978 页。
⑥ 黎翔凤：《管子校注》，中华书局 2004 年版，第 608 页。

如下：

《管子·戒》：

> 管仲寝疾，桓公往问之曰："仲父之疾甚矣，若不可讳也不幸而不起此疾，彼政我将安移之？"管仲未对。桓公曰："鲍叔之为人何如？"管子对曰：……
>
> ……
>
> 管仲又言曰："东郭有狗嘤嘤，旦暮欲啮，我……"①

《管子·小称》：

> 管仲有病，桓公往问之曰："仲父之病病矣，若不可讳而不起此病也，仲父亦将何以诏寡人？"管仲对曰："微君之命臣也。故臣且谒之。虽然，君犹不能行也。"公曰："仲父命寡人东，寡人东；令寡人西，寡人西。仲父之命于寡人，寡人敢不从乎？"管仲摄衣冠起对曰："……"②

《庄子·徐无鬼》：

> 管仲有病，桓公问之曰："仲父之病病矣，可不讳云，至于大病，则寡人恶乎属国而可？"管仲曰："公谁欲与？"③

《列子·力命》：

> 及管夷吾有病，小白问之，曰："仲父之病疾矣，可不讳。云，至于大病，则寡人恶乎属国而可？"夷吾曰："公谁欲钦？"④

《韩非子·十过》：

① 黎翔凤：《管子校注》，中华书局 2004 年版，第 519—522 页。
② 同上书，第 608 页。
③ 郭庆藩：《庄子集释》，中华书局 1961 年版，第 844 页。
④ 杨伯峻：《列子集释》，中华书局 1979 年版，第 198—199 页。

昔者，齐桓公九合诸侯，一匡天下，为五伯长，管仲佐之。管仲老，不能用事，休居于家，桓公从而问之曰："仲父家居有病，即不幸而不起，政安迁之？"管仲曰："臣老矣，不可问也。虽然，臣闻之：知臣莫若君，知子莫若父。君其试以心决之。"君曰："鲍叔牙何如？"管仲曰："不可。"①

《吕氏春秋·贵公》：

管仲有病，桓公往问之，曰："仲父之病矣，渍甚，国人弗讳，寡人将谁属国？"管仲对曰："昔者臣尽力竭智，犹未足以知之也，今病在于朝夕之中，臣奚能言？"桓公曰："此大事也，愿仲父之教寡人也。"管仲敬诺，曰："公谁欲相？"②

《吕氏春秋·知接》：

管仲有疾，桓公往问之曰："仲父之疾病矣，将何以教寡人？"管仲曰："齐鄙人有谚曰：'居者无载，行者无埋。今臣将有远行，胡可以问？"桓公曰："愿仲父之无让也。"管仲对曰："……"③

纵观各文献，桓公最初问言时管仲的反应是不同的。《管子·戒》中管仲最初的态度是："管仲未对"，但桓公继续再问时，管仲则顺势开始评价，并没有明显的推脱。在进言远佞时，更是没有任何的推诿，直接谈论起远小人之事。《管子·小称》进言远佞时，管仲更像是为达到己言被纳的目的而以言语激桓公，所以桓公才对曰："仲父命寡人东，寡人东；令寡人西，寡人西。"④《庄子》和《列子》的表述最为相近，其中管仲的反应并无任何推诿，接过桓公问言而下。而《韩非子》则较为明显地设计了一个管仲推诿的情节：管仲曰："臣老矣，不可问也。……"虽然

①　陈奇猷：《韩非子集释》，上海人民出版社1974年版，第194页。
②　同上书，第45页。
③　同上书，第978页。
④　黎翔凤：《管子校注》，中华书局2004年版，第608页。

又转而同意进言，但是开始的推诿情节还是较为明显的。

《吕氏春秋·贵公》和《知接》两篇在问政和进言远佞两个故事均十分明显地运用了管仲推诿的情节。《贵公》的推诿情节为：

> 管仲对曰："昔者臣尽力竭智，犹未足以知之也，今病在于朝夕之中，臣奚能言？"①

《知接》的推诿情节为：

> 管仲曰："齐鄙人有谚曰：'居者无载，行者无埋。'今臣将有远行，胡可以问？"②

二者均经过桓公的再次恳求之后，管仲才开始进言。这一推诿模式较为明显是受到《韩非子·十过》的影响。

再次，进言远佞时的具体所指。

在第二种类型的故事中，佞人的具体所指各文献有差异。《管子·小称》所言的佞人为四人：易牙、竖刁、堂巫、公子开方。《管子·戒》所言佞人为三人：易牙、竖刁、卫公子开方。《韩非子·十过》则是糅合了隰朋、鲍叔牙和佞人，从其所并列的五人看，佞人当为三人：易牙、竖刁、卫公子开方。《韩非子·难一》所列的佞人也是三人：竖刁、易牙和卫公子开方。《史记》所言佞人为三人：易牙、竖刀、开方。《说苑·权谋》所记最简略，只列其中两人：竖刁、易牙。可以看出，各处文献所列的佞人多为三人，只有《管子·小称》所列为四人。列三人的文献往往都缺少一人：堂巫。

《吕氏春秋·知接》中罗列的佞人为四人：易牙、竖刀、常之巫、卫公子启方。其中有"常之巫"，所指正是"堂巫"，《知接》篇在这一点上继承的应当是《管子·小称》的说法。

三 《吕氏春秋》的改造之功与叙事特征

《吕氏春秋》受到之前文献的影响，同时也体现出卓越的改造之功。

---

① 陈奇猷：《吕氏春秋新校释》，上海古籍出版社2002年版，第45页。
② 同上书，第978页。

由于其与《韩非子》年代接近，而且多受其影响，所以，此处主要与《韩非子》进行对比以显其改造之功，进而揭示其叙事特征。

第一，尽力追求合于史实与近于情理。

《韩非子·十过》将两大故事糅合为一，而《吕氏春秋》中两则故事则很疏离。历史上管仲去世之后不久隰朋也继之辞世。按《史记·齐太公世家》载：桓公四十一年"管仲、隰朋皆卒"，两人死于同年，《管子·戒》记载"……管子遂卒。卒十月，隰朋亦卒。"明确记载管子死后十月隰朋死。几处文献并不冲突，可以确定管仲、隰朋二人同逝于桓公四十一年，隰朋比管仲晚十个月。据《史记》记载，桓公死于两年后，即桓公四十三年。

《韩非子·十过》叙述为："居一年余，管仲死，君遂不用隰朋而与竖刁。"从历史的角度看，桓公并非在与诸小人的对比中不任用隰朋，而是隰朋很快辞世，桓公没有机会加以任用。之后，佞人作乱，桓公死不得葬。所以，《韩非子·十过》明显是对历史加以模糊化处理，对故事背景进行了改造和糅合。相比之下，《吕氏春秋》将两个故事分开处理，使故事基本合乎历史，保证其真实性。

关于桓公死后未收与未葬的时间，各处文献的记载也各有不同，表现出其对于历史事实的不同处理方式。

《知接》篇的记载是：

> 蒙衣袂而绝乎寿宫。虫流出于户，上盖以杨门之扇，三月不葬。①

《管子·小称》曰：

> 乃援素帏以裹首而绝。死十一日，虫出于户，乃知桓公之死也，葬以杨门之扇。桓公之所以身死十一日，虫出户而不收者，以不终用贤也。②

---

① 陈奇猷：《吕氏春秋新校释》，上海古籍出版社 2002 年版，第 978 页。
② 黎翔凤：《管子校注》，中华书局 2004 年版，第 609 页。

《管子·戒》曰：

　　故公死七日不敛，九月不葬，孝公奔宋，宋襄公率诸侯以伐齐，战于甗，大败齐师，杀公子无亏，立孝公而还。①

《韩非子·十过》曰：

　　身死三月不收，虫出于户。②

《韩非子·二柄》曰：

　　桓公虫流出户而不葬。③（不言时日）

《韩非子·难一》曰：

　　身死虫流出尸不葬。④（不言时日）

《淮南子·精神训》曰：

　　桓公甘易牙之和而不以时葬。⑤（不言时日）

　　对于《淮南子》的这段记载，高诱注曰："齐桓好味，易牙蒸其首子而进之，遂见信用，专任国政，乱嫡庶。桓公卒，五公子争立，六十日而殡，虫流出户，五月不葬，故曰'不以时葬'也。"⑥ 其中涉及桓公殡葬的时间，但是高诱的这一说法遭到何宁的质疑。何宁的解释是："'五月不葬'当作'九月不葬'，字之误也。《左传·僖公十七年》：'十月乙

---

① 黎翔凤：《管子校注》，中华书局2004年版，第527页。
② 陈奇猷：《韩非子集释》，上海人民出版社1974年版，第195页。
③ 同上书，第112页。
④ 同上书，第800页。
⑤ 何宁：《淮南子集释》，中华书局1998年版，第553页。
⑥ 同上书，第553页。

亥，齐桓公卒，十二月乙亥赴，辛巳夜殡。（杜注：六十七日乃殡。）十
八年秋八月丁亥，葬齐桓公。（杜注：十一月而葬，乱故。）'《史记齐世
家》与《左传》同。此云'六十日而殡'举成数也。自死至葬，历十一
月，自殡日计之，则九月也。《管子戒篇》作'七日不敛，（当作六十七
日不敛，脱'六十'二字。）九月不葬'，又其证。《吕氏春秋·知接篇》
作'三月不葬'，不言殡，但言葬，疑'三'乃'十一'合写之伪。"①
　　《说苑·权谋》则记道：

　　　　桓公死六十日，虫出于户而不收。②

　　纵观各处文献可以看出，用以表述桓公殡葬的词汇有四种，分别是：
收、敛、殡、葬。而对于时间的描述更是众说纷纭：《知接》为"三月不
葬"；《管子·小称》为"十一日虫出于户而不收"；《管子·戒》为"七
日不敛，九月不葬"；《韩非子·十过》为"三月不收，虫出于户"；高诱
认为"六十日而殡，虫流出户，五月不葬"，何宁认为高诱所言"六十
日"当为取"六十七日"说法之整，"五月不葬"当为"九月不葬"；
《说苑·权谋》为："桓公死六十日，虫出于户而不收"。《韩非子·二
柄》《韩非子·难一》和《淮南子》则不言时日。
　　考查《左传·僖公十七年》：

　　　　冬十月乙亥，齐桓公卒。易牙入，与寺人貂因内宠以杀群吏，而
　　立公子无亏。孝公奔宋。十二月乙亥赴。辛巳夜殡。③

　　《左传·僖公十八年》：

　　　　秋八月，葬齐桓公。④

　　按照《左传》的记载，桓公于鲁僖公十七年冬十月乙亥卒，同年十

①　何宁：《淮南子集释》，中华书局1998年版，第553页。
②　向宗鲁：《说苑校证》，中华书局2000年版，第320页。
③　孔颖达：《春秋左传正义》，《十三经注疏》，上海古籍出版社1997年版，第1809页。
④　同上书，第1809页。

二月乙亥日赴，"赴"即讣告，《隐公三年》记载："平王崩，赴以庚戌，故书之"①，其中"赴"即亦是讣告之意。同月辛巳殡，共 67 日。而鲁僖公十八年秋八月方葬之，从死到葬共历时 11 个月。

《史记·齐太公世家》载：

> （桓公四十三年）冬十月乙亥，齐桓公卒。易牙入，与竖刀因内宠杀群吏，而立公子无诡为君。太子昭奔宋。
>
> 桓公病，五公子各树党争立。及桓公卒，遂相攻，以故宫中空，莫敢棺。桓公尸在床上六十七日，尸蟲出于户。十二月乙亥，无诡立，乃棺赴。辛巳夜，敛殡。
>
> ……八月乃葬齐桓公。②

《史记》认为桓公死后 67 日尸在床上，十二月乙亥"棺赴"，即收敛（殓）讣告。同月辛巳敛殡。

《左传》记载诸事顺序较为明晰：先赴、殡次之、葬在后。殡、葬的含义是不同的，"殡"者"死在棺，将迁葬柩，宾遇之"。③ 而《礼记·檀弓上》记载："国子高曰：'葬也者，藏也。藏也者，欲人之弗得见也。是故，衣足以饰身，棺周于衣，椁周于棺，土周于椁。反壤树之哉！'"④《礼记·檀弓上》又载："孔子少孤，不知其墓，殡于五父之衢。人之见之者，皆以为葬也。"⑤ 可见殡、葬是差异较大的礼仪。至于收、敛（殓）两个概念当内涵相同，因为《说文解字》曰："敛，收也。"⑥ 证明两字可以同义互释。

《左传》没有记载收敛与虫出于户一事。《史记》认为桓公四十三年冬十月乙亥死，同年十二月乙亥赴，十二月辛巳殡，来年八月葬，四个时间与《左传》完全吻合。两文献相互印证，基本可以推知历史概况当是：桓公死后两月发出讣告，7 日后而殡，此时距其死已 67 日，死后 11 个月

---

① 孔颖达：《春秋左传正义》，《十三经注疏》，上海古籍出版社 1997 年版，第 1722 页。
② 司马迁：《史记》，中华书局 1959 年版，第 1493—1494 页。
③ 许慎：《说文解字》，中华书局 1963 年版，第 85 页。
④ 孔颖达：《礼记正义》，《十三经注疏》，上海古籍出版社 1997 年版，第 1292 页。
⑤ 同上书，第 1275 页。
⑥ （汉）许慎：《说文解字》，中华书局 1963 年版，第 68 页。

方葬。若从殡日算起，则为 11 个月减去 67 日，大致可以言为 9 个月。

　　明确历史概况及各文献的记载情况后，可做一梳理：《管子·戒》"九月不葬"的说法当是从殡日算起。高诱认为"六十日而殡，虫流出户，五月不葬"，何宁认为高诱所言"六十日"当为取"六十七日"说法之整的判断是合理的。"五月不葬"当为"九月不葬"的判断也是合理的。《史记》"辛巳夜，敛殡"的说法，则是笼统地将敛和殡合称，实际上当是"殡"。

　　《左传》不言收敛与虫出于户。但是收敛当在殡葬之前，虫出于户也当在收敛之前。《管子》和《韩非子·十过》曾记收敛时日。《管子·小称》记为"十一日虫出于户而不收"，《管子·戒》为"七日不敛，九月不葬"，有 11 日不收和 7 日不收的出入，无从确定具体桓公死后多长时日不得收敛而致使尸虫出户，何宁认为《戒》"七日不敛"当为"六十七日不敛"，值得商榷，若如所言，敛殡则为同日，这不合于史实。但无论如何，《韩非子·十过》的"三月不收，虫出于户"表述基本可以断定为夸张之言，不合史实。《韩非子·十过》为了突出桓公的悲剧性遭遇，取其"虫出于户"的惨状，而且将不得收敛的时间扩之三个月。

　　至于《知接》篇"三月不葬"的说法，显然也不合于史实，何宁解释为："'三'乃'十一'合写之伪。"陈奇猷先生则认为此处有脱文，脱去"殡九月不"四字，也即原文当为"三月不殡，九月不葬"。① 两种说法中，何宁的说法更为合理。因为，在所有文献中只有《韩非子·十过》有"三月不收"的说法："身死三月不收，虫出于户"，说明是因为不收敛而导致虫流出。《知接》篇的"三月"则指："虫流出于户，上盖以杨门之扇，三月不葬"，明确指"葬"。所以"三月"的说法当并非沿承自《韩非子》，《知接》篇文字当有讹误。

　　若将原文改正为"十一月不葬"，则《知接》篇指的就是桓公从死到葬十一月，这是合于历史的。

　　另外，在对"堂巫"一人的处理上，也表现出《吕氏春秋》对于历史的尊重。

　　"堂巫"曾出现于管仲警告远佞这一故事中，但是各个文献的处理方式并不相同，《管子·小称》中的佞人包括：易牙、竖刁、公子开方和堂

---

　　①　陈奇猷：《吕氏春秋新校释》，上海古籍出版社 2002 年版，第 988 页。

巫四人；《管子·戒》中的佞人有易牙、竖刁、卫公子开方三人，并无堂巫；《韩非子·十过》糅合两大故事类型，将隰朋、鲍叔牙一并列入，但是并不包括堂巫；《史记》亦只有三人：易牙、竖刁、卫公子开方；《说苑》更是简至两人：易牙、竖刁。《吕氏春秋·知接》则是四人：易牙、竖刀、卫公子开方和常之巫。此处常之巫当即为"堂巫"。

《史记·齐太公世家》索隐曰："管子有棠巫，恐与雍巫是一人也。"①《汉书·古今人表》作"常之巫"，与"寺人貂、易牙、卫公子开方"并列上下，颜师古注曰："齐桓时人也，见吕览。"②综合看来，堂巫一人的存在当是无疑的。但是至于堂巫究为何人，则历来众说纷纭：唐司马贞认为堂巫即为雍巫，又杜预认为"雍巫，雍人名巫，易牙字"。③黎翔凤据此进一步推断："易牙棠氏，其族有棠公，故亦称棠巫。吕氏伪为二人，而汉表因之，非是。"④认为堂巫即易牙。无论认为堂巫为雍巫抑或是易牙，都缺乏足够的证据。相比之下，王利器先生的考证则更为有理：

> 本书《尽数》篇："故巫医毒药逐治除之，故古之人贱之也，为其末也。"高注云："古之人治正性、保天命者也。不然则邪气乘之以疾病，使巫医毒药除逐治之，故谓贱之也。"然则常之巫者巫医之流，与为齐桓主味之雍巫名易牙者，自然判两人矣。⑤

从《管子·小称》和《知接》的表述看，桓公疏远易牙导致"味不至"和"食不甘"，远堂巫导致"苛病起"；看来，两处都比较明确二人的擅长所在并不相同，诚如王利器先生所言，易牙为调味之人，堂巫当为巫医之流，两者并非一人。

但是各文献关于堂巫其人的记载甚少，导致历来对其人其事不甚明了，所以《管子·戒》《韩非子·十过》以至《史记》《说苑》均对之略而不谈。值得注意的是《吕氏春秋·知接》则对历史加以复原，仍旧将

① 《史记》，中华书局1959年版，第1494页。
② 黎翔凤：《管子校注》，中华书局2004年版，第610页。
③ 《史记》，中华书局1959年版，第1494页。
④ 黎翔凤：《管子校注》，中华书局2004年版，第610页。
⑤ 王利器：《吕氏春秋注疏》，巴蜀书社2002年版，第1828页。

常之巫列入佞人之列。较之《韩非子·十过》更为贴近史实。

但是毕竟此人甚为模糊，《管子·小称》将堂巫列为四大佞人，而管仲的言辞中，对易牙、竖刁、卫公子开方三人均有评价，列出理由说服桓公远之，而唯独未对所以要远堂巫的理由做出解释。

《知接》篇中对四人则均有评价，对四人的评价分别为：易牙——"人之情，非不爱其子也。其子之忍，又将何有于君?"竖刁——"人之情，非不爱其身也。其身之忍，又将何有于君?"卫公子开方——"人之情，非不爱其父也。其父之忍，又将何有于君?"而对常之巫的评价则是："死生命也，苛病失也。君不任其命守其本，而恃常之巫，彼将以此无不为也。"应该说，疏远四人的理由都较为充分而具说服力，而且对常之巫的评价十分符合其作为巫医的身份。

从以上三个细节可以看出，《吕氏春秋》在采录管仲进言故事时，对于历史事实是较为尊重的，其对于事件的发生背景、事件的具体时间以及历史人物都持较为认真、谨慎的处理态度，尽力做到合于历史。

第二，故事情节追求曲折与完整。

虽然《吕氏春秋》较为尊重历史，但是它毕竟与历史不同，在对故事情节的处理方面表现出其对于文学性的追求。如这则故事的最后一段有这样的记载：

《管子·小称》是这样记载的：

> 有一妇人，遂从窦入，得至公所，公曰："吾饥而欲食，渴而欲饮，不可得，其故何也?"妇人对曰："易牙、竖刁、堂巫、公子开方四人分齐国，涂十日不通矣，公子开方以书社七百下卫矣。食将不得矣。"公曰："嗟兹乎，圣人之言长乎哉！死者无知则已，若有知，吾何面目以见仲父于地下。"乃援素幭以裹首而绝。①

《知接》篇则这样叙述：

> 有一妇人逾垣入，至公所。公曰："我欲食。"妇人曰："吾无所得。"公又曰："我欲饮。"妇人曰："吾无所得。"公曰："何故?"

---

① 黎翔凤：《管子校注》，中华书局 2004 年版，第 609 页。

对曰："常之巫从中出曰：'公将以某日薨。'易牙、竖刀、常之巫相
与作乱，塞宫门，筑高墙，不通人，故无所得。卫公子启方以书社四
十下卫。"公慨焉叹，涕出曰："嗟乎！圣人之所见岂不远哉？若死
者有知，我将何面目以见仲父乎？"蒙衣袂而绝乎寿宫。①

单从妇人与桓公的问对看，《知接》篇的往复次数就明显多于《管
子·小称》。《知接》篇中桓公问 3 次、妇人答 3 次，最后桓公慨叹 1 次；
《管子·小称》中桓公问 1 次、妇人答 1 次，最后桓公慨叹 1 次。相较之
下，《知接》篇的情节明显更为曲折与复杂。

《吕氏春秋》在对故事情节曲折化和细致化的过程中，经常运用的手
段是：对故事主人公的语言进行直接描述，让故事中的人物讲话，而不是
用叙述的口吻进行概述和介绍。

如上文所述，《知接》篇中管仲的推诿模式明显受到《韩非子》的影
响，在故事中增加一个管仲推诿的过程。虽然管仲最终接受桓公请求而进
言，但是这样一个情节无疑会使故事更为曲折生动，也会使人物形象更为
丰满、鲜活。这符合《吕氏春秋》对于文学性的追求。

第三，对局部细节的虚构。

管仲进言远佞时，对何以要疏远公子开方的理由有一段阐述。各处文
献的记载情况如下：

《管子·小称》：

> 公子开方事公十五年，不归视其亲。②

《管子·戒》：

> 今夫卫公子开方，去其千乘之太子，而臣事君。③

《韩非子·十过》：

---

① 陈奇猷：《吕氏春秋新校释》，上海古籍出版社 2002 年版，第 979 页。
② 黎翔凤：《管子校注》，中华书局 2004 年版，第 609 页。
③ 同上书，第 527 页。

> 十五年不归见其父母。①

《韩非子·难一》：

> 开方事君十五年，齐、卫之间不容数日行，弃其母久宦不归，其
> 母不爱，安能爱君？②

《史记·齐太公世家》：

> 倍亲以适君，非人情，难近。③

在各处文献记载中，最为普遍的说法是：开方 15 年不归视其亲，不
爱其亲、何爱于君？《史记》的说法较为笼统。只有《管子·戒》认为开
方放弃千乘之位，必有所图。相比之下，《吕氏春秋·知接》的说法与以
上诸说均有差异：

> 卫公子启方事寡人十五年矣，其父死而不敢归哭。④

其中"十五年"的说法显然袭自《管子·小称》《韩非子》等文献，
但是在此基础上，《知接》篇在细节上进行了一定程度的改造和虚构，将
"不归视亲"的说法改为"父死而不敢归哭"。这一细节的改造对于情节
的发展基本没有影响，但是对于人物的塑造已有所不同。"不归视亲"意
在表明开方不爱其亲，而"父死而不敢归哭"无疑将不爱其亲的形象推
向极端，更鲜明地表现出开方的性格特征。

综上所述，《吕氏春秋》在对故事进行袭用和叙述时，会尽力保证故
事的史实框架，在人物、时间等的处理上坚持合于历史；当然《吕氏春
秋》在文学性上同样有所创造，追求情节的复杂、曲折，追求对于局部
细节的夸张虚构。从中可以看出《吕氏春秋》在历史与文学之间的艰辛

---

① 陈奇猷：《韩非子集释》，上海人民出版社 1974 年版，第 195 页。
② 同上书，第 800 页。
③ 司马迁：《史记》，中华书局 1959 年版，第 1494 页。
④ 陈奇猷：《吕氏春秋新校释》，上海古籍出版社 2002 年版，第 978 页。

游走。

第二节　《吕氏春秋》对《庄子·让王》篇的借用

自苏轼以来，不少古代学者认为《庄子·让王》篇为伪作，以至宋元以来，不少《庄子》注本将本篇删掉，以示其伪。伪作论者多认为《庄子·让王》篇许多资料是袭自《吕氏春秋》，然而，现代学者已基本定论：《庄子·让王》篇乃庄子后学所作，早于《吕氏春秋》。关于这一点，晁福林先生曾有较为详尽的辨析，① 兹不赘述。

一　《吕氏春秋》对故事主题的考量

《庄子·让王》篇的多节文字被《吕氏春秋》采用，这些文字出现在《吕氏春秋》不同篇目之中，可分别见于《仲春纪·贵生》《开春论·审为》《先识览·观世》《孝行览·慎人》《离俗览》和《季冬纪·诚廉》六篇。当这些文字重新出现在不同篇目中时，它们所寓含的思想及本身的意义往往都有所不同。出自同一篇作品《让王》的历史故事，能被重新用于不同的篇目，其中有一个十分重要的原因在于《庄子·让王》篇思想的丰富性。从历史故事的主题看，《让王》篇至少有两个主要内容：一是贵生重身；一是齐贵贱、陈义甚高。关于这一点，陈鼓应先生曾有较为系统的阐述，他说：

> 本篇第一节述三个让君位的故事，阐扬"重生"思想——以生命为贵，以名位为轻。第二节，大王亶父迁岐山的故事，也阐述"重生"之义。并讥评"今世之人，居高官尊爵者，皆重失之，见利轻亡其身。"第三节，王子搜的故事，也是写"重生"的思想。感叹做国君的祸患，表明不肯以君位来伤害生命的态度。第四节，子华子与昭僖侯对话，感天下争乱不已，伤杀生命，而主"重生"之言。第五节，鲁君礼聘颜阖，颜阖恶富贵。"今世俗之君子，多危身弃生以殉物。"好比随侯用宝珠去射麻雀。生命是贵重的，世俗君子却轻身逐物。第六节，写列子穷而拒绝郑国宰相的赠粟。第七节，

---

① 晁福林：《〈庄子·让王篇〉性质探论》，《学习与探索》2002 年第 2 期。

屠羊说的故事，写屠羊说有功于国而不受爵禄，身处卑微而陈义甚高。第八节，写子贡访原宪，子贡以仁义、车马为华饰，超世扬己，而原宪则贫而乐，有所不为。第九节，借曾子写求道的人"天子不得臣，诸侯不得友"。第十节，孔子与颜回对话，写"知足者不以利自累"。第十一节，魏牟与瞻子对话，谈"重生"。第十二节，孔子与门人对话，写怀道抱德的人，能安然自得。第十三节，写北人无择耻于接受君位。第十四节，卞随、务光的辞让，写洁士不苟合于君主。第十五节，借伯夷叔齐的故事，讽周王"杀伐以要利，是推乱以易暴"。①

陈先生顺次对《让王》篇每节文字的主题意旨进行总结概括，总体看是基本合理的。从陈鼓应的总结基本可以看出：从第一节到第五节文字都有一个共同的主题："重生"。对此，《让王》篇在第五个故事之后作了总结："故曰：道之真以治身，其余绪以为国家，其土苴以治天下。由此观之，帝王之功，圣人之余事也，非所以全身养生也。今世俗之君子，多危身弃生以殉物，岂不悲哉！"② 而从第六节到第十二节文字的基本主题则是：穷通皆乐。对此，《让王》篇在第十二个故事之后作了如下概括总结："古之得道者，穷亦乐，通亦乐。所乐非穷通也，道德于此，则穷通为寒暑风雨之序矣。故许由娱于颍阳，而共伯得乎共首。"③ 第十三节到第十五节的基本主题是：高节戾行，不屈其志。对此，《让王》篇结尾写道："若伯夷叔齐者，其于富贵也，苟无得已，则必不赖。高节戾行，独乐其志，不事于世。"④ 这段话实际是对后面四个故事所作的总结。总体上看，《让王》篇是用前后三部分阐述三个基本主题：重生、齐贵贱和陈义甚高，第五节之前为第一主题，第六节到第十二节为第二主题，第十三节到第十五节为第三主题。

《吕氏春秋》在对《让王》篇的文字进行借用时，清楚地注意到本篇的历史故事在主题上的差异。因而，不同篇目借用不同的文字，以表达不同的主题。可列表如下：

① 陈鼓应：《庄子今注今译》，中华书局1983年版，第743—744页。
② 郭庆藩：《庄子集释》，中华书局1961年版，第971页。
③ 同上书，第983页。
④ 同上书，第988页。

表 4 - 1　　　　《吕氏春秋》相关篇目与《庄子·让王》篇的关系

《吕氏春秋》的篇目	主题	所借用文字在《让王》篇中的位置	所借用文字在《让王》篇中的主题
《仲春纪·贵生》	圣人深虑天下，莫贵于生	第一节（部分）；第三节；第五节	贵生
《开春论·审为》	身者所为也，天下者所以为也，审所以为，而轻重得矣	第二节；第四节；第十一节	贵生穷通皆乐
《离俗览》	故布衣人臣之行，洁白清廉中绳，愈穷愈荣	第一节（部分）；第十三节；第十四节	高节戾行，独乐其意
《季冬纪·诚廉》	石可破也，而不可夺坚	第十五节	高节戾行，独乐其意

从上表可以看出，《贵生》和《审为》两篇的主题一致，都是倡导贵生和重身，其所借用的文字均来自《让王》篇中表达"贵生"主题的段落；《离俗览》和《诚廉》两篇的主题基本一致，都倡导人臣之节义与高洁志行，其所借用的文字主要来自《让王》篇中表达"高节戾行，独乐其志"主题的段落。其中《离俗览》借用的第一节部分文字为：

> 舜让其友石户之农。石户之农曰："捲捲乎，后之为人，葆力之士也。"以舜之德为未至也。于是乎夫负妻携子以入于海，去之终身不反也。①

这段故事与出现在《贵生》篇的一则故事都属于第一节文字，是让天下题材的故事，但是这则故事与《贵生》篇一则故事的区别在于：这则故事没有关于"贵生"的明确表述，这则故事的主题具有多义性。既可以用以阐述"贵生"思想，同时也可以表现石户之农不为富贵所动及其志行的高洁，因而，《离俗览》对这则故事也进行了借用。

所以，《吕氏春秋》在对《让王》篇中的文字与故事进行借用时，对《让王》篇所涉及的主题有十分清醒的认识和分析。不同主题的故事往往

① 陈奇猷：《吕氏春秋新校释》，上海古籍出版社 2002 年版，第 1242 页。

被借用到不同的篇目之中，总体上保证《吕氏春秋》各篇主题的一致性。

《让王》篇共有 13 则故事被《吕氏春秋》借用，其中《贵生》《审为》和《诚廉》《离俗览》四篇所借用故事就有 11 则，占借用故事总量的 85%。所以，《吕氏春秋》在借用《让王》篇的历史故事时，其基本做法是：尽量尊重原文献资料的主题。

当然，《吕氏春秋》绝非对原文献资料的主题进行简单抄袭和搬用，对于原文献中故事主题十分明确的材料，《吕氏春秋》在进行借用时，往往会保留原意，沿用原有的主题，《贵生》和《审为》两篇的"贵生"主题正是对《让王》篇贵生主题的沿用。在沿用原有主题的情况下，《吕氏春秋》往往也会对原文献进行两种改造：

一是对主题表述进一步明确化，使这一主题显而易见，避免歧义。如，《庄子·让王》中"尧以天下让子州支父"的故事是这样表述的：

> 尧以天下让许由，许由不受。又让于子州支父，子州之父曰："以我为天子，犹之可也。虽然，我适有幽忧之病，方且治之，未暇治天下也。"夫天下至重也，而不以害其生，又况他物乎！唯无以天下为者，可以托天下也。①

而《贵生》篇借用后加以改动：

> 尧以天下让于子州支父，子州支父对曰："以我为天子犹可也。虽然，我适有幽忧之病，方将治之，未暇在天下也。"天下，重物也，而不以害其生，又况于它物乎？惟不以天下害其生者也，可以托天下。②

其中，最显著的改动是："唯无以天下为者，可以托天下也"改为"惟不以天下害其生者也，可以托天下"。对于"唯无以天下为者，可以托天下也"，成玄英解释为："夫忘天下者，无以天下为也，唯此之人，

---

① 郭庆藩：《庄子集释》，中华书局 1961 年版，第 965 页。
② 陈奇猷：《吕氏春秋新校释》，上海古籍出版社 2002 年版，第 75 页。

可以委托于天下也。"① 虽然《让王》篇本段文字的主题也较为明确,但是,最后的议论性文字在阐述重生之后,又表达忘天下的思想,主旨出现游移和跳跃,显得不够集中和明确。相比之下,《贵生》篇前后一致地强调"贵生"的重要性,这一改动显然于表达主题更加明确。

再如,《庄子·让王》中鲁君礼颜阖的故事是这样表述的:

> 鲁君闻颜阖得道之人也,使人以币先焉。颜阖守陋闾,苴布之衣而自饭牛。鲁君之使者至,颜阖自对之。使者曰:"此颜阖之家与?"颜阖对曰:"此阖之家也。"使者致币。颜阖对曰:"恐听谬而遗使者罪,不若审之。"使者还,反审之,复来求之,则不得已!故若颜阖者,真恶富贵也。②

《贵生》篇对故事之后的议论加以改动:

> ……故若颜阖者,非恶富贵也,由重生恶之也。世之人主多以富贵骄得道之人,其不相知,岂不悲哉?③

《贵生》篇将颜阖"真恶富贵"改为"非恶富贵也,由重生恶之也",对于主题的表达而言,《贵生》篇显然更加明确,避免了主题的旁逸和杂出。

所以,在原文献中故事的主题表达较为明确的时候,《吕氏春秋》在借用时往往会保留原有主题,但也会使主题的表达更加明确而集中。

第二种改造是,使主题的表达进一步细腻化和辩证化。如鲁君礼颜阖的故事,《庄子·让王》以议论结尾:"故若颜阖者,真恶富贵也"。但《贵生》篇除将"真恶富贵"改为"非恶富贵也,由重生恶之也"外,还增加一段议论:"世之人主多以富贵骄得道之人,其不相知,岂不悲哉?"④ 除对颜阖进行评价外,还从"世之人主"的角度阐述其主旨,提倡人主当礼遇得道贤人,是从士和主两个角度对故事进行主题开掘。较之

---

① 郭庆藩:《庄子集释》,中华书局 1961 年版,第 965 页。
② 同上书,第 971 页。
③ 陈奇猷:《吕氏春秋新校释》,上海古籍出版社 2002 年版,第 75—76 页。
④ 同上书,第 76 页。

《让王》篇，这一主题显然具有辩证性，其对主题的开掘更为细腻。

又如，《离俗览》借用《让王》篇中并不相连的四则故事连为一段，分别是："舜以天下让其友石户之农""舜以天下让其友北人无择""汤将伐桀，因卞随而谋"和"汤又让瞀光"。其中第一则故事位于《让王》的第一节，其余三则相连。这四则故事在《让王》篇中均无单独的主题阐述和议论，在《离俗览》中连为一段后，作者增补一段关于主题的阐述和议论：

> 故如石户之农、北人无择、卞随、务光者，其视天下若六合之外，人之所不能察；其视贵富也，苟可得已，则必不之赖；高节厉行，独乐其意，而物莫之害；不漫于利，不牵于执，而羞居浊世；惟此四士者之节。若夫舜、汤，则苞裹覆容，缘不得已而动，因时而为，以爱利为本，以万民为义。譬之若钓者，鱼有小大，饵有宜适，羽有动静。①

这段议论是对主题的明确表述，其从两个角度对故事的主题进行挖掘：一是赞颂和倡导四士之节；一是对让王者舜汤进行评述，认为舜汤也是以"以爱利为本，以万民为义"。其论述显然没有单从士节的角度展开，而是照顾到君臣两个方面。较之《让王》篇，《离俗览》对主题的表述更加明确，对主题的开掘更加辩证化。

当原文献中历史故事的主题并不十分明确时，《吕氏春秋》则会以己意用之，有时甚至会大改主旨，《先识览·观世》篇所借用的"列子辞子阳粟"一故事就显示出这样的特点。

"列子辞子阳粟"的故事在先秦时期较为著名，可见于多处文献，如《列子·说符》《庄子·让王》。其出现于《列子》和《庄子》中，表述基本相同。只有对故事的叙述，而没有单独对主题开掘和议论。这则故事出现于《先识览·观世》篇时，作者在故事之后增补一段议论：

> 受人之养，而不死其难则不义，死其难则死无道也。死无道，逆也。子列子除不义、去逆也，岂不远哉？且方有饥寒之患矣，而犹不

---

① 陈奇猷：《吕氏春秋新校释》，上海古籍出版社 2002 年版，第 1243 页。

苟取，先见其化也。先见其化而已动，远乎性命之情也。①

毕沅、陈奇猷二先生均认为，其中"远"字为"达"字之误②，是完全合理的。这段文字所开掘的主题包括两层含义：一是，列子不为不义之事、不为逆道之事，可谓达乎道；二是，列子有先见之明，且能积极行动，可谓达乎性命之情。

较之《庄子》和《列子》，《先识览·观世》篇对于主题的阐释是明确的。《庄子·让王》中的"列子辞粟"故事位于第六节，联系其后各个故事，这则故事的寓意和题旨倾向当是："穷通皆乐"，应当突出列子能够乐于贫贱，不为富贵所动。但这则故事本身不能很好地表达穷通皆乐的主题，本故事和《让王》篇此处设计的主题之间的联系不是很紧密，甚至略显疏离。然而，《观世》篇中的这则故事主题显然发生了改变，作者并没有用其"穷通皆乐"的题旨。

所以，在原文献故事的主题并不明确的时候，《吕氏春秋》很少会受原文献题旨倾向的影响，往往会对故事进行全新的主题开掘。

二 《吕氏春秋》对故事题材的考量

故事的主题是《吕氏春秋》收录故事的一个重要考量，但其对故事进行分类和编排时，对故事的题材同样也十分重视，会对故事题材进行详尽辨析。同一主题的历史故事，由于题材类型的差异也往往会被编排在不同的位置。

《贵生》和《审为》两篇主题是完全一致的，它们的主题都是贵生和重身，可称为姊妹篇。这两篇的主要材料都是取自《庄子·让王》篇，从这些材料在《让王》篇的位置看，《贵生》篇主要取其第一、三、五节，《审为》篇主要取其第二、四、十一节，显然并不是顺次截取而成的。那么，《吕氏春秋》何以如此选材成篇？其根本原因在于其所秉持的题材一致原则。也即，《吕氏春秋》倾向于将同一题材的历史故事编排在同一篇目之中。

《贵生》篇采录的三则历史故事分别为："尧以天下让于子州支父"

---

① 陈奇猷：《吕氏春秋新校释》，上海古籍出版社 2002 年版，第 969 页。
② 同上书，第 977—978 页。

"越人三世杀其君，王子搜患之"和"鲁君礼颜阖"。《审为》篇借用的三则历史故事分别为："太王亶父居邠，狄人攻之""韩、魏相与争侵地""和中山公子牟谓詹子"。从故事情节看，《贵生》篇所用的三则历史故事均有一共同情节：辞让天下或推辞尊位。子州支父辞天下、王子搜辞君位、颜阖辞尊位，而《审为》篇的三则故事均没有这一情节。天下、君位、尊位都是至上的名利，《贵生》篇的三则故事正是在叙述中见出"生"与"至上的名利"的尖锐对比。所以，相比之下，《贵生》篇的三则故事属于把生命看得重于名利题材，《审为》篇的三则故事则只能属于在名利和生命之间取舍的题材。

《离俗览》和《季冬纪·诚廉》篇的主题大致相通，都倡导和赞颂士节和独乐其志，《离俗览》选取的故事是："舜以天下让其友石户之农""舜以天下让其友北人无择""汤将伐桀，因卞随而谋"和"汤又让瞀光"；《诚廉》篇选取的是"伯夷叔齐饿死首阳山"的故事。在《让王》篇中表现这一主题的历史故事较多，从第六节到第十五节，除第十一节外均是，共9节。然而这两篇所选取的历史故事在情节上有一个共同之处：都是舍生取义，以"死"诠释以死守义的主题。这5则故事中，主人公均有与"死"相关的故事情节。除"舜以天下让其友石户之农"中石户之农"于是夫负妻戴，携子以入于海，终身不反"，没有明言其死外，其余4则故事均是以死殉义。综观《让王》篇9节"高节戾行"主题的历史故事，除去被《离俗览》和《诚廉》篇借用的故事外，其余均没有舍生取义的情节，是普通的节义题材。它们或没有被《吕氏春秋》所借用，或被借用到《慎人》篇和《观世》篇中，被用以表达其他主题。

以"死"释义、舍生取义与普通的节义题材相比显然更加鲜明突出，所以，《吕氏春秋》仍然借用鲜明突出的题材故事表现原有的主题；而相比之下，对于较为普通的题材故事，《吕氏春秋》更倾向于为己所用，改变原有的主题。

《离俗览》和《诚廉》主题一致，题材相似，但是两篇作品在情节上仍有差异。《离俗览》所用的4则故事均有一共同的情节：辞让天下，而《诚廉》篇"伯夷叔齐饿死首阳山"的故事则没有。也就是说，《离俗览》的题材类型是："辞让天下＋舍生取义"，而《诚廉》篇的题材类型是："不合俗流＋舍生取义"。由于题材类型上的细微差异，《让王》篇中的这些历史故事被安排在不同的篇目之中。

所以，《吕氏春秋》在对历史故事进行采录袭用时，对故事的题材类别有较为细致的考量和辨析，不仅在大的题材类别上保持一致，而且对其中较为细致的情节也有考虑。这样也就不难理解，《贵生》篇与《审为》篇由于在题材上的差异，导致两篇作品所处的位置也有不同。《贵生》篇收录其重大题材故事，故其在《仲春纪》中居于第一篇的位置，属主要位置；《审为》篇所收录的故事题材重要性上稍逊，因而其在《开春论》中并不居于重要位置。《离俗览》和《诚廉》篇也有这样的对比，《离俗览》收录的故事较之《诚廉》篇题材较为重大，其所处的位置正是本览的首篇，而《诚廉》篇在《季冬纪》中并不居于重要位置。所以，题材的差异不仅是分篇的重要依据，同时也导致其在《吕氏春秋》中的位置有所差异。

还需要进一步说明的是，《孝行览·慎人》篇和《先识览·观世》篇所收录的两则故事与《让王》篇中的故事主题并不相同，这两则故事分别是"孔子穷于陈、蔡之间"和"列子辞子阳粟"。这两则故事在《让王》篇中表达的主题是"穷通皆乐"，而《慎人》篇的主题是"功名大立，天也。为是故，因不慎其人，不可"。① 《观世》篇的主题是"主贤世治，则贤者在上；主不肖世乱，则贤者在下"②。可以说，这两则故事经《吕氏春秋》袭用后，主题发生了极大变化。

《吕氏春秋》何以将这两篇作品分别安排在《观世》和《慎人》两篇中？其根本原因在于故事的题材类型与所在单元的故事题材类型相一致。《慎人》篇中的"孔子穷于陈、蔡之间"，叙述的是孔子的人生遭遇，这与《孝行览》的其他故事都是一致的，都属于遭逢际遇题材。《观世》篇中的"列子辞子阳粟"叙述的是列子的先见之明和子阳的不谙任贤，是礼贤下士和预见的双重题材，这与《先识览》的其他诸多故事的题材也是一致的。这也充分说明，《吕氏春秋》在采录和袭用故事时，对于原文献主题的考虑只是其中的一个方面，其对故事本身主题的多义性，以及故事的题材类型也有细致的考量和辨析。

三 《吕氏春秋》与《庄子·让王》篇的对比

《庄子·让王》篇在对故事进行编排时，首先是按照故事的主题进行

---

① 陈奇猷：《吕氏春秋新校释》，上海古籍出版社2002年版，第809页。
② 同上书，第968页。

总体划分，然后再对故事题材进行分类安排。

在前后三部分中，同主题的故事在编排上也遵循一定的原则。

第一部分的 5 节文字，大致是以故事题材的轻重和故事发生的先后为编排原则的。这 5 节文字涉及 8 则故事，分别为"尧以天下子州之父""舜让天下于子州之伯""舜以天下让善卷""舜以天下让其友石户之农""大王亶父居豳，狄人攻之""越人三世弑其君，王子搜患之""韩魏相与争侵地，子华子见昭僖侯""鲁君闻颜阖得道之人"。其中前 4 则故事均有让天下和辞让情节，属让天下题材。另外，从故事发生的先后看，尧、舜、大王亶父相承而下，是按照故事的时间先后顺序排列的。

但是，这两种编排原则在《让王》篇的前半部分中贯彻得都不彻底。从故事的题材看，"越人三世弑其君，王子搜患之"和"鲁君礼颜阖"的故事也有辞让尊位的情节，但是没有与之前的辞让天下题材相连。从故事发生的先后看，按照郭庆藩的看法，基本可以确定"王子搜"为越王无颛①，应当早于子华子。但是，按照陈奇猷先生的看法，"鲁君礼颜阖"中的"鲁君当是鲁哀公"②，这件事情定然发生在韩魏争地之前，出现时间先后的错位。所以，总体看，《让王》篇的前半部分虽然以故事题材和故事先后为编排原则，但是这两种原则贯彻得都不彻底，在有意安排中显示出一定的随意性。

在第二部分中，同一主题的文字共有 6 节。这 6 节文字分别为："列子辞粟""楚昭王失国，屠羊说受赏""原宪对子贡""曾子居卫而乐""颜回乐道""孔子穷于陈蔡之间"，这 6 节文字共涉及 6 则故事。

在第三部分中，同一主题的文字共有 3 节。这 3 节文字分别为："舜以天下让其友北人无择""汤将伐桀，因卞随而谋""伯夷叔齐饿死首阳山"。其中第 14 节文字共有两则故事："卞随辞位"和"务光辞位"。明晰起见，列表如下：

---

① 郭庆藩：《庄子集释》，中华书局 1961 年版，第 969 页。
② 陈奇猷：《吕氏春秋新校释》，上海古籍出版社 2002 年版，第 79 页。

表4-2 《庄子·让王》篇的故事与题材类型

《让王》	节次	故事	题材类型
第二部分	第6节	列子辞粟	士节
	第7节	楚昭王失国，屠羊说受赏	士节
	第8节	原宪对子贡	士节
	第9节	曾子居卫而乐	士节
	第10节	颜回乐道	士节
	第12节	孔子穷于陈蔡之间	士节
第三部分	第13节	舜以天下让其友北人无择	舍生取义（士节）
	第14节	卞随辞位	舍生取义（士节）
	第14节	务光辞位	舍生取义（士节）
	第15节	伯夷叔齐饿死首阳山	舍生取义（士节）

第二部分和第三部分的主题分别为"穷通皆乐"和"高节戾行、不屈其志"，这些故事在编排时，首先体现出在主题上的差异，不同的题旨导致故事在故事情节和题材类型上也存在细微差别。从表4-2可以看出，10则故事虽然都属于士节题材，但是后4则故事明显有一共同情节特征：舍生取义。北人无择投清泠之渊、卞随自投椆水而死、务光负石而自沈于庐水、伯夷叔齐饿死首阳山，都是以死殉义。由于在题材类型上的这一差异，导致其在编排中将普通的士节题材前后相连，而舍生取义题材的故事连为一起。

可以看出，《庄子·让王》篇在对第二、三两部分的故事编排中，考虑到故事主题的差异，同时对故事在情节题材上的细微差异也有所考量。

所以，《吕氏春秋》在对《庄子·让王》的故事进行借用时，编排理念也受到《让王》篇的影响，不同题材类型的故事编排在不同的篇目中。但是，同时也应看到，《让王》篇对于故事题材的差异，并没有在编排的位置上表现出来。后10则故事中，有舍生取义情节的故事在题材上更为鲜明，但是并没有被编排在前，而是被置于作品最后的位置。这说明，《让王》篇对题材有差异的故事进行分类编排，但并没有在题材的重要性上作出细致的判断，也没有在编排的位置上刻意地加以体现。

相比之下，《吕氏春秋》对于所处位置的结构意义十分重视，重要的题材和主题经常会通过其所在篇目的位置表现出来。这说明，《吕氏春秋》在文学作品的结构安排上较之前的作品大有进步。

第三节　《吕氏春秋》对《墨子·所染》篇的
利用和改造

《当染》篇位于《仲春纪》，本篇与《墨子·所染》篇有大部分内容重合，陈奇猷先生判断说："此篇首二段出自《墨子·所染》，末一段由本篇作者所增，其旨趣与《所染》全同，则此篇乃墨家者流所作。"①对篇目的思想内容进行家派辨析是陈先生的校释体例，他对本篇与《墨子·所染》关系的判断基本符合事实。

一　《吕氏春秋》对原文献的改造及其扩展议论的手段

《吕氏春秋·当染》篇共有三段，其前两段分别是"墨子见染素丝者而叹曰……"和"非独染丝然也，国亦有染……"，与《墨子·所染》篇前两段基本近同，可以确定《当染》篇的这些内容当是录自《墨子·所染》。两处文献的主要不同有两处，现对比如下：

表 4-3　　《墨子·所染》与《吕氏春秋·当染》的对比一

《墨子·所染》第二段段末的议论	《吕氏春秋·当染》第二段段末的议论
凡君之所以安者，何也？以其行理也。行理性于染当。故善为君者，劳于论人，而佚于治官。不能为君者，伤形费神，愁心劳意，然国逾危，身逾辱。此六君者，非不重其国、爱其身也，以不知要故也。不知要者，所染不当也②	凡为君非为君而因荣也，非为君而因安也，以为行理也。行理生于当染。故古之善为君者，劳于论人，而佚于官事，得其经也。不能为君者，伤形费神，愁心劳耳目，国愈危，身愈辱，不知要故也。不知要故则所染不当，所染不当，理奚由至？六君者是已。六君者，非不重其国爱其身也，所染不当也。存亡故不独是也，帝王亦然③

从《所染》篇的议论看，其中出现三个关键概念用以推理和展开论述："行理""染当""（不）知要"。通过其论述可以看出，三个概念的

---

① 陈奇猷：《吕氏春秋新校释》，上海古籍出版社 2002 年版，第 98 页。
② 孙诒让：《墨子间诂》，中华书局 2001 年版，第 18 页。
③ 陈奇猷：《吕氏春秋新校释》，上海古籍出版社 2002 年版，第 97—98 页。

关系以及整段论述的脉络可以概括表述为：君安缘于行理；行理生于染当；善为君者知要，不善为君者与"此六君"不知要；不知要正是所染不当。这段论述始终围绕所染当否的重要性展开，具体说来，作者转换了两个角度以凸显所染得当的重要意义：君安缘于行理，行理生于染当，染当是君安的根本原因；善为君者知要，知要即是所染当也。所以，这段论述从两个角度强调和突出的是"染当"的重要意义，与篇题和前文的一系列浓缩历史故事的寓意都能很好契合。

两相对比，《吕氏春秋·当染》篇的这段论述主要在以下几个方面对原文加以改造：

改造之一是，《墨子·所染》篇中"不能为君者，伤形费神，愁心劳意，然国逾危，身逾辱"和"此六君者非不重其国、爱其身也……"两句前后紧密相连，显然其论述意脉是接续不断的，上文所言不能为君者如何，正是用以引出对"此六君"的错误行为的论述，"此六君"正是作者所言的不能为君者。

而《吕氏春秋·当染》篇明显倾向于在原文中添加议论。其对"古之善为君者"进行描述后，加一议论之语："得其经也"。为了与此相一致，其在对"不能为君者"进行描述后，并没有接以"此六君……"，用以表述六君即是不能为君者，而是也加以议论之语，以与前文相对称。这里的议论之语，作者并没有独创，而是将原文中位于最后的议论挪移到此处，并稍加改动："不知要故也。不知要故则所染不当，所染不当，理奚由至？六君者是已。"这样，"善为君者——得其经也"和"不能为君者——不知要故也"就做到了前后相对称、呼应。

此处的议论中虽然也提及"六君"，但毕竟原文中对六君的议论仍然没有转移过来。于是作者另作一段议论："六君者非不重其国爱其身也，所染不当也。"既将原文中对六君的议论转移过来，同时又再次申述"所染"是其根源所在，强调了所染的重要性。

改造之二是，《吕氏春秋·当染》篇在段末创造性地添加一段议论："存亡故不独是也，帝王亦然。"

可以看出，《吕氏春秋·当染》篇在有意对议论加以延展、对篇幅加以扩充。首先，其在对"善为君者"加以描述后，有意加以议论："得其经也"。"经"本指织物的纵线，引申为事物的关键所在，用以强调"劳于论人"的重要意义。其次，本段在将"善为君者"和"不能为君者"

对称论述之后，为照应前文，作者论道："六君者是已"。但后文又重提
"六君"，对六君再次进一步进行论述，因而也再次提出"染当"的重要
意义。

从上文的对比可以看出，《吕氏春秋·当染》篇在有意延展议论，而
其延展议论的手段主要有如下几种：

首先，对普通性的议论和描述进行深入挖掘，突出根本、根源意识，
从而提升议论的高度。其在对"善为君者"进行描述后添加一议论："得
其经也"，正是这种意识和手段的表现。虽然只有四个字，但是是对"劳
于论人，而佚于官事"的深入开掘，强调这些是治国的根本和关键之所
在。既是对前文论述内容重要性的重申，同时也将议论提升到对事物进行
根本性、根源认识的高度。

挖掘普通现象背后的根源、强调对于事物根本原因的追寻，是《吕
氏春秋》诸多篇目表现出的十分普遍的特征，可以称之为务本意识。这
种务本意识有时直接体现在《吕氏春秋》的篇题中，其中有不少篇题均
凸显出对于事物之本的重视与强调。如《本生》即以生为本之意；《务
本》篇名强调治国当务其根本。《先己》篇说"是故百仞之松，本伤于
下，而末槁于上"，① 也是对事物根本重要性的强调，是对务本意识的直
接表述。除此之外，《吕氏春秋》的许多篇目在论述过程中也经常体现出
这种务本意识。如《务本》篇论道："安危荣辱之本在于主，主之本在于
宗庙，宗庙之本在于民，民之治乱在于有司。"② 这段议论通过步步深入
的方式，直逼安危荣辱之根本，其中每一句话都是务本意识的直接体现。

《吕氏春秋》的这种务本意识，有时还表述为对事物之"所以"的重
视与强调。如《贵生》篇有："凡圣人之动作也，必察其所以之，与其所
以为。"③ 强调圣人动作应当追究事物的本源；《功名》篇有"故圣王不
务归之者，而务其所以归"④；《侈乐》篇有："人莫不以其生生，而不知
其所以生；人莫不以其知知，而不知其所以知。知其所以知之谓知道；不
知其所以知之谓弃宝"⑤。这些论述都是对事物根本的强调，是《吕氏春

① 陈奇猷：《吕氏春秋新校释》，上海古籍出版社 2002 年版，第 147 页。
② 同上书，第 917 页。
③ 同上书，第 76 页。
④ 同上书，第 112 页。
⑤ 同上书，第 268—269 页。

秋》务本意识的表现。

其次，《吕氏春秋》延展议论、深化议论的手段是利用"某事如何，非某原因，而是……"的"非"字句。《墨子·所染》篇有："凡君之所以安者，何也？以其行理也"一句，是对事物原因进行探析的设问句，有问有答。这句话在《吕氏春秋·当染》篇中被变为："凡为君，非为君而因荣也，非为君而因安也，以为行理也。"原话被改造为"非"字句。意即，君主安定荣显不是因为作为君主自然得到的，而是行理之故，属于"不是……，而是……"的句型，"而是"之后才是事物的根本原因和作者要肯定与强调的内容。这种句型除了突出对于"而是"后内容的强调外，还试图通过"不是……"剪除一种或多种错误观点。与设问句相比，其强调的程度更深。

这种句型在《吕氏春秋》一书中经常可以看到。《大乐》篇有："亡国戮民，非无乐也，其乐不乐。"① 《适音》篇有："故先王之制礼乐也，非特以欢耳目、极口腹之欲也，将以教民平好恶、行理义也。"② 《怀宠》有："凡君子之说也，非苟辨也；士之议也，非苟语也。必中理然后说，必当义然后议。"③

这种句型在议论中有两种作用，一是加重强调，通过"不是……"剪除错误观点，通过"而是"突出强调作者观点；二是增强议论和观点的清晰度，"而是"后是作者观点的明确表述，而"不是……"还摒除了较为普遍的错误观点，使作者的观点清晰可鉴。

再次，顶针句式是《吕氏春秋》中经常出现的行文方式，所用的顶针句式是延展议论的重要手段。顶针句式是通过语词概念的首尾连接，实现推理和演绎的论述过程，步步推衍，最终得出结论。按照其逻辑的推演方向，可以分为推原式顶针和演绎式顶针。

所谓推原式顶针，就是从事物的结果出发，通过步步推原，最终追溯至事物的本源。如《务本》篇有："安危荣辱之本在于主，主之本在于宗庙，宗庙之本在于民，民之治乱在于有司。"④ 这段议论是对"安危荣辱"的根本原因进行推原，其没有直接将根本原因表述为有司，而是通过诸多

---

① 陈奇猷：《吕氏春秋新校释》，上海古籍出版社2002年版，第259页。
② 同上书，第276页。
③ 同上书，第417页。
④ 同上书，第917页。

中间概念，这些概念又首尾相接，步步推原最终达至本源——"有司"。又如《劝学》篇："然而人君人亲不得其所欲，人子人臣不得其所愿，此生于不知理义。不知义理，生于不学。"① 也是相同句式。这种推原式顶针是对事物根本原因的追溯，是《吕氏春秋》务本意识的表现，同时这种顶针也显示出《吕氏春秋》严密的思维逻辑。

演绎式顶针与推原式顶针的推理方向相反，是从事物的原因出发，步步演绎、得出结果。如《先识》篇有："故贤主得贤者而民得，民得而城得，城得而地得。"② 这段议论从得贤者这个治国核心出发，步步演绎，在演绎过程中展示出一系列首尾相接的概念："民得""城得""地得"，这些概念本身的意义层层递进，对于君主而言，"民得""城得""地得"三者的实利性和可视性逐步提升。所以这一顶针既展示出"得贤者"这个治国关键所产生的诸多效用，同时还将其诸多效用与结果进行层次划分。另外如：《执一》篇有"为国之本，在于为身。身为而家为，家为而国为，国为而天下为。"③ 也是从"为身"这个核心概念出发，推演出诸多结果，"家为""国为""天下为"三者首尾相接，同时其价值显然是由小到大渐次变化的。所以，这种顶针式论述除了表现出思维的逻辑性外，在对根源的效用和结果的展示上更胜一筹，使诸多结果一览无余、同时又层次分明，是从效用上强调根源的重要价值和意义。

综合看来，顶针式议论展示出思维的严密逻辑，或者通过步步推原，或者通过效用展示，都体现出对于事物根源的强调，传达出强烈的务本意识。

《吕氏春秋·当染》篇的议论"……不知要故也。不知要故则所染不当，所染不当，理奚由至？"显然取自《墨子·所染》篇的议论："……以不知要故也。不知要者，所染不当也。"虽然《所染》的议论也有概念首尾相接的情况，但是《当染》篇显然将顶针句式演绎到了极致。其在"所染不当也"后又加以顶针："所染不当，理奚由至？"这里的顶针句式不仅表现出很强的推理性，同时也是其延展议论、扩充篇幅的重要手段。

最后，《吕氏春秋》善于将议论与现实，特别是政治相结合，呈现议

---

① 陈奇猷：《吕氏春秋新校释》，上海古籍出版社 2002 年版，第 198 页。
② 同上书，第 955 页。
③ 同上书，第 1144 页。

论的现实指导和政治劝警意义。《当染》篇较之《所染》篇，明显增加了"存亡故不独是也，帝王亦然"一句，意即不只六君应当重视所染，帝王也应如此。

对现实的指导及对政治的劝警在《吕氏春秋》中随处可见，足见《吕氏春秋》强烈的现实性。其中又包括劝谕和讽喻两种。讽喻类议论，如《本生》篇有："今世之惑主，多官而反以害生，则失所为立之矣。"[1]《贵生》篇："今世俗之君子，危身弃生以徇物，彼且奚以此之也？"[2] 这类讽喻性议论直接结合现实，明言"今世之……"，对现实问题进行剖露，意在使今世之人抛却不当行为与认识，扭转现实。劝谕类议论意在正面劝谕今世之人，如《高义》篇在叙述"子墨子游公上过于越"一事后，议论道："凡人不可不熟论"[3]，意在劝谕当今之人当以墨子高义为榜样；《应言》篇有："人与不入之时，不可不熟论也。"[4]《期贤》篇则更为直接："当今之时世暗甚矣，人主有能明其德者，天下之士，其归之也，若蝉之走明火也。"[5] 可以看作对当今人主的提示与动员，劝谕意义十分明显。

所以，从《当染》篇的这段议论可以看出，《吕氏春秋》体现出较为明显的务本意识，在议论中又充分运用"非"字句、顶针句等手段展开议论，最后还不忘议论联系现实，体现出明显的现实意义。而在本段议论中体现的这诸多特点，是《吕氏春秋》议论特点的集中反映，这在《吕氏春秋》中具有普遍性。

需要指出的是，本段议论中所运用的诸多手段，一方面延展了议论，但同时也带来了相关的问题。这段议论的问题集中体现在下段顶针句中："……不知要故也。不知要故则所染不当，所染不当，理奚由至？"顶针句容易产生逻辑严密之感，增强说服力，但这段顶针句在逻辑上存在推理问题。其中"不知要故"其意并非"不知关要的缘故"，从上下文看，"要故"当连为一词。《孟子·滕文公》有："今也不幸至于大故"[6]，其

① 陈奇猷：《吕氏春秋新校释》，上海古籍出版社2002年版，第21页。
② 同上书，第76页。
③ 同上书，第1255页。
④ 同上书，第1222页。
⑤ 同上书，第1457页。
⑥ 焦循：《孟子正义》，《诸子集成》第1册，中华书局1954年版，第190页。

中"故"即是事故、变故、大事之意。此处"要故"也是用此意，意即"关要"。这样，《当染》篇的这段顶针句其逻辑关系可表述为：六君遭遇就是不知要故，不知要故导致所染不当，所染不当导致不可行理。而《墨子·所染》此段议论为"此六君者，非不重其国、爱其身也，以不知要故也。不知要者，所染不当也。"其逻辑关系为：六君遭遇根源是不知要，不知要是因为所染不当。其中"故"是原因之意。

可以看出，《当染》篇在以《所染》为蓝本对议论进行改造时出现了问题：《当染》篇在将原文中"不知要故也"进行顶针时，将表示原因之意的"故"字也连带重复，造成词义改变，同时使本句失去推究原因的逻辑关系。"不能为君者遭遇"和"不知关要"不再是果因关系，而变为同位关系。后文"不知要故则所染不当"中一个"则"，又直接将此段议论变为由因到果的演绎顶针，不再是由果到因的推原顶针。显然，《当染》的作者并没有详尽辨析其中各个概念的逻辑关系，而是一味借用顶针句式进行议论延展，在对原文逻辑关系较为生疏的情况下，硬造出新的顶针句。

这种硬造不可避免地使此段议论中"所染"这个核心概念的重要性受到影响。《所染》篇顶针较短，属推原式议论，其最终推原出"所染"这一核心概念。而《当染》篇的逻辑关系："不知要故导致所染不当，所染不当导致不可行理"，其实已经将根源归于"不知要故"，貌似在强调所染的重要性，其实从逻辑关系看，所染的重要性受到一定削弱，这是作者始料不及的。

二 《吕氏春秋》对篇章思想包容性的扩展

《吕氏春秋》在每篇作品的篇幅上有一定考量，尽量使其篇幅与单元篇幅相协调，因而会对所采用的文献采用删节或扩展的手段，进行调整改造。除此之外，《吕氏春秋》因为其广纳百家、不拘一格的编排特色，又会在每篇作品的思想包容性上进行改动，使其中的作品尽量不囿于一家，展现出较强的思想包容性。这一点从《吕氏春秋·当染》篇第三段也可以看出。

《墨子·所染》篇第三段和《吕氏春秋·当染》篇第三段的议论差异较大，现对比如下：

表4-4 《墨子·所染》与《吕氏春秋·当染》的对比二

《墨子·所染》篇第三段	《吕氏春秋·当染》篇第三段议论
非独国有染也，士亦有染。其友皆好仁义，淳谨畏令，则家日益，身日安，名日荣，处官得其理矣，则段干木、禽子、傅说之徒也。其友皆好矜奋，创作比周，则家日损，身日危，名日辱，处官失其理矣，则子西、易牙、竖刀之徒是也。《诗》曰"必择所堪，必谨所堪"者，此之谓也①	非独国有染也。孔子学于老聃、孟苏夔、靖叔。鲁惠公使宰让请郊庙之礼于天子，桓王使史角往，惠公止之。其后在于鲁，墨子学焉。此二士者，无爵位以显人，无赏禄以利人，举天下之显荣者必称此二士也。皆死久矣，从属弥众，弟子弥丰，充满天下。王公大人从而显之，有爱子弟者随而学焉，无时乏绝。子贡、子夏、曾子学于孔子。田子方学于子贡，段干木学于子夏，吴起学于曾子。禽滑黐学于墨子，许犯学于禽滑黐，田系学于许犯。孔墨之后学显荣于天下者众矣，不可胜数，皆所染者得当也②

可以看出，《墨子·所染》篇第三段在论述风格上与前两段有了较大差异，作为主要内容的第二段，主要是通过若干浓缩式历史故事的罗列，表达所染主题。而第三段变成了平实的议论，在风格上不同于前文。但是，《吕氏春秋·当染》篇第三段仍然沿用第二段的议论风格，罗列多个浓缩式历史故事以说理，使第三段的篇幅得以有效扩张。

《当染》篇第三段虽罗列多个历史故事，但其主要围绕两家展开：孔家和墨家，既有孔子和墨子，又有孔家流脉和墨家流脉，这是作者的有意安排。《当染》篇前文绝大部分内容均录自《墨子》，因而陈奇猷先生认为"此作者必是墨家后学无疑"③。但是从《当染》的第三段可以看出，作者在有意消磨篇章过分明显的家派特征。不论是从本篇多取《墨子》看，还是从首段便提出墨子看，本篇的墨家特征十分明显。第三段中引入孔子和孔家流脉，显然是为了调和和消磨本篇过分凸显的墨家特征，使本篇具有更强的包容力，从而消除一家之言的片面性。

尽量消磨篇章中过分强烈的家派特征、避免偏失，是《吕氏春秋》的一般做法。这种指导思想在《吕氏春秋》中有多种表现。本篇的做法主要是篇章的内部调节；有的则是通过对概念的宽泛化处理，使之具有更

---

① 孙诒让：《墨子间诂》，中华书局2001年版，第18页。
② 陈奇猷：《吕氏春秋新校释》，上海古籍出版社2002年版，第98页。
③ 同上书，第98页。

强的包容力；还有的是通过篇章之间的结构设计，使其形成辩证互补关系，从而在单元内避免思想单一和偏失，如《孟春纪》所属四篇作品便是如此。第一篇和第二篇分别是《本生》和《重己》均是强调生之重要、己身之可贵，这可以与《孟春纪》强调"生"的政令特点契合，但是在思想上容易造成偏失，容易片面倒向重己重自我的杨朱学派。为了扭转和纠正这一偏失，第三篇和第四篇便安排《贵公》《去私》两篇，以强调"公"之重要性。前私后公，使本单元在思想上达到平衡，避免了一家之言的偏失。

还应当注意的是，《当染》篇前两段所列举的历史故事和议论均能统摄于"染"的范畴内，"染"即沾染、影响之意，前两段的主题是君臣之间、朋友之间相互影响，是"染"的主要的和一般的内涵。《所染》第三段也仍然延续这一主题，而且范畴没有发生改变。"其友皆好仁义……""其友皆好矜奋，创作比周……"都十分明显表明其议论的主题仍是朋友间的影响关系。而《当染》篇第三段论述和叙述的主题变为学业关系和家法流承，这已并非普通意义上的"染"了。通过《当染》篇第三段与前两段的对比可以看出，前两段在叙述一系列典故时，所用的概念正是"染"，诸如"舜染于许由、伯阳，禹染于皋陶、伯益。……"，等等。但第三段则将概念偷换为"学"，诸如"孔子学于老聃……"，等等，正说明《当染》篇第三段所列事例已非狭义的和典型的"染"。这实际是作者在有意扩展"染"的概念范畴，使其不仅包括普通意义上的朋友、君臣之间的影响关系，而且还包括授学关系、家法流承。

作者在第三段扩展主题"染"的概念范畴，是为了使本篇具有更强的包容力，这与在第三段中引入孔子和孔家流脉目的一致。

第四节 《孝行览》与传世文献的对比研究

《孝行览》开篇提出其中心论点："凡为天下，治国家，必务本而后末。所谓本者，非耕耘种殖之谓，务其人也。务其人，非贫而富之，寡而众之，务其本也。务本莫贵于孝。"认为治天下之本务是孝。本篇对治国之道，特别是孝道多有论述，而这些内容多与《礼记·祭义》篇和《大戴礼记·曾子大孝》的记述重合。

《大戴礼记·曾子大孝》全文是这样记载的：

　　曾子曰："孝有三：大孝尊亲，其次不辱，其下能养。"公明仪问于曾子曰："夫子可谓孝乎？"曾子曰："是何言与？是何言与？君子之所谓孝者，先意承志，谕父母以道。参直养者也，安能为孝乎？

　　"身者，亲之遗体也。行亲之遗体，敢不敬乎？故居处不庄，非孝也；事君不忠，非孝也；莅官不敬，非孝也；朋友不信，非孝也；战陈无勇，非孝也。五者不遂，灾及乎身，敢不敬乎？故烹熟鲜香，尝而进之，非孝也，养也。君子之所谓孝者，国人皆称愿焉，曰：'幸哉！有子如此！'所谓孝也。

　　"民之本教曰孝，其行之曰养。养，可能也；敬，为难。敬，可能也；安，为难。安，可能也；久，为难。久，可能也；卒，为难。父母既殁，慎行其身，不遗父母恶名，可谓能终也。夫仁者，仁此者也；义者，宜此者也；忠者，中此者也；信者，信此者也；礼者，体此者也；行者，行此者也；强者，强此者也；乐自顺此生，刑自反此作。

　　"夫孝者，天下之大经也。夫孝置之而塞于天地，衡之而衡于四海，施诸后世而无朝夕，推而放诸东海而准，推而放诸西海而准，推而放诸南海而准，推而放诸北海而准。诗云：'自西自东，自南自北，无思不服，'此之谓也。

　　"孝有三：大孝不匮，中孝用劳，小孝用力。博施备物，可谓不匮矣。尊仁安义，可谓用劳矣。慈爱忘劳，可谓用力矣。父母爱之，喜而不忘；父母恶之，惧而无怨；父母有过，谏而不逆；父母既殁，以哀，祀之加之；如此，谓礼终矣。"

　　乐正子春，下堂而伤其足，伤瘳，数月不出，犹有忧色。门弟子问曰："夫子伤足，瘳矣，数月不出，犹有忧色，何也？"乐正子春曰："善！如尔之问也。吾闻之曾子，曾子闻诸夫子曰：'天之所生，地之所养，人为大矣。父母全而生之，子全而归之，可谓孝矣；不亏其体，可谓全矣。故君子顷步之不敢忘也。'今予忘夫孝之道矣，予是以有忧色。故君子一举足不敢忘父母，一出言不敢忘父母。一举足不敢忘父母，故道而不径，舟而不游，不敢以先父母之遗体行殆也。一出言不敢忘父母，是故恶言不出于口，忿言不及于己，然后不辱其身，不忧其亲，则可谓孝矣。

"草木以时伐焉，禽兽以时杀焉。夫子曰：'伐一木，杀一兽，不以其时，非孝也。'"①

《礼记·祭义》相近论载则出现在《祭义》篇的中部位置：

曾子曰："孝有三，大孝尊亲，其次弗辱，其下能养。"公仪明问于曾子："夫子可以为孝乎？"曾子曰："是何言与？是何言与？君子之所为孝者，先意承志，谕父母于道。参，直养者也！安能为孝乎？"

曾子曰："身也者，父母之遗体也。行父母之遗体，敢不敬乎？居处不庄，非孝也；事君不忠，非孝也；莅官不敬，非孝也；朋友不信，非孝也；战阵无勇，非孝也。五者不遂，菑及于亲，敢不敬乎？亨孰膻芗，尝而荐之，非孝也，养也。君子之所谓孝也者，国人称愿然曰：'幸哉！有子如此，所谓孝也已。'

"众之本，教曰孝，其行曰养。养，可能也，敬为难；敬，可能也，安为难。安，可能也，卒为难。父母既没，慎行其身，不遗父母恶名，可谓能终矣。仁者，仁此者也；礼者，履此者也；义者，宜此者也；信者，信此者也；强者，强此者也。乐自顺此生，刑自反此作。"

曾子曰："夫孝，置之而塞乎天地，溥之而横乎四海，施诸后世而无朝夕，推而放诸东海而准，推而放诸西海而准，推而放诸南海而准，推而放诸北海而准。《诗》云：'自西自东，自南自北，无思不服。'此之谓也。"

曾子曰："树木以时伐焉，禽兽以时杀焉。夫子曰：'断一树，杀一兽，不以其时，非孝也。'

"孝有三：小孝用力，中孝用劳，大孝不匮。思慈爱忘劳，可谓用力矣。尊仁安义，可谓用劳矣。博施备物，可谓不匮矣。父母爱之，嘉而弗忘；父母恶之，惧而无怨。父母有过，谏而不逆；父母既没，必求仁者之粟以祀之。此之谓礼终。"

---

① 王聘珍：《大戴礼记解诂》，中华书局 1983 年版，第 82—85 页。

乐正子春下堂而伤其足,数月不出,犹有忧色。门弟子曰:"夫子之足瘳矣,数月不出,犹有忧色,何也?"乐正子春曰:"善如尔之问也!善如尔之问也!吾闻诸曾子,曾子闻诸夫子曰:'天之所生,地之所养,无人为大。父母全而生之,子全而归之,可谓孝矣。不亏其体,不辱其身,可谓全矣。故君子顷步而弗敢忘孝也。'今予忘孝之道,是以有忧色也。一举足而不敢忘父母,一出言而不敢忘父母。一举足而不敢忘父母,是故道而不径,舟而不游,不敢以先父母之遗体行殆。一出言而不敢忘父母,是故恶言不出于口,忿言不反于身,不辱其身,不羞其亲,可谓孝矣。"①

通过对比可以看出,《大戴礼记》和《礼记》的两段论载大致相近,从结构层次上看,两段文献的第一至第四段次序一致,只是在五、六、七三段的次序上,《大戴礼记》的第七段在《礼记》中位于第五段的位置。从《大戴礼记》看,其内容层次大致为:孝有三:大孝尊亲,其次不辱,其下能养。——身者亲之遗体也——本教曰孝,其行曰养——孝放之四海而皆准——孝有三:大孝不匮,中孝用劳,小孝用力——乐正子春伤足——树木杀伐以时为孝。

《吕氏春秋·孝行览》共有九段,分别是:第一段,治国之本在于孝;第二段,执一术其惟孝;第三段,身者父母之遗体也;第四段,《商书》曰;第五段,先王所以治天下者五;第六段,父母生之,子弗敢杀;第七段,养有五道;第八段,乐正子春伤足;第九段,民之本教曰孝,其行孝曰养。

《孝行览》第三段与《大戴礼记》第二段近同;《孝行览》第八段与《大戴礼记》第六段近同;《孝行览》第九段与《大戴礼记》第三段近同。除此之外,《孝行览》第五段未与《大戴礼记》重合,但是《礼记·祭义》篇在上文所引论孝内容前,有一段论述与《孝行览》第五段近同。可见,《孝行览》与《大戴礼记》以及《礼记·祭义》的重合之处颇多。

但同时应该看到,《孝行览》在议论上又有诸多不同,显示出其独特的议论特征:

---

① 孔颖达等:《礼记正义》,《十三经注疏》,上海古籍出版社1997年版,第1598—1599页。

　　首先，《孝行览》作为独立篇目，在行文结构和篇幅上均有不同于《大戴礼记》和《礼记》的内在要求。通观《大戴礼记》可以看出，其中各篇篇幅差别很大，短则一两百字，如《礼三本》篇等；长则上千字，如《夏小正》等。《礼记》的篇目一般都较长，字数在 3000 左右的篇目居多，但是总体看，《大戴礼记》和《礼记》在篇幅上均没有较为统一的规范。从论述层次看，两书的层次也较为自由，结构形态多种多样，逻辑关联表现不明显。可见其在篇幅上和论述上有着较强的自由度。

　　《吕氏春秋》中的篇目在结构和篇幅上有着适应编撰的相对统一的要求，特别是在篇幅上，各单元在字数上有着较为严格的要求。就《孝行览》而言，其基本字数一般维持在 730—799 之间，这一数字是除《有始览》之外的其他七览都统一遵循的原则。各篇虽有出入，但是上下相差并不多，而且通过同一单元各篇之间字数多少的微量调节，基本可以做到单元篇幅相近。《孝行览》有着较为严格的篇幅要求，其在安排论述的结构时，便不能随心所欲，平铺直叙。需要对篇章结构进行细致规划，使篇章既能含纳足够的内容，同时又体现出明显的篇章层次，以增强其说服力和感染力。

　　具体说来，《孝行览》在结构上运用的是"总—分—总"的结构模式。《孝行览》第一段开宗明义，提出中心论点："凡为天下，治国家，必务本而后末。所谓本者，非耕耘种殖之谓，务其人也。务其人，非贫而富之，寡而众之，务其本也。务本莫贵于孝。"① 从治国、治天下的政治目的出发，将其本归结为孝。第二段是对第一段的展开和重申。这可以看作本篇结构上的总，提出中心论点，引出核心概念，凸显孝的政治意义。这两段作为本篇的总论，未与《大戴礼记》和《礼记》重合，可见《孝行览》安排这两段的独特构思。从第三段开始到第八段，或引曾子之言，或引《商书》文献，或另立议论，主要围绕"孝"和"养"展开。这六段可以看作对总论中提出的核心概念"孝"的分述。而最后一段虽也与《礼记》等有重合，但是可以看出，这段内容在《礼记》和《大戴礼记》中居于靠前位置，而《孝行览》将其置于最后。其原因在于，这段议论具有较强的总结意味。"民之本教曰孝，其行孝曰养"，正好总结了前文的两大主题——孝和养。同时，接下来的议论则具有浓厚的启示意味和强

----

　　①　陈奇猷：《吕氏春秋新校释》，上海古籍出版社 2002 年版，第 736 页。

调意味："仁者，仁此者也；礼者，履此者也；义者，宜此者也；信者，信此者也；强者，强此者也。乐自顺此生也，刑自逆此作也。"① 仁、义、信、强四者均与孝相关，都是对孝的践行，这具有强烈的启示性；最后两句则是对其重要性的重申。所以，这段议论虽在《礼记》《大戴礼记》中处于中间位置，但《孝行览》将其置于最后，目的是以此体现篇章末尾的强调、启示和总结作用。

相比之下，《大戴礼记》和《礼记》在结构上就要松散得多。从各段的排列看，段落间并没有直接和明显的逻辑关系。以《大戴礼记·曾子大孝》为例，第一、第五段是对孝的层次性的分析，第二、第六、第七段则是对孝的界定和阐释，第三段是对孝重要性的强调，第四段则是对孝的意义的阐述。其篇章的组织结构意识十分淡薄，没有很好地体现其作为独立篇章的整体性。

其次，《孝行览》的议论重点与《大戴礼记》和《礼记》有差异。

《大戴礼记》和《礼记》在论述中十分注意对于孝之层次的阐释，《大戴礼记》第一段便提出"孝有三"，第五段再次对"孝有三"进行分析论述（《礼记》为第六段）。通过《大戴礼记》和《礼记》的论述，阐述的是孝有不同的层次，有不同的表现形态，其所秉持的是广义大孝的理念。以《大戴礼记》为例，其所论述的"孝"，除了有三个层次之外，还表现为：重身、重父母之遗体（第二段和第七段）；养、敬、安、久、卒（第三段）；杀伐树木以时（第七段）。

《孝行览》同样秉持广义的大孝理念，但是其行文主要围绕两大主题展开：孝和养。第三段、第四段、第六段、第八段主要阐述何为"孝"；第三段、第七段、第八段则阐述与孝相关的"养"。《大戴礼记》和《礼记》中的"养"只是孝的低级表现形式，并不是高层次的孝。如《大戴礼记·曾子大孝》记载：

> 故烹熟鲜香，尝而进之，非孝也，养也。君子之所谓孝者，国人皆称愿焉，曰："幸哉！有子如此！"所谓孝也。②

① 陈奇猷：《吕氏春秋新校释》，上海古籍出版社 2002 年版，第 738 页。
② 王聘珍：《大戴礼记解诂》，中华书局 1983 年版，第 83 页。

"烹熟鲜香，尝而进之"这种行为被称为养，但是作者并没有将之视为孝，孝需要国人的肯定评价。

> 养可能也；敬为难。敬可能也；安为难。安可能也；久为难。久可能也；卒为难。①

这里更明确地指出，通常意义上的赡养，只是诸多孝行中的最低层次，是最易达到的。所以，《大戴礼记》和《礼记》并没有将"养"置于较高的理论层次，也没有将之作为论述的主要内容，只是论述中涉及的一个普通概念而已。

但是，《孝行览》除了对孝大加论述外，还有一部分重要的内容就是对养进行详尽阐述。第七段直接列出"养有五道"，包括养体、养目、养耳、养口、养志五个方面，十分全面，也属广义之"养"。第六段是对孝的阐释，同时也透露着"养"的含义："父母生之，子弗敢杀；父母置之，子弗敢废；父母全之，子弗敢阙。故舟而不游，道而不径，能全支体，以守宗庙，可谓孝矣。"养护身体、保持自己身体的完好，是孝的重要内涵。第八段"乐正子春伤足"既有对孝的阐释，同时乐正子春注意通过休养体现其孝，也是对"养"的阐释。《孝行览》中"养"既包括对己之养，也包括养亲。"养"这个概念在篇章中的地位和理论意义在《孝行览》中得以极大凸显。最后一段"民之本教曰孝，其行孝曰养"正是对前段两大主题的总结。

再次，《孝行览》中孝和养两大概念相互关联，同时也以孝与治国相结合，体现的都是务虚与务实相结合的辩证理念。

"孝"为治国之本，而对孝的实践在本篇中被称为"养"。最后一段所说的"民之本教曰孝，其行孝曰养"，有意将务虚的孝与务实的养加以区分。而且在第七段还专门对如何养进行阐述，提出养有五道。

本篇自始至终贯穿着十分明显的务虚与务实相结合的辩证理念。从篇名看，《大戴礼记》相关内容命名为《曾子大孝》，强调的正是孝之三层中的上层之孝，同时也表明其孝是广义之孝。而《孝行》之名诸家学者均没有进行较为具体的解释，其实本篇名中的孝即大孝、行即行孝之意。

---

① 王聘珍：《大戴礼记解诂》，中华书局1983年版，第83页。

篇名体现的正是虚实结合的特征。

从行文看，在对孝的论述中每每都能体现"养"，《孝行览》十分注重从整体的角度阐释"孝"。第三段有："身者，父母之遗体也。行父母之遗体，敢不敬乎？"直言对于父母之遗体的尊重；第六段有："父母生之，子弗敢杀；父母置之，子弗敢废；父母全之，子弗敢阙。故舟而不游，道而不径，能全支体，以守宗庙，可谓孝矣"，也提到保全肢体的重要性；第八段"乐正子春伤足"的故事也意在说明保全形体之于孝的重要意义。所以，这些段落都在阐述"孝"，但同时都从养身、全身角度体现其实践性。这是本篇兼有务虚与务实辩证特点的体现。

除此之外，《孝行览》与《大戴礼记·曾子大孝》的最大不同在于，《孝行览》并非单论"孝"，而是将孝作为治国之本进行阐述，所以其论孝与论治国紧密结合。《孝行览》首段便提出孝为治国之本，第二段对之进行重申。而其后各段虽主论孝和养，但作者不忘其中穿插以治国之论。第五段就与《大戴礼记》大有不同，其中讲道："先王之所以治天下者五：贵德、贵贵、贵老、敬长、慈幼。此五者，先王之所以定天下也。"这与《礼记·祭义》中一段内容重合，而这段论述在《礼记·祭义》中与论孝的一段在篇章位置上距离甚远，所论主题也相差很大。而《孝行览》这样安排篇章，正是看中这段论述内容既与孝行有一定关联，同时又关乎治国之术，可以很好地契合本篇的主题。相比之下，《礼记·祭义》就对这种治国之论的穿插显得较为漠视。

对于治国者和君主来说，如果说孝是务虚的理念，那么能将理念与现实政治结合则是务实的表现。所以，《孝行览》体现出对于政治的关心，体现出浓烈的现实性，同时也体现出务虚和务实的辩证结合。

结　　语

　　《吕氏春秋》杂出众手，但却是经过有组织的编撰而成。从其结构看，在多个层面都体现着编撰者的编撰理念，其中既有较为虚在的理念，又有来自文本、较为实在的线索。如：十二纪总体上体现的是"春生夏长秋收冬藏"的理念，这一理念又通过一系列实在的线索加以体现，表现为政令关联、观念关联、物象关联、主题关联等多个方面。《有始览》作为八览首览，对其后各览形成良好统摄，与《孝行览》又形成"天地人"结构。每览作为一个单元，其首篇从单元主题、故事题材等方面对其后各篇也形成统摄，其后各篇沿既定线索排列，这些篇目或在一篇之内，或几篇之间还形成良好的辩证互补结构。八览从总体上看，则体现出多重理念叠加的状况，天事统摄人事、题材重要性、君道先于臣道等理念同时体现在八览中，相邻各单元在主题或题材上相近，也形成辩证互补结构。

　　《吕氏春秋》在采录历史故事时，以照录为主。由于篇幅所限，经常选取长短适中的历史故事。当然，采用少量长篇历史故事时，作者还会进行一定的改造，一是满足于篇幅要求，二是体现《吕氏春秋》的叙事特征。还有的单元比较集中地运用浓缩型典故，如《审分览》，多种形式运用这一叙事手法，产生了较深远的文学影响。

　　《吕氏春秋》被汉志列为"杂家"。其不以思想深刻、观点独特为能，而是尽力使本书容纳各家，从多个层面显示本书的容纳力、允当性。从概念看，其中诸多概念并不拘于一家，而是多种含义并在，以广义为主。从议论性语言看，其又注重追求议论的多角度和辩证性，这与结构等方面的辩证性是相通的。

　　《吕氏春秋》以采录故事为主，与其他文献关系密切。其在选择历史故事、将故事分派篇章、编排历史故事、对篇章进行位置安排等过程中，都有着较为明确的目的和理念。

　　《吕氏春秋》博大精深，头绪繁多。其层次是丰富的、理念是多样的、作品风格是斑杂的。其中既有着相对统一的理念与文学特征，同时也存在多种具体表现。本书期在抛砖引玉，《吕氏春秋》文学解读的道路刚刚开始。

附录　《吕氏春秋》篇幅字数统计与评述*

一　十二纪的篇幅字数统计

孟春纪 516	仲春纪 389	季春纪 496	孟夏纪 401	仲夏纪 372	季夏纪 472	孟秋纪 368	仲秋纪 425	季秋纪 419	孟冬纪 478	仲冬纪 425	季冬纪 410
本生 578	贵生 775	尽数 475	劝学 573	大乐 528	音律 453	荡兵 594	论威 629	顺民 651	节丧 679	至忠 596	士节 475
重己 562	情欲 577	先己 631	尊师 742	侈乐 451	音初 509	振乱 446	简选 532	知士 554	安死 735	忠廉 696	介立 462
贵公 529	当染 681	论人 556	诬徒 622	适音 523	制乐 645	禁塞 625	决胜 485	审己 534	异宝 526	当务 493	诚廉 475
去私 432	功名 410	圆道 609	用众 393	古乐 854	明理 625	怀宠 538	爱士 511	精通 545	异用 467	长见 671	不侵 670
											序意 333
本纪平均 523	本纪平均 566	本纪平均 553	本纪平均 546	本纪平均 546	本纪平均 541	本纪平均 514	本纪平均 517	本纪平均 541	本纪平均 577	本纪平均 580	本纪平均（序意除外）498

---

* 本部分主要内容已发表。见《〈吕氏春秋〉的篇幅规律》，《古籍整理研究学刊》2012 年第 1 期。

二 八览的篇幅字数统计

有始览 633	孝行览 732	慎大览 998	先识览 815	审分览 850	审应览 850	离俗览 928	恃君览 803
应同 654	本味 1003	权勋 933	观世 864	君守 795	重言 734	高义 842	长利 688
去尤 511	首时 715	下贤 790	知接 758	任数 839	精谕 816	上德 946	知分 811
听言 482	义赏 704	报更 801	悔过 736	勿躬 727	离谓 725	用民 749	召类 762
谨听 609	长攻 860	顺说 756	乐成 921	知度 890	淫辞 694	适威 705	达郁 802
务本 483	慎人 714	不广 687	察微 831	慎势 925	不屈 899	为欲 693	行论 879
谕大 440	遇合 753	贵因 656	去宥 555	不二 168	应言 937	贵信 732	骄恣 786
	必己 861	察今 746	正名 658	执一 634	具备 636	举难 802	观表 702
本览平均 545	本览平均 793	本览平均 796	本览平均 767	本览平均 729	本览平均 786	本览平均 799	本览平均 779

三 六论的篇幅字数统计

开春论 807	慎行论 767	贵直论 802	不苟论 672	似顺论 558	士容论 625
察贤 265	无义 517	直谏 483	赞能 514	别类 522	务大 534
期贤 514	疑似 537	知化 582	自知 437	有度 418	上农 631
审为 510	壹行 476	过理 405	当赏 492	分职 852	任地 484
爱类 665	求人 641	壅塞 649	博志 654	处方 588	辨土 548
贵卒 416	察传 445	原乱 395	贵当 553	慎小 439	审时 585
本论平均 530	本论平均 564	本论平均 553	本论平均 554	本论平均 563	本论平均 568

关于《吕氏春秋》篇幅规模的评述：

1. 《有始览》在八览中平均字数明显少于其他各览，与十二纪和六论每单元的平均字数持平。其原因在于编撰者有意将《有始览》作为八览、六论的总领，以经的面目出现，与其他览论形成经传结构。关于这一点，第一章第四节有详论。

2. 在八览中，除《有始览》平均字数较少外，其他各览平均字数保持在729—799字之间，上下相差70字左右。其中，《审分览·不二》篇字数特别少，与其他篇目极不协调。陈奇猷、王利器等人均认为此篇有脱佚，这种判断十分合理。果真如此，则七览间在平均字数上实际更加接近。若推断《不二》篇原文较短，字数为 600 字左右，《审分览》平均字数将达 780 字左右，各览平均篇幅波动范围将不超过 30 字。

3. 八览各览平均篇幅波动范围不超过 30 字，六论各论平均篇幅波动范围不超过 40 字，波动范围都非常小，各单元规模十分接近。十二纪各纪平均字数大都在 560 字左右，多者如孟冬纪、仲冬纪平均 580；少者如孟秋纪、仲秋纪、季冬纪、孟春纪，在 500 字左右。应该说，其大致篇幅也是接近的，但是相对于八览、六论而言，其规整性略显不足。

4. 十二纪中，以十二月为单位考察时，其篇幅规模起伏相对较大。但以四季为单位考察时，则另显特征：三春纪共 8216 字，三夏纪共 8163 字，三秋纪共 7856 字，三冬季共 8278 字。可以看出，除三秋纪字数略少外，其他三季规模十分接近，均在 8200 字左右。这说明，十二纪对于每月的规模有考量，但更重要的是以四季为单位的规模考量，尽量保证四季的规模一致。

5. 每一个单元内的各篇之间尽量保持篇幅相当，都尽量使每篇接近平均篇幅。但同时也应看到，同一单元内各篇的篇幅波动要比各单元总篇幅波动明显。

这在八览、六论中表现得十分明显。除《有始览》外的其他七览，每览平均篇幅上下相差不足 30 字，十分接近。但如《离俗览》，其中多者《上德》946 字，少者《为欲》693 字，波动范围在 250 字左右，相对较为明显。除《开春论》外的其他各论，每论平均篇幅十分接近，但如《不苟论》之《不苟》篇 672 字，《赞能》篇 514 字，波动相对也较为明显。

这说明，八览六论在篇幅规模上存在双重考量与控制。一者尽量保证每篇作品的篇幅规模大致相当，但这显然并不容易控制，往往会出现一些超出或小于平均规模的作品；于是编撰者进行第二层控制，即通过长短篇目的相互调剂、互补，最终保证每单元的总规模大致相近。

就十二纪而言，这一特点也有体现，但更显复杂。十二纪采用的是三重考量与控制。一者尽量保证每篇规模大致相当；二者通过编排调剂，尽量保持每月 5 篇作品的总规模大致相当；三者通过编排调剂，尽量保证每季 15 篇作品的总规模大致相当。

不论是双重的还是三重的考量与控制，其最初的控制，即对每篇作品规模的控制，是显得最为乏力的。原因在于每篇作品出于多人之手，由于具体情况各有不同，其并不能完全达到编撰要求。第二重与第三重控制则显得更为有力，原因在于这些控制是由编者完成，虽然编者可能并非一人，但无疑已大大集中，其编撰意志自然会体现得更为明确有力。

主要参考文献

一 论著部分

（汉）班固：《汉书》，中华书局1980年版。

白本松：《先秦寓言史》，河南大学出版社2001年版。

北京大学哲学系：《中国哲学史》，北京大学出版社2000年版。

陈鼓应：《庄子今注今译》，中华书局1983年版。

陈鼓应：《老子注译及评介》，中华书局1984年版。

陈奇猷：《韩非子新校注》，上海古籍出版社2000年版。

陈奇猷：《吕氏春秋新校释》，上海古籍出版社2002年版。

褚斌杰：《中国古代文体概论》，北京大学出版社1990年版。

陈蒲清：《中国古代寓言史》，湖南教育出版社1983年版。

陈飞：《中国古代散文研究》，福建人民出版社2005年版。

陈庆元：《赋——时代投影与体制演变》，广西师范大学出版社2000年版。

段玉裁：《说文解字注》，中州古籍出版社2006年版。

（清）方玉润：《诗经原始》，中华书局1986年版。

费振刚：《全汉赋》，北京大学出版社1993年版。

冯友兰：《中国哲学简史》，新世界出版社2004年版。

顾颉刚等：《古史辨》，上海古籍出版社1982年版。

郭预衡：《中国散文史》，上海古籍出版社2000年版。

《古汉语常用字字典》编写组：《古汉语常用字字典》，四川大学出版社2004年版。

郭庆藩：《庄子集释》，中华书局2006年版。

郭化若：《孙子译注》，上海古籍出版社1996年版。

高亨：《周易大传今注》，齐鲁书社 2000 年版。

（宋）洪兴祖：《楚辞补注》，中华书局 1983 年版。

侯外庐：《中国思想通史》，人民出版社 1957 年版。

何宁：《淮南子集释》，中华书局 1998 年版。

黄怀信、张懋镕、田旭东：《逸周书汇校集注》，上海古籍出版社 2007 年版。

姜涛：《管子新注》，齐鲁书社 2006 年版。

蒋振华：《〈庄子〉寓言的文化阐释》，湖南人民出版社 2007 年版。

［美］J. 希利斯·米勒：《解读叙事》，申丹译，北京大学出版社 2002 年版。

李炳海：《汉代文学的情理世界》，东北师范大学出版社 2000 年版。

李炳海：《〈诗经〉解读》，中国人民大学出版社 2008 年版。

李炳海：《部族文化与先秦文学》，高等教育出版社 1995 年版。

李炳海：《先秦两汉散文分类选讲》，高等教育出版社 2007 年版。

刘元彦：《〈吕氏春秋〉：兼容并蓄的杂家》，三联书店 2008 年版。

来可泓：《国语直解》，复旦大学出版社 2000 年版。

（宋）李昉等：《太平广记》，上海古籍出版社 1990 年版。

李泽厚：《中国思想史论》，安徽文艺出版社 1999 年版。

刘松来：《两汉经学与中国文学》，百花洲文艺出版社 2001 年版。

吕思勉：《秦汉史》，上海古籍出版社 1978 年版。

罗根泽：《中国文学批评史》，上海书店出版社 1980 年版。

李颖科：《吕不韦与吕氏春秋》，西安出版社 2007 年版。

李家骧：《吕氏春秋通论》，岳麓书社 1995 年版。

廖名春等：《吕氏春秋全译》，巴蜀书社 2004 年版。

黎翔凤：《管子校注》，中华书局 2006 年版。

刘城淮：《探骊得珠——先秦寓言通论》，陕西人民教育出版社 1992 年版。

马积高：《赋史》，上海古籍出版社 1987 年版。

缪文远等译注：《战国策》，中华书局 2006 年版。

（清）皮锡瑞：《经学历史》，中华书局 1959 年版。

钱穆：《秦汉史》，三联书店 2004 年版。

钱穆：《国学概论》，商务印书馆 1997 年版。

屈守元：《韩诗外传笺疏》，巴蜀书社 1996 年版。

饶龙隼：《先秦诸子与中国文学》，百花洲文艺出版社 2002 年版。

石光瑛：《新序校释》，中华书局 2001 年版。

（汉）司马迁：《史记》，中华书局 1982 年版。

田凤台：《吕氏春秋探微》，台湾学生书局 1985 年版。

孙诒让：《墨子间诂》，中华书局 2001 年版。

唐君毅：《中国文化之精神价值》，江苏教育出版社 2006 年版。

陶东风：《文体演变及其文化意味》，云南人民出版社 1994 年版。

童庆炳：《文体与文体的创新》，云南人民出版社 1994 年版。

谭家健：《中国古代散文史稿》，重庆出版社 2006 年版。

王利器：《吕氏春秋注疏》，巴蜀书社 2002 年版。

王葆玹：《今古文经学新论》，中国社会科学出版社 1997 年版。

（魏）王弼：《周易注疏》，上海古籍出版社 1989 年版。

（清）王先谦：《诗三家义集疏》，中华书局 1987 年版。

（清）王先谦：《荀子集解》，中华书局 1988 年版。

王云五：《四部丛刊正编》，台湾商务印书馆 1979 年版。

王启才：《〈吕氏春秋〉研究》，学苑出版社 2007 年版。

王范之：《吕氏春秋研究》，内蒙古大学出版社 1993 年版。

王聘珍：《大戴礼记解诂》，中华书局 1983 年版。

乌恩浦：《古代中国的世界图式——周易》，吉林文史出版社 1988 年版。

王力：《古代汉语》，中华书局 1999 年版。

许维遹：《吕氏春秋集释》，中华书局 2009 年版。

向宗鲁：《说苑校证》，中华书局 2000 年版。

熊礼汇：《先唐散文艺术论》，学苑出版社 1999 年版。

徐复观：《两汉思想史》，华东师范大学出版社 2001 年版。

徐复观：《徐复观论经学史二种》，上海书店出版社 2005 年版。

许富宏：《吕氏春秋四季的演讲》，上海古籍出版社 2009 年版。

许志刚主编：《诗经解析》，辽宁师范大学出版社 2003 年版。

（清）严可均：《全上古三代秦汉三国六朝文》，中华书局 1958 年版。

杨伯峻：《春秋左氏传》，中华书局 1981 年版。

尹黎云：《汉字字源系统研究》，中国人民大学出版社 1994 年版。

（清）永瑢、纪昀：《文渊阁四库丛书》，上海古籍出版社 2003 年版。

余嘉锡：《四库提要辨证》，中华书局 1980 年版。

余英时：《士与中国文化》，上海人民出版社 1987 年版。

袁珂：《山海经校注》，上海古籍出版社 1980 年版。

袁珂：《中国古代神话》，华夏出版社 2006 年版。

（清）阮元：《十三经注疏》，中华书局 1980 年版。

杨伯峻：《列子集释》，中华书局 1979 年版。

（明）张溥：《汉魏六朝百三家集》，台湾商务印书馆 1986 年版。

（清）章学诚：《文史通义校注》，中华书局 1985 年版。

张世英：《哲学导论》，北京大学出版社 2002 年版。

张双棣：《淮南子校释》，北京大学出版社 1997 年版。

张啸虎：《中国政论文学史稿》，武汉出版社 1992 年版。

赵善诒：《说苑疏证》，华东师范大学出版社 1985 年版。

赵善诒：《新序疏证》，华东师范大学出版社 1989 年版。

赵仲邑：《新序详注》，中华书局 1997 年版。

周振甫：《诗经译注》，中华书局 2002 年版。

（宋）朱熹：《四书章句集注》，上海古籍出版社 2001 年版。

张富祥：《王政全书：〈吕氏春秋〉与中国文化》，河南大学出版社 2001
　年版。

章沧授：《先秦诸子散文艺术论》，安徽大学出版社 1996 年版。

二　论文部分

毕宝魁：《〈吕氏春秋〉编撰动机论》，载《周口师范学院学报》2004 年
　第 11 期。

陈宏敬：《〈吕氏春秋〉研究综述》，载《中华文化论坛》2001 年第 2 期。

崔存明：《试论〈吕氏春秋〉的君道思想》，载《中国社会科学院研究生
　院学报》2005 年第 5 期。

董治安：《〈吕氏春秋〉之论诗引诗与战国末期诗学的发展》，载《文史
　哲》1996 年第 2 期。

邓岳利：《〈吕氏春秋〉寓言研究》，见"中国知网—硕士学位论文库"。

付浩宇：《〈吕氏春秋〉接受史概述》，载《安徽文学》2008 年第 2 期。

郭建勋：《"七"体的形成发展及文体特征》，载《北京大学学报》2007
　年第 9 期。

范宝相、张维喜、王继荣：《古"九州"考略》，载《山东档案》1998 年
　　第 2 期。

龚留柱：《〈吕氏春秋〉和〈淮南子〉的军事思想比较》，载《河南大学
　　学报》2003 年第 5 期。

黄伟龙：《〈吕氏春秋〉研究》，见"中国知网——博士学位论文库"。

侯文莉：《从天人观念看〈吕氏春秋〉的杂家之谓》，载《社会科学研
　　究》2001 年第 2 期。

刘康德：《〈吕氏春秋〉〈淮南鸿烈〉合论》，载《南京师范大学文学院学
　　报》2006 年第 6 期。

李家骧：《〈吕氏春秋〉与先秦百家的思想渊源关系》，载《台州学院学
　　报》2005 年第 4 期。

刘慕方：《论〈吕氏春秋〉的成书》，载《学海》1999 年第 5 期。

吕艺：《论〈吕氏春秋〉的结构体系》，载《北京大学学报》1990 年第
　　5 期。

罗高兴：《〈吕氏春秋〉多用寓言说理原因初探》，载《文教资料》2008
　　年第 12 期，下旬刊。

李家骧：《〈吕氏春秋〉成书年代新考》，载《湘潭大学学报》，1995 年第
　　2 期。

刘跃进：《〈吕氏春秋〉的价值——〈吕氏春秋研究〉序》，载《阜阳师
　　范学院学报》2007 年第 2 期。

庞慧：《〈吕氏春秋〉的传习与研究概览》，载《廊坊师范学院学报》
　　2006 年第 3 期。

庞慧：《〈吕氏春秋〉中的民与君民关系》，载《南京大学学报》2006 年
　　第 4 期。

钱荣贵：《旷世奇书〈吕氏春秋〉的编辑思想》，载《出版发行研究》
　　2008 年第 5 期。

孙以楷、刘慕方：《〈吕氏春秋〉——先秦诸子的集大成》，载《理论界》
　　1992 年第 6 期。

宋志民：《论七体的形成与演进》，载《湖南大学学报》2002 年第 9 期。

宋兴昌：《〈韩非子〉寓言的取材及成因》，载《柳州职业技术学院学报》
　　2009 年第 3 期。

谭亲毅：《〈吕氏春秋〉农业生态思想及其现实意义》，载《安徽农业科

学》2008 年第 7 期。

王启才：《〈吕氏春秋〉称引孔子及其意义》，载《阜阳师范学院学报》2007 年第 1 期。

王启才：《〈吕氏春秋〉对〈老子〉的继承与超越》，载《阜阳师范学院学报》2002 年第 4 期。

魏宏灿、王启才：《〈吕氏春秋〉对〈周易〉的继承与改造》，载《社会科学》2002 年第 1 期。

王启才：《〈吕氏春秋〉与〈史记〉》，载《阜阳师范学院学报》2003 年第 2 期。

修建军：《〈吕氏春秋〉与墨学》，载《齐鲁学刊》1995 年第 4 期。

向雨露：《〈吕氏春秋〉文学价值研究》，见"中国知网—硕士学位论文库"。

徐飞：《〈吕氏春秋〉援引〈庄子〉研究》，载《四川文理学院学报》2008 年第 1 期。

徐莉莉：《〈吕氏春秋〉中的寓言研究》，"中国知网—硕士学位论文库"

俞长保：《20 世纪〈吕氏春秋〉研究综述》，载《徐州师范大学学报》2002 年第 12 期。

张焕君：《关注人自身——略论战果功利思想在〈吕氏春秋〉中的体现》，载《山西师范大学学报》2001 年第 1 期。

张文友：《〈吕氏春秋·上农〉等四篇文献中的农业知识》，载《西昌农业高等专科学校学报》2003 年第 6 期。

赵逵夫：《〈七发〉体的滥觞与汉赋的渊源》，载《西北民族学院学报》1992 年第 2 期。

后　记

这部专著是在博士论文的基础上修订而成。写完这句的时候，思绪已经开始回溯，回溯到几年前的那些日日夜夜，回溯到那个感慨良多的岁月。

我的博士论文深深凝结着我的导师李炳海先生的心血和教诲。在长达两年的时间里，我不断将与本选题相关的想法写就成文，不断将这些文章交给先生审阅。先生不善电脑，所以，每次我将打印稿交给先生，不几日之后往往都是密密麻麻修改稿交还给我。字字句句都有审阅，批注行文布满全篇，加上先生剪接粘贴的附加行文，往往都似百衲衣一般壮观。每每端详这些稿子，心中总是充满了感动，感动于先生对于学术、对于学生的认真与不苟。每每再次斟酌改动后的稿子，总是受益匪浅。因为，它少了一些笼统的说教，呈现的都是具体的做法。那段时间是我进步最快的时候，我学会了如何发现问题、如何结构和切入文章，还学会了如何行文……因为这些都如此明显地呈现在我的面前。感谢先生，教给我学问，也教给我对待学术、对待学生的态度。

因为平时的功夫和先生的付出，论文答辩自然水到渠成。不知不觉，五年已经过去，若干文章也已经付梓发表。再次在先生指点下将文章进行了修订准备出版，希望能对《吕氏春秋》研究尽绵薄之力。

感谢大连民族大学人文社科处长李洲良教授的热心帮助和介绍，使我有幸认识尊敬的罗莉编审。罗老师才学丰厚、积极认真，在著作出版过程中多有指教和操劳。没有她的积极帮助，本书难以面世。

我的硕士导师许志刚教授在论文成文过程中曾多次指导帮助；攻读学位期间、修改书稿期间，学院领导和同仁也曾给我多方面的指导、支持和帮助，在此对他们一并表示衷心的感谢！

　　书山有路、学海无涯，艰难前行、无畏浮沉。《吕氏春秋》研究还有太多未尽谜题，这一著作或得一二，但偏失之处在所难免，愿求教于方家。

管宗昌

2015 年 8 月于大连